AF454707

Charles **RÉGISMANSET**

LE
MIRACLE FRANÇAIS
EN ASIE

Bois gravés de Claude-René MARTIN

LES ÉDITIONS G. CRÈS ET Cie

21, RUE HAUTEFEUILLE, PARIS-VI°

1922

Deuxième Edition

LE MIRACLE FRANÇAIS

EN ASIE

Charles RÉGISMANSET

LE
MIRACLE FRANÇAIS
EN ASIE

Bois gravés de Claude-René MARTIN

LES ÉDITIONS G. CRÈS et Cie
21, RUE HAUTEFEUILLE, PARIS-VIe
1922

A tous ceux, morts ou vivants, qui
firent l'Indochine riche et prospère, qui
la voulurent plus noble et plus belle
toujours, c'est-à-dire française, cet
ouvrage est dédié.

AU LECTEUR

A l'aurore de l'année 1922, ce livre n'a pas d'autre objet que de faire connaître un peu l'Indochine par tous ceux, Français ou Etrangers, qui ignorent encore l'œuvre qu'y a accomplie la France. Son auteur n'a nullement la prétention d'avoir réalisé une œuvre originale. En pareille matière, il ne s'agissait point d'inventer ni de créer, ce qui est le fait des ouvrages purement littéraires, mais simplement de présenter et d'ordonner un certain nombre de faits convenablement choisis et caractéristiques avec le maximum d'objectivité. Partant, lorsque dans des livres ou des travaux antérieurs j'ai trouvé ces faits déjà exposés et bien exposés, je me suis borné à les citer et à faire à ces livres et à ces travaux de larges emprunts. Ainsi, ai-je été amené à puiser de nombreux renseignements dans les ouvrages de M. Louis

Salaün, de M. Brenier et de quelques autres qui ont largement défriché le champ de la connaissance indochinoise. Ainsi, également, ai-je rencontré toujours de précieuses indications dans les discours de M. Albert Sarraut et dans le magistral exposé des motifs du projet de loi qu'il a déposé sur le bureau de la Chambre des députés en avril 1921 pour assurer l'outillage économique d'ensemble de nos colonies.

Cet hommage légitimement rendu à des hommes de grand talent, je ne prétends pas avoir tout dit de ce qui devait être dit. La complexité du sujet à traiter me l'interdisait. J'espère, cependant, avoir noté l'essentiel. Au reste, je n'ai point écrit pour les Indochinois ou pour ceux de nos compatriotes qui savent déjà. A ceux-ci je n'avais rien à apprendre et c'est eux, au contraire, qui me pourraient instruire.

Cet ouvrage se réclame simplement d'un plan établi d'après des préoccupations actuelles. J'y ai poursuivi la condensation de matières qui pourraient aisément remplir cent volumes. J'aurai rempli le but que je m'étais proposé si le plus grand nombre possible de Français, après l'avoir lu, éprouvent le désir de mieux connaître l'Indochine et, par suite, d'apprécier et d'aimer l'œuvre de civilisation que la France y a accomplie, œuvre puissante et belle, généreuse et durable qui, comme l'a éloquemment proclamé M. Albert Sarraut, « se dresse impérissablement, au cœur de l'Asie frémissante et vaste, comme un exemple et une leçon ineffaçable de ce que peut le génie de lumière, de force fertile et de bonté de notre race ! »

Paris, 1921-1922.

LE MIRACLE

> L'âme est le plus grand miracle du monde.
>
> DANTE.

SI la mode n'était point passée des grands poèmes didactiques, l'Indochine, ou, plutôt, l'œuvre accomplie par la France en Extrême-Orient, mériterait, sans aucun doute, d'inspirer un de ces poèmes. Mais, notre époque, jusqu'à preuve manifeste du contraire, se montre, en général, assez peu préoccupée de lyrisme et d'épopée, tout au moins, dans l'ordre littéraire. Est-ce à dire qu'en ces dernières années, il ne se soit produit aucun événement susceptible d'éveiller la verve ou de susciter l'inspiration des poètes ? Après la merveilleuse floraison artistique du xixe siècle, après les précieuses découvertes du génie scientifique, au lendemain, enfin, de la grande guerre si féconde en actes d'héroïsme, il serait fou de le prétendre. Notre temps, cependant, ne paraît pas éprouver le besoin de ces grandes stylisations en plusieurs chants qui fixent à tout jamais une période déterminée de l'histoire autour d'un nom, d'un événement ou, plus profondément parfois, d'un pur symbole. Ni Iliade, ni Odyssée ! Certains voudraient voir là une conséquence du triomphe des conceptions démocratiques dont les metteurs en scène répugnent, d'instinct, aux *personnalisations*. L'explication n'est point suffisante. Il la faut compléter, d'une manière générale, par des considérations d'ordre plus complexe, et qui ne se limitent pas aux seuls points de vue sentimental ou politique. Les phénomènes sociaux présentent aujourd'hui une telle diversité, leurs manifestations sont si variées, et, parfois, si contradictoires en vertu du libre jeu des intérêts les plus opposés, que toute vue d'ensemble devient difficile, toute synthèse irréalisable. Dieu, lui-même, à cette heure, serait effrayé devant sa création. Point de cerveau, pour puissant qu'il soit, qui puisse embrasser et pénétrer d'un coup la complication infinie du monde. On se trouve ainsi réduit à l'analyse, à des vues fragmentaires. Un Gœthe, un Voltaire pouvaient prétendre à la connaissance universelle des choses de leur temps. A nos grands savants actuels, il n'est possible d'aborder utilement qu'une tranche unique d'un seul ordre de recherches. Voici qui limite étrangement les possibilités encylcopédiques et qui interdirait à un nouvel André Chénier ou même à un Strada la simple prétention de construire un autre *Hermès !* A ces considérations d'ordre général, s'en ajoutent de particulières dès qu'il s'agit de tout ce qui touche à notre domaine colonial. La principale, la seule que je veuille retenir ici, c'est l'indifférence aussi profonde qu'inexcusable et qu'aucune propagande, jusqu'à présent, n'a pu vaincre, de l'opinion publique française à l'égard de notre merveilleux patrimoine d'outre-mer. En décembre 1919, M. Albert Sarraut, alors président du groupe colonial de la Chambre des députés, écrivait justement : « Ce domaine gigantesque, vingt fois plus grand que la mère-patrie, peuplé de plus de cinquante millions d'habitants, ce n'est pas dans un jour, avec rien, à l'insu du pays, qu'il fut conquis, pacifié, constitué, organisé. La République, à elle seule, y a consacré près d'un demi-siècle de volonté, d'héroïsme, de diplomatie, d'efforts tenaces et persévérants. La France a prodigué à sa création le sacrifice généreux de ses fils et de son or. C'est dans la conquête de cet empire que se sont instruits au combat la plupart des grands chefs militaires qui nous ont conduits à la victoire et dont l'opinion française célébrait déjà la gloire et les exploits quand ils portaient nos drapeaux sous les cieux de l'Afrique ou de l'Asie. C'est pendant le cours de cette épopée coloniale que notre pays, tout entier, a tressailli des frémissements les plus profonds, aux heures émouvantes où, debout devant les menaces de guerre, l'honneur national refusait de baisser pavillon. C'est autour des richesses innombrables de cet empire que la France a senti rôder sans cesse la convoitise allemande, dont le mercantilisme attentif avait soigneusement évalué « la belle aubaine ». C'est dans ce domaine d'outre-mer que, fidèle à la mission magnifique par laquelle elle a ébloui le monde et l'histoire, la France bienfaitrice poursuit une œuvre de progrès, de justice, de relèvement des races, de haute civilisation dont la noblesse ajoute chaque jour au rayonnement séculaire de sa tradition. C'est, enfin, grâce à ces établissements coloniaux, répartis sur tous les océans et déployant nos couleurs au voisinage de tous les continents et de toutes les races que la France possède, dans les cinq parties du monde, des points d'appui, des relais, des abris, des escales d'où son influence politique et morale, son activité créatrice, son expansion économique peuvent, au mieux de l'intérêt français, s'élancer et se diffuser plus aisément parmi les peuples et les territoires d'alentour. En sorte que tout, — sentiment et intérêt, gloire et richesse, héroïsme et bonté, profits matériels et grandeur morale, puissance politique et mission d'altruisme, culte du passé glorieux et certitude de l'avenir fécond, — tout cela, tout cet ensemble d'idées et de faits, d'espérances et de réalités, où la sensibilité de notre idéalisme s'accorde si parfaitement avec le juste souci de notre fortune, oui, tout cela semblerait devoir provoquer chez nous, à l'égard de notre domaine colonial, un élan de sollicitude, d'intérêt, de fierté, de curiosité, de vigilance analogue à celui qui porte le cœur ardent de la nation anglaise, par exemple, vers la puissance et la beauté de son grand empire d'outre-mer. Eh bien, non ! c'est triste à dire, mais la plupart des Français en sont encore à « découvrir » le domaine colonial de la France. Ils l'ignorent, d'une ignorance paisible, profonde et géographique !... Des initiatives *individuelles*, d'ailleurs fort belles et très méritoires, oui : mais, un esprit collectif, un esprit de « masse », une organisation vaste et robuste de propagande conjuguant, dans un élan vraiment national, les énergies privées avec les encouragements publics, l'afflux des capitaux des citoyens avec les libéralités de l'État, l'exhortation éloquente de la presse avec l'appel des conférenciers vulgarisateurs, un de ces mouvements puissants, ordonnés, méthodiques, comme ceux qui ont entraîné et dirigé vers les colonies anglaises, hollandaises, allemandes même une véritable mobilisation

des sources vives de la nation, non pas ! Nous faisons de la
colonisation sporadique, par ilots, par taches, par « petits
paquets... »

Je ne pouvais, alors que je me suis proposé de réaliser
un sincère et enthousiaste panégyrique, je ne pouvais citer
plus véhément et plus éloquent réquisitoire. Mais, au tableau
le plus lumineux, ne faut-il point des ombres ? L'historien
soucieux à la fois de vérité objective et d'impartialité est
bien obligé de reconnaître que l'expansion française au dehors
ne s'est jamais produite au milieu du *Consensus* universel
Un distingué économiste français, M. Christian Schéfer, dans
sa remarquable étude sur *la France moderne et le problème
colonial*, s'essaya à faire ressortir « comment l'ardeur récente
pour les expéditions lointaines ne résulta ni d'un caprice,
ni simplement des circonstances ; à montrer, en effet, comment les entreprises menées à bien par le second Empire ou
la Troisième République ne furent souvent que la réalisation
de progrès dès longtemps étudiés, comment, en un mot,
malgré les révolutions qui morcellent notre histoire, des traditions ne sont maintenues, grâce auxquelles des gouvernements très opposés ont fraternellement collaboré aux mêmes
tâches ». Il y a, dans cette conception, un optimisme très utile
pour assurer les grandes lignes d'un ouvrage de doctrine,
mais l'examen des faits historiques exige qu'on y apporte
quelques atténuations. La vérité est qu'en France, l'effort
colonial, de tout temps, rencontra quelques passionnés zéla-
teurs et ces initiatives individuelles dont parlait tout à l'heure
M. Albert Sarraut, mais, souvent aussi, d'irréductibles con-
tradicteurs.

A l'heure même où un Henri IV, un Richelieu entrevoient
l'avenir du pays dans l'exploitation des possessions lointaines
aux innombrables richesses, à l'instant où des précurseurs

rêvent d'un Eldorado mythique et fabuleux, point de direction trompeur peut-être, mais moteur d'activité de premier ordre, un Colbert élabore l'armature du pacte colonial et instaure une conception des rapports économiques des colonies et de la métropole qui pèse encore lourdement aujourd'hui sur le développement des possessions françaises, conception trop étroite qui méconnaît les grands mouvements d'échanges des siècles à venir. Puis, c'est la lamentable aventure du règne de Louis XV, l'œuvre colossale des Martin, des Dupleix, contrecarrée, réduite à néant par un roi spirituel et sceptique, par des commis médiocres et toutes sortes de basses intrigues, de spéculations malhonnêtes qui amènent la ruine de la Compagnie des Indes au moment même où Montcalm, mal défendu contre le prévaricateur Bigot, agonise au Canada et fait vainement appel à son roi, à sa patrie. Après Voltaire applaudissant dans sa lettre à Chardon à la cession des « arpents de neige du Canada », Bernardin de Saint-Pierre déclare : « Je croirai avoir rendu service à ma patrie si j'empêche un seul honnête homme d'en sortir et si je puis le déterminer à cultiver un arpent de terre de plus dans quelque lande abandonnée ». Le 13 mai 1791, Robespierre, en bon disciple de Rousseau, s'écrie : « Périssent les colonies s'il doit nous en coûter votre bonheur, votre gloire, votre liberté ! Périssent les colonies si les colons veulent par les menaces nous forcer à décréter ce qui convient le plus à leurs intérêts ! » Napoléon Ier vend la Louisiane. Les colonies, pour lui, ne sont qu'une quantité négligeable et il laisse échapper les occasions de relever notre domaine au delà des mers. Sous la Restauration, en 1822, en 1828, les généraux Foy et Sébastiani font le procès des colonies. En 1829, le député Bessières affirme que « pour ce que nos colonies nous valent et nous coûtent, nous gagnerions beaucoup à ne pas

les avoir. Le système colonial, fût-il avantageux, n'est plus
praticable. Je dis qu'il a incontestablement cessé d'être nécessaire. » Sous Louis-Philippe, comme sous Napoléon III et la
Troisième République, chaque fois que, mue par une sorte
de fatalisme instinctif, la France procède à de nouvelles conquêtes coloniales, les mêmes oppositions se renouvellent
avec les toujours mêmes pauvres arguments qui tiennent
tout entiers dans le Pacte colonial de Colbert. A plus de
cent ans d'intervalle, les conceptions excessives de la Révolution se retrouvent chez certains militants socialistes qui
persistent à ne voir dans la politique coloniale que l'exploitation des peuplades lointaines et se refusent à la compréhension du rôle indispensable des colonies dans l'évolution
économique d'un grand pays comme la France.

Et, pourtant, sans vouloir verser dans la mystique, il
semble vraiment que la France, bien plus que la féroce Allemagne, ait, par le monde, une vaste mission civilisatrice à
remplir et qu'elle a remplie à son honneur à travers et malgré
toutes les difficultés. Jadis, on disait *Gesta Dei per Francos !*
Admettons que Dieu signifie idéal supérieur, évolution continue vers plus de noblesse et de beauté, et l'expression conserve sa vivante et profonde signification. Toujours, en ce
pays, aux moments les plus désespérés, il s'est trouvé, à
point nommé, des hommes d'action, des *héros*, au sens car-
lyléen du mot, pour défendre et maintenir l'œuvre que la
masse, que les foules contemplaient avec indifférence.

Envisagée sous cet angle et à ce point de vue critique,
la colonisation française apparaît comme une sorte de mission
supérieure aux souhaits obscurs des Français et aux volontés
parfois hésitantes des chefs, mission admirable qui, aux
heures les plus douloureuses, rencontre toujours, soit dans les
assemblées politiques, soit dans les pays lointains, des apôtres

prêts à donner l'exemple, à « militer », à se sacrifier. Au
xviiie siècle, c'est un Montcalm qui veut garder le Canada
malgré Louis XV. Au xixe siècle, ce seront en Afrique, les
Binger, les Marchand, les Brazza, les Gentil, en Asie, les Francis Garnier, les Rivière, qui, soutenus dans la métropole,
par la haute intelligence et la prescience de quelques hommes
d'élite, apporteront à la France d'immenses domaines et de
vastes sphères d'influence. A l'action souvent incertaine des
gouvernements parfois instables, aux désirs disciplinés d'une
opinion publique, hostile, indifférente et sujette à de brusques
revirements se substitue le vouloir tenace et désintéressé
d'individus héroïques qui rêvent d'une France plus grande,
plus riche et renouvelée sans cesse par des apports nouveaux
de terres et de sujets, de biens et d'âmes.

Ce caractère individuel de l'œuvre coloniale des Français
fait, au reste, le plus grand honneur à notre race. Certains,
à propos de l'arrêt de l'invasion allemande sur la Marne et
de la grandiose résistance de Verdun ont osé parler de *miracle*.
C'est là un abominable blasphème, si l'on veut entendre
ainsi que les résultats obtenus l'ont été du fait d'une vague,
occulte et plus ou moins divine protection.

Non, tout ce qu'ont fait les Français au cours de leur
histoire, hier aussi bien qu'aujourd'hui, en France, comme en
Afrique, en Asie et par tout le vaste monde, s'explique suffisamment par leurs magnifiques et radieuses qualités individuelles qui pourvoient à tout, aux faiblesses de la direction,
comme aux lacunes des préparations et aux indécisions des
méthodes.

Dans un bel ouvrage intitulé *Un demi-siècle de civilisation
française* (1870-1915), M. Raphaël Georges-Lévy a pu dire
de la France : « Elle a fondé un empire colonial qui, après
celui de l'Angleterre, est le premier du monde : sur toute la

vaste étendue de ses possessions africaines et asiatiques, elle a fait régner la justice : *elle a civilisé* au plus noble sens du mot ! »

M. Marcel Dubois, professeur à la Sorbonne, dans son livre *Systèmes coloniaux et peuples colonisateurs*, s'est élevé avec véhémence contre le lieu commun qui consiste à prétendre que les Français n'ont pas de génie colonial et que la France n'a, d'ailleurs, pas besoin de colonies. « Ces opinions, dit-il, qui ont, jusqu'à ces derniers temps, paralysé notre activité au delà des mers, sont le fait des discussions entamées dès le XVIIIe siècle, selon les tendances générales de cette époque sur les questions de savoir *in abstracto* si l'on doit coloniser et comment on doit coloniser. » Et M. Marcel Dubois concluait : « Les leçons de notre histoire coloniale nous doivent être spécialement précieuses, car, parmi tous les grands peuples colonisateurs, le peuple français est un de ceux dont le tempérament s'est le moins profondément altéré et dont les traditions, par là même, sont les plus instructives. Nos exemples ont éclairé nombre de nations ; nos expériences ont servi généreusement l'humanité. »

En dépit de ces affirmations autorisées, innombrables ont été, — je le répète et il faut le répéter, — les oppositions que suscita notre expansion coloniale. Que l'on consulte les programmes des partis qui se disputent la prépondérance politique : dans la plupart d'entre eux, aussi bien à gauche qu'à droite, on ne trouve nettement formulée la volonté d'orienter l'action nationale vers les grands intérêts extérieurs. Les représentants d'idées périmées qui auraient pu trouver là de quoi rajeunir leur propagande n'y ont pas pensé. Ils ont préféré s'immobiliser dans des doctrines incompatibles avec l'évolution du monde moderne. De leur côté, les propagandistes de la « société future » consacrés tout entiers

à la lutte contre le capitalisme et profondément imprégnés
d'un humanitarisme sans frein et déraisonnable, croyaient
voir fleurir dans la colonisation tous les maux qu'ils avaient
juré de détruire. Pour eux, l'égalité de tous les hommes, —
à quelque stade d'éducation qu'ils fussent, — représentait
un dogme absolument intangible. De telle sorte que leur
parti qui est, avant tout, un parti de progrès humain, a
commis la lourde erreur de faire obstacle avec énergie à
l'œuvre généreuse de civilisation, de haute humanité qui
s'est accomplie dans toutes nos provinces d'outre-mer. Les
socialistes n'ont pas su voir que cette œuvre, en Asie, en
Indochine, mettait fin à une détestable oppression étrangère,
et en Afrique, en Océanie, supprimait d'atroces barbaries
qui ont ravagé avant notre arrivée d'immenses et riches
contrées qu'elles ont stérilisées, et décimé des races intelli-
gentes et vigoureuses dont quelques-unes ont totalement
disparu ; qu'elle habilitait à nos mœurs, des peuples, au
profit desquels nous faisons jouer cette loi de *capillarité
sociale* qui est à la base des revendications du collectivisme.
Rappelons-nous, enfin, en ce qui concerne les hésitations
gouvernementales, telle déclaration ministérielle comme celle
du cabinet Brisson qui, en 1885, au lendemain de la chute de
Jules Ferry, — cet homme d'État qu'on croyait follement
flétrir en le surnommant *le Tonkinois*, — déclara que « les
entreprises coloniales avaient pris un développement qui les
rendait onéreuses ». Or, on sait que, précisément, à partir
de cette date, ces mêmes entreprises ne cessèrent de se développer pour le plus grand profit de notre rayonnement mondial !

Si je tiens à signaler ces oppositions et à les stigmatiser,
ce n'est point par vain goût de polémique ni pour céder à cet
instinct de la critique qui est inné et qui s'impose aux

meilleurs esprits de notre temps, c'est bien plutôt pour dégager les leçons fécondes d'un passé lourd de fautes et d'irrésolutions. C'est surtout pour dégager le caractère exceptionnel et *miraculeux*, cette épithète prise en son sens courant et non plus mystique, de nos réalisations coloniales.

Certes, dans toutes nos colonies, en général, et, en Indochine, en particulier, l'œuvre accomplie par la France représente *un véritable miracle.* J'entends par là qu'on ne saurait trop l'admirer, la respecter, étant donné les obstacles de tous ordres qui se sont opposés à son épanouissement.

Le présent ouvrage n'a point d'autre objet que d'exposer, aussi objectivement et impartialement que possible, comment ce miracle fut possible, comment il peut se continuer et s'achever dans les temps présents et à venir, comment il a pu naître et dans quel milieu et quelles doivent en être les justes fins.

*
* *

La France avait perdu l'Inde au xviiie siècle. Elle a, au xixe siècle, conquis l'Indochine. Bien que le territoire en soit beaucoup moins étendu et moins peuplé que celui de l'Hindoustan, la compensation n'est pas négligeable. Une colonie qui dépasse d'une moitié la superficie de la France, dont les statistiques officielles évaluent la population à environ quinze à seize millions d'habitants, dont 30.000 Français, qui est située aux portes de la Chine, cet incomparable marché où l'on trouve près de 400 millions de travailleurs et de consommateurs, est un établissement de très grande valeur et qui justifie, malgré sa création relativement récente, toutes les espérances qu'il a fait concevoir.

Ce n'est pas une longue guerre de conquête mais une infiltration lente de plus d'un siècle qui a introduit les Fran-

çais en Indochine. Cependant l'occupation définitive date
d'hier. En 1870, la Cochinchine et le Cambodge étaient seuls
en notre possession. Mais, le Tonkin, l'Annam, le Laos,
sont des acquisitions de la Troisième République. Une heureuse fatalité força la France à agir : ses hommes d'État,
sauf Jules Ferry, qui eut une nette compréhension de notre
avenir en Extrême-Orient, suivaient non sans inquiétude la
fortune qui les poussait en avant.

Comme l'a judicieusement noté M. Louis Salaün dans son
ouvrage sur l'*Indochine*, « il est remarquable combien l'Europe
qui avait fait sentir assez tôt son action en Asie Mineure
et aux Indes, a longtemps hésité devant l'Extrême-Orient
dont l'adroit maquillage lui donnait sans doute l'illusion de
la puissance et de l'impénétrabilité. Les ambassades européennes y étaient reçues avec hauteur. Les commerçants
devaient disputer l'existence des plus modestes comptoirs
à l'humeur instable des marchands et des mandarins locaux.
Seuls, les missionnaires, à force de persévérante ténacité,
réussissaient à s'établir et à se maintenir dans des conditions,
d'ailleurs, des plus précaires. Ils furent avec les commerçants
l'occasion de l'intervention européenne, à partir du jour où
les canons du commodore américain Perry et les cosaques
du comte Mourawiew eurent ouvert effectivement à l'Europe
les portes de l'Extrême-Orient... » Un missionnaire, pourtant,
qui peut être considéré comme le précurseur de l'intervention
française en Indochine, Mgr Pigneaux de Béhaine, vicaire
apostolique en Cochinchine et évêque d'Adran, n'avait pas
attendu pour agir l'intervention officielle. Il persuada à
l'empereur d'Annam, Gialong, de recourir à l'appui du roi
de France contre les Chinois. Cette première intervention
eut pour résultat la signature du traité de Versailles entre
Louis XVI et le fils de Gialong en 1787, traité qui procurait

à la France la baie de Tourane et l'île de Poulo Condor. Les officiers français qui vinrent à la cour de Hué former une armée disciplinée défendirent l'Annam contre les Anglais pendant la Révolution et l'Empire. Charigneau, le dernier survivant, mourut en 1822 avec le titre de consul à Hué que lui avait conféré le duc de Richelieu.

Cependant, un revirement se produisit contre les Français et cette rage de persécution devint plus violente encore lors de l'avènement de Tu-Duc qui voyait dans les Français d'implacables ennemis « qui aboient comme des chiens et qui fuient comme des chèvres ». Tu-Duc brava même si ouvertement l'Europe que les deux États les plus directement intéressés, la France et l'Espagne, se décidèrent à envoyer une petite escadre sous la direction de l'amiral Rigault de Genouilly en 1847. Une nouvelle intervention eut lieu à Tourane en 1852, sous le règne de Tu-Duc, à la suite du meurtre de plusieurs missionnaires ; elle fut suivie en 1858 par l'envoi d'une expédition franco-espagnole qui s'empara de Tourane, puis, de Saïgon, en 1859.

Les guerres que soutenait l'Empire français en Italie et en Chine détournèrent un moment l'attention de la France. Tourane nous fut enlevé et Saïgon fut bloqué. En 1861, l'amiral Charner, à la tête d'une véritable expédition, où ne figurèrent cette fois qu'un petit nombre d'Espagnols, conquit une partie de la Cochinchine. Le 5 juin 1862, l'amiral Bonard signait au « Camp des Lettrés » un traité qui cédait à la France les trois provinces orientales du delta du Mékong, celles de Saïgon, de Mytho et de Bien-hoa. Quelques années plus tard, en 1867, l'amiral de la Grandière terminait la conquête de la Cochinchine par la prise des places les plus importantes et l'empereur Tu-Duc se rendait repentant au Temple de Plumg-Tien, se reconnaissant coupable « d'avoir manqué à son devoir en n'ayant pas su conserver intact le patrimoine de ses ancêtres. » Ainsi, les six provinces du delta du Mékong étaient définitivement occupées et la Cochinchine était tombée entre nos mains. Déjà, le 11 avril 1863, le roi Norodom, pour échapper à la tutelle onéreuse du Siam et de l'Annam qui se disputaient l'exploitation du Cambodge, avait signé avec l'amiral de la Grandière un traité de protectorat.

Mais, de plus grandes espérances étaient conçues et, à l'heure où les Anglais cherchaient une route commerciale vers la Chine par l'Iraouaddy ou le Salouen, les Français furent amenés à se demander si le Mékong, en raison même de l'importance de son cours, n'ouvrirait pas un chemin plus facile encore. La mission Doudart de Lagrée reconnut bientôt que ce grand fleuve ne pouvait servir de voie praticable pour pénétrer dans l'empire chinois. Il appartenait à un négociant français Jean Dupuis d'en indiquer une plus courte, le Fleuve Rouge qui menait directement dans la province du Yun-nan, l'une des plus riches et des plus peuplées de la Chine méridionale. Mais Jean Dupuis fut molesté par des mandarins tonkinois et le lieutenant Francis Garnier fut envoyé au Tonkin avec 80 hommes pour régler l'incident de concert avec un plénipotentiaire de la cour de Hué. Devant la mauvaise foi des mandarins, il se décida, avec ses faibles forces, à attaquer la citadelle de Hanoï qu'il prit le 20 novembre 1873 après un brillant combat. En vingt jours, il fut le maître de tout le delta du Fleuve Rouge. Mais, les Annamites ne tardèrent pas à réagir avec d'autant plus de facilité qu'ils avaient la supériorité du nombre : Francis Garnier périt dans un guet-apens le 21 décembre 1873. Les hostilités furent arrêtées, au début de 1874, par l'arrivée du lieutenant de vaisseau Philastre qui signa avec la cour de Hué un traité désastreux par lequel la France perdit le

Tonkin et ne conserva que quelques avantages commerciaux et diplomatiques en Annam. Ce traité amena pendant quelques années une tranquillité relative. Mais, peu à peu, les vexations des mandarins annamites à l'égard des Français reprirent et l'Empereur de Chine fit savoir qu'il ne reconnaissait pas le traité de 1874. Le commandant Rivière chargé de mettre les révoltés à la raison renouvela l'héroïque folie de Francis Garnier et, comme lui, tomba un jour qu'il était sorti de Namdinh en refoulant l'innombrable multitude qui assiégeait cette place.

Le prestige de la France était sérieusement atteint. La Chambre des députés, à l'unanimité, décida de « venger ses glorieux enfants » et vota des crédits. Mais, la guerre faite « par petits paquets » allait être longue et coûteuse. Aussi bien, la nation ne comprenait-elle pas l'importance des entreprises coloniales et fallut-il le courage civique de Jules Ferry et la brillante intrépidité des soldats et des marins français pour conserver à la France la plus belle de ses possessions !

Les événements se précipitent : le général Bouet s'installe à Haï Duong, l'amiral Courbet enlève la grande ville de Hué et le vieil ennemi de la France, Tu-Duc, reconnaît par la convention du 25 août 1883, le protectorat français sur l'Annam et le Tonkin. Cependant, les pirates dits *les pavillons noirs* ne sont plus seuls à infester le Tonkin. A côté d'eux apparaissent *les pavillons jaunes*, c'est-à-dire les réguliers chinois. C'est contre la Chine même que la France va être appelée à combattre. Le général Millot, à la tête du corps expéditionnaire du Tonkin, prend Bac-ninh, Hung-hoa, Tuyen-Quang en 1884. Courbet s'engage dans les passes de la rivière Min. Bientôt, il s'installe à Formose et aux îles Pescadores, affame la Chine et la force à demander grâce en 1885, au moment même où le général Brière de l'Isle délivre

Tuyen-Quang et refoule les Chinois vers le Nord jusque dans le Kouang-Si, à la suite de deux mois de combats acharnés. Malheureusement, son lieutenant le général de Négrier tombe blessé devant Langson et le colonel Herbinger, chargé de le remplacer, ordonne un peu hâtivement une retraite qui se change en panique. Cet accident, le 30 mars 1885, donna aux adversaires de Jules Ferry l'occasion cherchée depuis longtemps de le renverser. Le chef du gouvernement eût pu, d'un mot, révéler les négociations qui allaient aboutir à la paix prochaine : il aima mieux renoncer au pouvoir que de manquer à la discrétion diplomatique. Les pourparlers déjà engagés par le commandant Fournier furent repris par le représentant de la France, M. Patenôtre et amenèrent le 9 juin 1885, la conclusion du traité définitif de Tien-tsin par lequel la Chine reconnaissait le protectorat français sur le Tonkin, ce qui consacrait en fait l'ouverture au commerce de notre pays des riches provinces chinoises du Sud, le Yunnan et le Kouang-Si.

Ce traité provoqua de graves incidents à Hué et nécessita l'intervention du général de Courcy en Annam : le jeune roi rebelle Ham-nghi ne fut réduit qu'après plusieurs expéditions et c'est seulement en 1888 que l'on put s'emparer de sa personne.

La France a dû asseoir, depuis lors, sa domination par de nombreuses campagnes contre les pirates annamites et chinois, seuls bénéficiaires de l'état de guerre. Les opérations furent longues et pénibles et se terminèrent en 1889 par la soumission des principaux chefs rebelles. En 1905, les succès des Japonais dans la guerre de Mandchourie eurent nécessairement une répercussion dans le monde asiatique, mais l'influence immédiate de ces événements sur l'Indochine ne fut pas très sensible. Jusqu'en 1913, la tranquillité ne fut guère

troublée que par des actes peu graves et des incidents locaux.
A la fin de 1913, la mort du Dé-tham qui vivait caché dans
les montagnes et les forêts de la haute région tonkinoise,
exposé sans cesse à tomber entre les mains de nos miliciens,
marqua l'épilogue de l'histoire de la grande piraterie contre
laquelle la France avait eu à lutter depuis la conquête. Les
adversaires de la domination française ont eu, depuis, recours
aux armes plus scientifiques et plus violentes de la révolution
moderne. La rapidité de la répression des quelques complots
qui furent découverts, le souci de légalité et de justice dont
fit preuve la « Commission criminelle », le calme et la dignité
dont la population française ne s'est point départie, ont
prouvé à la fois le loyalisme de nos sujets et la solidité de
notre domination.

Au seuil de cette étude, j'ai tenu à rappeler brièvement
mais à rappeler cependant les principaux traits de l'histoire
de notre installation en Indochine. Le but que je me suis
proposé, c'est-à-dire, mettre en relief l'œuvre admirable et
exceptionnelle réalisée par le génie français en Extrême-
Orient, ne serait qu'à demi rempli si je n'avais pas évoqué
ces heures souvent douloureuses mais toujours dignes, toujours nobles et glorieuses. La mémoire des hommes est
courte. D'une génération à une autre, le souvenir des souffrances subies, des sacrifices consentis a tôt fait de s'estomper
et de s'atténuer. Le rythme de la vie, et surtout de la vie
moderne, particulièrement dévoratrice, le veut ainsi et les
âmes et les énergies du Présent seraient étrangement gênées
dans leur libre épanouissement si elles étaient perpétuellement hantées par le souci du passé. Cependant, si un miracle,
et si un miracle splendide s'est manifesté, il ne faudrait point
croire que ce fut sans difficultés, sans abnégation et sans de
lourdes peines. Son enfantement ne fut pas un éclair instan-

tané et radieux. Il y fallut de la volonté, il y fallut des martyrs, il y fallut le don entier de soi, de milliers d'êtres qui dorment à jamais dans la terre d'Asie. Ceci ne saurait être oublié. Ces sublimes holocaustes doivent toujours être présents à nos esprits à l'heure où nous prenons conscience de l'œuvre accomplie.

Pacifiquement, l'Indochine française s'est encore accrue de deux territoires importants qui ont augmenté sa population de près d'un million d'habitants : le territoire de Kouang-tchéou-wan cédé à bail à la France pour une durée de 99 ans par l'accord franco-chinois du 10 avril 1898 ; les provinces longtemps contestées de Battambang, de Siemréap et de Sisophon, restituées au Cambodge par l'accord franco-siamois du 23 mars 1907.

Ainsi, s'est réalisée l'œuvre d'expansion progressive de la France en Indochine, œuvre difficile et complexe s'il en fut, car la France eut à compter avec une population nombreuse et assez homogène, apparentée, d'ailleurs, par la race et les mœurs à des voisins mal disposés pour elle : Chinois, Siamois et autres. Elle avait eu aussi à conjurer le danger majeur qui menaçait ses idées d'expansion du fait du contact des peuples de la péninsule avec un empire de plusieurs centaines de millions d'habitants, sur des confins que ne sépare aucune grande montagne.

Quoi qu'il en soit du passé, voici le fait présent lumineux et éclatant : le destin nous a poussés et maintenus en Indochine. Nous n'avons point cherché à mettre le pays en coupe réglée mais à l'administrer humainement et à élever la race jusqu'à nous. Nous avons traduit cet idéal en plusieurs formules successives que nous avons su, néanmoins, toujours adapter aux nécessités du moment. Le résultat, le fait acquis, c'est l'Indochine française de 1922 ,magnifique édifice politique et économique dont il nous reste maintenant, dans cet inventaire préliminaire, à tracer la rapide description d'ensemble.

Nous n'avons point, en effet, la prétention dans cet ouvrage de donner au lecteur une encyclopédie indochinoise. Le cadre que nous nous sommes proposé ne saurait y suffire, ni même plusieurs volumes de l'importance de celui-ci. L'Indochine, d'ores et déjà, constitue un monde dont la description détaillée dans tous les ordres de l'activité humaine politique, économique et sociale, emplirait une bibliothèque. Une des caractéristiques de la vie moderne, même exotique, c'est une infinie complexité. Je ne veux ici établir qu'un bilan, montrer l'Indochine, fille majeure de la France, et prendre date. Le miracle, en effet, n'est point achevé. Il se continuera dans les temps à venir pour la plus grande gloire de notre pays. Encore faut-il qu'il soit *révélé* et mis à la portée du plus grand nombre de nos concitoyens qui, jusqu'à présent, l'ont trop ignoré ou méconnu. Le présent livre n'a point d'autre objet que cette révélation. Mais, pour l'assurer heureusement, il ne saurait être question de longs développements alourdis de détails techniques et de statistiques. Je ne veux qu'ouvrir une perspective en m'appuyant sur les travaux d'innombrables et savants devanciers. Je dis : un trésor admirable est là. Admirez-le d'abord et aimez-le. On ne comprend bien, en effet, qu'en admirant et en aimant. Toutes les curiosités ensuite vous seront permises, car ce trésor est inépuisable !

L'organisation actuelle de l'Indochine est celle d'une colonie adulte. Les décrets d'octobre 1887 et du 31 juillet 1898 ont créé l'Union indochinoise en centralisant entre les mains d'un gouverneur général la haute administration de la colonie de Cochinchine et des protectorats du Cambodge, de l'Annam et du Tonkin. Aujourd'hui, le gouvernement général de l'Indochine comprend cinq régions distinctes : 1º la Cochinchine, capitale Saïgon, où la France exerce directement son autorité ; 2º l'Annam, capitale Hué ; 3º le Tonkin, capitale Hanoï ; 4º le Cambodge, capitale Pnom-Penh. Ces trois dernières régions constituent des pays de protectorat où les droits des souverains et l'autorité des fonctionnaires indigènes nommés par eux ont été maintenus. 5º Le Laos que l'on peut considérer comme un territoire français malgré la présence à Luang-Prabang et dans d'autres parties de ce pays de princes ou chefs indigènes qui continuent à exercer sur la population avec l'assentiment de la France et sous son autorité, certains vestiges de souveraineté. Le territoire de Kouang-tchéou-wan a son administration propre.

Les pouvoirs du gouverneur général de l'Indochine sont déterminés par les décrets du 20 octobre 1911. L'exposé des motifs de cet acte gouvernemental en indique suffisamment l'esprit : L'institution du gouvernement général, y est-il noté, procède d'une idée simple que le bon sens même indiquait, que les faits ont confirmée et que personne, aujourd'hui, ne songe plus à contester : une colonie, un pays nouveau qui doit être formé, organisé, développé suivant ses aptitudes et ses moyens propres, ne peut être gouverné, dirigé et administré de la métropole. Si donc, il est légitime que toutes les attributions de la souveraineté restent en dernière analyse réservées au pouvoir central, il n'est pas moins indispensable que l'autorité agissante, l'initiative et la responsabilité soient aussi rapprochées que possible du milieu où elles s'exercent et fortement concentrées sur place. En Indochine, comme partout ailleurs, cette formule a donné les résultats qu'on en pouvait immédiatement attendre. L'essor de la colonie s'est affirmé, décisif et rapide, dès que ses destinées ont été remises à un plénipotentiaire ayant, selon l'expression de Jules Ferry, « mandat d'agir et d'oser ». Les progrès ont été sensibles surtout depuis la création du budget général qui, en incarnant la personnalité financière et l'action propre du gouvernement général, a donné à celui-ci sa véritable existence administrative.

Mais, précisément, parce que ses pouvoirs participent au plus haut point de la souveraineté métropolitaine, le gouverneur général doit rester dans une large mesure un organe de direction supérieure et de contrôle. Il ne peut accomplir utilement sa mission que s'il est dégagé des détails de l'administration, s'il apporte vraiment sur place le sentiment élevé des intérêts généraux qui doivent demeurer l'exclusive préoccupation du chef. Ainsi, pour aller jusqu'au bout de l'idée décentralisatrice, il ne faut pas seulement qu'il y ait une entière délégation d'autorité de la métropole au chef de la colonie, il faut encore que celui-ci soit déchargé de toute tâche secondaire par la constitution, sous ses ordres directs, de pouvoirs locaux fortement organisés. Chaque région géographique, chaque unité ethnique, en même temps qu'elle a sa physionomie propre, doit ainsi recevoir sa personnalité politique. Chacune forme un gouvernement distinct ayant son chef particulier qui concentre entre ses mains tous les pouvoirs administratifs, sous réserve, en pays de protectorat, des droits des souverains locaux. Entre ces individualités distinctes et la métropole, le gouverneur général apparaît alors comme l'organe vraiment fécond de liaison, de régularisation, de coordination. Le gouvernement général présente ainsi la physionomie d'une fédération de pays relativement autonomes dont la volonté civilisatrice du peuple colonisateur constitue l'unité et règle l'évolution commune.

En application de ces judicieux principes, les divers pays composant le gouvernement général de l'Indochine possèdent leur autonomie administrative sous certaines conditions. Ils sont administrés chacun sous la haute autorité du gouverneur général par un lieutenant-gouverneur en Cochinchine, par des résidents supérieurs au Tonkin, en Annam, au Cambodge et au Laos, et par un administrateur dans le territoire de Kouang-tchéou-wan.

En dehors des conseils privés et de protectorat qui fonctionnent en Cochinchine, au Tonkin, en Annam, au Cambodge et au Laos, d'autres assemblées délibératives ou consultatives existent dans les divers pays de l'Indochine, le conseil colonial de Cochinchine, image lointaine des conseils généraux métropolitains, les conseils municipaux de Saïgon, Hanoï et Haïphong.

Les recettes et les dépenses du gouvernement général et des divers pays composant l'Indochine française sont groupées en budget général où figurent les recettes et dépenses communes, et en budgets locaux concernant chacune des colonies en propre. Seul, le budget général, établi par le gouverneur général, est soumis à l'approbation métropolitaine. Celle-ci intervient également pour sanctionner le mode d'assiette et les règles de perception des impôts indirects. Ces mêmes pouvoirs de contrôle, pour les budgets locaux et les taxes dont ils s'alimentent, sont logiquement remis au gouverneur général en vertu même de la délégation de principe qui lui est faite par le Pouvoir central.

Les pays qui constituent l'Union indochinoise sont divisés en provinces à la tête desquelles sont placés des administrateurs des services civils qui prennent le titre de résidents dans les pays de protectorat et de commissaires du gouvernement au Laos. Il y a lieu de noter qu'à côté de l'administration française fonctionne toujours l'administration indigène. Les *tong-doc* et les *tuan-phu*, les *phu* et les *huyen* continuent à diriger respectivement en Annam et au Tonkin les provinces et les circonscriptions. La Chambre consultative indigène et les conseils provinciaux du Tonkin ont trouvé une nouvelle vitalité dans l'arrêté local du 19 mars 1913. Fonctionnent également des assemblées consultatives indigènes, au Cambodge depuis 1913 et, en Annam depuis 1920. Au Laos, les commissaires du gouvernement ont comme collaborateurs, sinon des mandarins pouvant être comparés à ceux des autres pays de l'Union, du moins, des chefs indigènes qui, par la situation et l'autorité dont ils disposent, sont pour eux de précieux auxiliaires.

Nulle colonie n'est plus peuplée que l'Empire indochinois, et cette population a sensiblement augmenté depuis notre installation. Dans la seule ville de Saïgon, elle a doublé depuis vingt ans. Nulle n'a un sol plus riche, plus propre aux productions les plus variées, une main-d'œuvre plus abondante et plus intelligente. Les ressources à exploiter sont immenses. Avec de sages précautions d'hygiène, l'Européen peut vivre et se bien porter. Ces conditions expliquent l'essor rapide pris par l'Indochine au point de vue économique et commercial depuis l'occupation française.

La distance de l'Indochine en France ne permet pas l'exportation du bétail sur pied et, pour le moment, la préparation des conserves a seule permis d'utiliser dans la métropole les ressources de l'élevage. D'après le dernier recensement, le cheptel indochinois ne comprend pas moins de 634.525 têtes de bœufs, 523,523 vaches, 289.939 veaux, 618.939 buffles, 631.709 bufflesses, 333.024 bufflons, 2.662.530 porcs.

L'exportation de la soie dépasse 100.000 kilogs, mais une grande partie de la soie produite est utilisée pour les usages locaux. La laque est également une production susceptible d'extension.

Avec ses 2.500 kilomètres de côtes, ses grands fleuves, ses multiples arroyos, et surtout, les vastes lacs du Cambodge, l'Indochine est le pays de la grande pêche. La pêche maritime et fluviale fournit à l'exportation un très gros tonnage de poissons fumés et salés, de déchets et d'huile de poissons. Le revenu de l'affermage de la pêche est supérieur à 500.000 piastres et la valeur de l'exportation des produits de la pêche dépasse 18 millions. Une autre industrie locale dérivant de la pêche est la fabrication des différentes sauces de poissons dont le nuoc-mam est la plus réputée.

Parmi les produits végétaux, les matières grasses occupent une place importante. L'arachide de l'Annam est consommée sur place mais l'Indochine exporte du coprah, des huiles de ricin et du coton.

Le riz est la principale culture indochinoise et, par suite, marque une grosse part dans l'exportation. L'Indochine est le deuxième pays exportateur du monde après la Birmanie et passe devant le Siam. Si le Laos, l'Annam n'exportent pas de riz, et si le Cambodge a une faible sortie, le Tonkin a atteint 250.000 tonnes et la Cochinchine qui demeure le gros producteur a exporté jusqu'à 1.295.000 tonnes. L'usinage du riz se fait à Cholon, la grande ville chinoise près de Saïgon. Les premières demandes pour l'exportation du maïs datent de 1904, et, depuis, le mouvement n'a fait que s'accroître pour arriver au résultat de classer le maïs comme troisième produit à l'exportation en l'inscrivant à près de 16 millions. Les plantes féculentes, arrow-root, manioc, soja, sont cultivées pour la consommation locale.

Parmi les plantes saccharifères, la canne à sucre est plantée dans toute l'Indochine et, particulièrement, en Annam.

Le palmier à sucre donne une production annuelle de 200.000 hectolitres.

Les textiles sont abondants. Le coton est cultivé un peu partout pour les besoins des habitants. Ce coton est très estimé des filateurs et la production en grande partie absorbée par le Japon. De grosses entreprises cotonnières sont en préparation qui doivent, sous peu, donner d'importants résultats. Le kapok se rencontre au Cambodge autour des habitations indigènes. Le jute, la ramie sont également utilisés sur place. Les bambous sont traités industriellement pour les pâtes à papier. Les rotins, abondants, s'exportent sur Singapour. Les nattes du Tonkin dont la fabrication est accaparée par les Chinois représentent une exportation qui dépasse 800.000 tonnes.

On trouve en Indochine des épices et des condiments. L'exportation du poivre a atteint 4.000 tonnes. Elle pourrait être plus abondante si les marchés d'Europe étaient moins limités. L'exportation des autres épices et, notamment, de la cannelle, est en sensible progression.

Le caoutchouc de cueillette a marqué pendant quelques années à l'exportation mais l'imprévoyance des indigènes montagnards coupant toutes les lianes a raréfié cette source. L'*hevea brasiliensis* a pris une grande extension en Cochinchine. Il vient également dans le Sud-Annam et au Cambodge. La superficie plantée représente environ 15.000 hectares avec près de 5 millions d'arbres plantés. Les plantations indochinoises de caoutchouc ont le plus bel avenir.

Figurent encore à l'exportation, le café, le thé, le tabac, les plantes à parfums, des plantes médicinales, comme la coca, des plantes tinctoriales comme l'indigo et les fruits les plus divers.

Les richesses forestières sont variées à l'infini. Le teck

est assez abondant en peuplement dans la région de Luang-
Prabang où on l'exploite. L'exportation sur l'Europe qui
s'accroîtra lorsque les bois indochinois seront mieux connus,
marque déjà pour le teck, le lim, le cho.

L'exploration géologique de l'Indochine a été commencée
méthodiquement, mais elle est loin d'être achevée. Les mines
exploitées se trouvent pour les combustibles au Tonkin et
dans l'Annam ; pour le zinc, dans les environs de Tuyen-
Quang, Lang-hit, Chodien ; pour l'étain, dans la région de
Pia-ouac, pour l'antimoine à Vinh et, pour l'or, à Bong-
Mieû. Depuis la guerre, le Japon est le principal client pour
le charbon. La production a atteint 540.000 tonnes en 1915.

Conséquence de ces énormes ressources agricoles, forestières et minières, l'enrichissement des indigènes s'est affirmé
de plus en plus au cours de ces dernières années. Il s'est traduit
par une augmentation considérable de leur capacité d'achat
dont ils ont usé pour le plus grand profit du commerce d'importation. Les boutiques européennes n'ont pas connu de
meilleurs clients. Les immeubles possédés par les Français
dans les grandes villes, au cours de 1920, ont été achetés au
prix fort par les Annamites et, surtout, par les Chinois enri-
chis par la spéculation, au point que la crise du logement a
sévi avec intensité dans la colonie et qu'on a dû envisager,
à Saïgon, par exemple, des mesures destinées à sauvegarder
le caractère français de certains quartiers.

Le développement industriel a marché de pair. Dès maintenant, on peut être assuré pour le Tonkin, dans ce domaine,
d'un très brillant avenir. Haïphong prend figure de grande
ville manufacturière, cependant que se créent l'industrie métal-
lurgique pour le traitement des minerais de fer et de zinc,
celle des produits chimiques et que se développent les usines
de construction. L'arsenal de Saïgon et les chantiers d'Haï-

phong ont construit et construisent les vapeurs destinés à grossir l'effectif de la flotte indochinoise.

Cette augmentation de la richesse indochinoise a eu sa répercussion naturelle sur le commerce de l'Union. Le total des importations et exportations du commerce général qui était en chiffres ronds de 500 millions de francs en 1911, est passé à 800 millions en 1918 et à 1 milliard 800 millions en 1919, et s'est élevé pour le premier semestre 1920 à 1 milliard 200 millions. Le total des importations et exportations du commerce spécial qui était en chiffres ronds de 400 millions de francs en 1911 est passé à 600 millions en 1918, à 1 milliard 380 millions en 1919 et s'est élevé pour le premier semestre 1920 à 960 millions. Ajoutons que la balance du commerce extérieur n'a pas cessé depuis de longues années d'être favorable, la colonie vendant à l'extérieur plus qu'elle n'y achète.

Les budgets devaient traduire cette augmentation de la richesse indochinoise. Le budget général est successivement passé de 17.620.000 piastres en 1899, au lendemain de sa création, à 32.326.000 piastres en 1904, à 34.537.000 piastres en 1909, à 35.585.000 piastres en 1914, à 42.399.800 piastres en 1917, à 62.851.280 piastres (chiffres d'exécution) en 1920. Cette augmentation, à première vue, pourrait inquiéter. S'est-elle produite dans la mesure exacte où se développait la richesse générale ? Mais, il faut compléter cette constatation par celle des faits suivants : en ce qui concerne les budgets locaux, note M. Brenier, dans son remarquable *Atlas statistique* auquel je ferai de nombreux emprunts, sauf trois fois en Cochinchine, trois fois au Cambodge, deux fois au Laos et une fois en Annam, et encore l'écart a-t-il toujours été insignifiant, depuis 1899, il y a toujours eu soit égalité entre les recettes prévues et les recettes réalisées, soit excédent de celles-ci sur celles-là. Pour le budget général, le déficit s'est produit trois fois seulement en 1904, 1905 et 1906, années de mauvaises récoltes du riz. Ceci indique bien qu'il n'y a pas abus des facultés des contribuables. D'autre part. si l'on prend l'ensemble de tous les budgets depuis 1901, il y a toujours eu excédent des recettes sur les dépenses. Cet excédent a dépassé 5.400.000 piastres en 1913. Cela a permis la constitution de caisses de réserve dont l'avoir d'ensemble dépassait 14 millions et demi de piastres en 1913, soit plus de 33 millions de francs, et en 1914, plus de 18 millions de piastres, soit, au taux budgétaire, plus de 54 millions de francs. L'augmentation, absolument et proportionnellement la plus forte, a été celle du budget général mais, comme ce budget, ainsi que nous le verrons plus loin, est constitué pour 67 % par les contributions indirectes et les Régies, et que ce système très souple, dû à M. le gouverneur général Doumer, se proportionne automatiquement dans la plupart des cas, aux facultés du contribuable, on ne peut pas dire, non plus ici, que celles-ci aient été outrepassées. Deux régies sur trois, d'ailleurs, et, précisément, celles qui rapportent le plus, celle de l'alcool et celle de l'opium, ne portent pas sur des denrées indispensables à la vie.

La charge de l'impôt par tête, dans la mesure où il est possible de la connaître, ne semble pas dépasser pour tous les budgets réunis 3 piastres 21 par habitant et par an. La charge annuelle de la dette par tête d'habitant n'atteint pas une piastre.

Ce qu'il est intéressant d'établir, c'est *l'emploi* qui a été fait de cet argent. De 1899 à 1913, les seules dépenses de travaux publics, sans parler des dépenses de personnel et abstraction faite des chemins de fer, se sont élevées pour l'ensemble des budgets au total de 162 millions de francs.

Les dépenses pour les travaux publics en 1921 ont été prévues au budget général pour près de 12 millions de piastres (au taux budgétaire de 8 francs). Les dépenses d'emprunt en capital, consacrées à l'outillage de la colonie, ont atteint 529 millions de francs. Les dépenses de l'Enseignement qui étaient de 1,569.000 francs en 1899, de 3.300.000 francs en 1913, atteignent près de 6 millions en 1921. Enfin, les dépenses de l'assistance médicale ont également subi une progression considérable (plus de 4 millions en 1919). La population indigène a compris et apprécié profondément nos efforts : Si l'on considère que le pourcentage de la mortalité infantile à Saïgon a été réduit de 27 à 3 % on en pèsera la valeur. Dans la plupart des hôpitaux, le chiffre des hospitalisations atteint son maximum, le service des consultations accuse un développement considérable. Nos protégés eux-mêmes prêtent leur concours financier. La Cochinchine, notamment, a vu, ces dernières années, éclore une véritable floraison de maternités publiques et privées. Aussi, M. Albert Sarraut pouvait-il justement déclarer au Conseil de gouvernement de 1913 : « Lorsque le programme général esquissé aura été achevé, l'Indochine ne tiendra pas seulement parmi nos colonies le premier rang qu'elle occupe déjà, à l'heure actuelle, par le nombre de formations sanitaires et par l'importance des crédits affectés à l'assistance médicale, elle aura réalisé, aussi, une œuvre sociale susceptible de supporter en Asie toutes les comparaisons... »

Ajoutons, pour terminer cette rapide esquisse, que le chiffre des capitaux immobilisés en Indochine et investis dans les diverses affaires dépasse 400 millions de francs et on n'aura qu'une idée approchée de l'œuvre réalisée en Extrême-Orient.

La seule Banque de l'Indochine a vu ses avances locales

passer de 34 millions de francs en 1898 à 140 millions en 1912 et les effets escomptés sur place de 33 millions à plus de soixante.

A cette prospérité, il fallait une épreuve qui constituât en même temps *une preuve* de sa réalité. Cette preuve, la guerre de 1914 est venue la fournir, éclatante à la fois et définitive ! Avant la guerre, il était admis par nombre d'esprits qui se voulaient clairvoyants qu'en cas de conflit européen les colonies constitueraient pour la métropole un pesant fardeau. Non seulement, disait-on, elles ne pourront pas se suffire à elles-mêmes, mais encore, il faudra les secourir, les protéger, les alimenter, d'où un affaiblissement dommageable à la défense du sol national. Rien de tout cela s'est produit : depuis le mois d'août 1914, à l'exception du Maroc de récente conquête, la France n'a pas envoyé de troupes dans ses colonies. Elle a pu maintenir toutes ses forces intégralement sur le front. Cette abstention n'a pas empêché l'Afrique équatoriale de former des colonnes qui, avec le concours de forces anglaises venues de la Nigéria, ont conquis le Caméroun allemand. Elle n'a pas empêché davantage l'Afrique occidentale de s'emparer, toujours en collaboration avec les Anglais, du Togoland. Bien mieux, c'est l'Afrique occidentale qui, grâce à l'énergique activité du gouverneur général Ponty, a renforcé les troupes indigènes du front et envoyé des forces de complément en Algérie et au Maroc. Mais, à cet égard, c'est l'Indochine qui, sans conteste, fournit le plus précieux enseignement. A quelques pessimistes, du fait de son éloignement et de la gravité de la situation générale, elle avait apparu comme un pays sacrifié. Le bruit courut même, nullement fondé d'ailleurs, au début de la guerre, d'une cession possible de l'Indochine au Japon en échange du concours militaire de cette nation en Europe. Or, l'Indochine est demeurée bien française et son sol ne fut jamais menacé. Financièrement son crédit demeura intact. Pendant une grande partie de la guerre, même, elle ne connut ni le cours forcé des billets, ni le moratorium, et la clôture de ses budgets pour l'exercice 1914 lui permit de placer près de dix millions de piastres dans ses caisses de réserve. Le loyalisme des indigènes lui permit de renvoyer en France des effectifs considérables tant en hommes qu'en matériel d'armement et je ne sais rien de plus caractéristique en même temps que de plus émouvant que le fait de cette possession lointaine pouvant impunément se dégarnir d'une partie de ses troupes et de ses canons sans que le maintien de notre souveraineté pût être mis en doute. Sans doute, sur les fontières indochinoises des incidents se produisirent dus aux agents allemands en Chine, des incursions furent tentées sur notre territoire du côté du Kouang-Si et les populations Man soudoyées se livrèrent contre nos postes du Haut Fleuve Rouge à des démonstrations armées. Mais, toutes ces attaques furent repoussées et les rebelles maîtrisés.

Ainsi, non seulement, l'Indochine a pu assurer sa défense personnelle sans recourir à l'aide de la mère-patrie, et sans rien distraire aes forces consacrées à la défense nationale, mais encore, en fille dévouée, elle a contribué à cette défense.

Plus de cent mille Annamites et Cambodgiens sont venus collaborer avec nos soldats et nos ouvriers métropolitains sur les champs de bataille et dans nos usines de guerre. Dès 1917, l'Indochine avait 2 bataillons indochinois sur le front nord-est, 9 bataillons d'étapes, 2 dans les camps, 1 aux usines, soit un total de 14 bataillons. Cinq mille tirailleurs indochinois furent, de plus, affectés aux services automobiles. Au cours de 1918, les effectifs sur lesquels s'exerçait le contrôle du Ministère des Colonies en liaison avec le Ministère de la Guerre comprenait : 21 bataillons de tirailleurs à l'effectif de 1.200 hommes employés dans la zone des armées et dont deux étaient en service à l'armée d'Orient ; près de 40.000 travailleurs répartis entre 80 établissements de l'État ou de l'initiative privée, et 8.000 hommes, auxiliaires du service de santé, dispersés dans les hôpitaux et les bureaux de l'Intendance.

Les tirailleurs indochinois envoyés aux armées, constate le général Famin, « employés généralement dans des secteurs défensifs, s'y firent remarquer par leur ténacité sous de violents bombardements et par leur aptitude à se servir des engins nouveaux tels que la mitrailleuse. Partout, ils furent également appréciés : on se louait de leur bon esprit, de leur zèle, de leur discipline... »

Leur essai n'allait pas pourtant sans inspirer des inquiétudes à la majeure partie des cadres européens. Il était admis jusqu'alors que l'Annamite ne pouvait faire un bon soldat. Vanter les Indochinois au point de vue militaire déchaînait l'ironie, les plaisanteries et quelquefois les réparties méprisantes suivant le degré d'intelligence et d'éducation des auditeurs. Il fallut longtemps pour qu'on se décidât à les employer comme combattants, malgré les réclamations pressantes des intéressés eux-mêmes qui revendiquaient hautement leur qualité de soldats venus en France pour combattre et non pour faire à l'arrière le métier de *coolie*. On n'eut pas à se repentir d'avoir enfin fait droit à leurs demandes. Les nombreuses citations, médailles militaires et croix de guerre, dont ils ont été l'objet en témoignent d'une manière éclatante. Je ne rappellerai qu'en passant la magnifique citation collective dans laquelle le général Franchet d'Esperey fit un si bel éloge des bataillons de tirailleurs annamites de l'armée d'Orient ce qui prouve que non seulement comme troupes de secteur mais aussi comme troupes de choc, les tirailleurs indo-

chinois sont de vaillants soldats. Le 7e bataillon de marche
l'a démontré pour sa part à l'attaque du chemin des Dames
en mai 1917. Un officier supérieur qui les a commandés et
appréciés s'exprimait comme suit sur leur compte : « Les
traits caractéristiques du tirailleur annamite servant en
France sont : l'intelligence, la résignation, la résistance aux
intempéries et aux fatigues, un sens profond de la discipline,
un orgueil de race et un esprit de corps très développés, un
ardent désir d'obtenir la croix de guerre... »

Et, cependant, pour ces fils d'Extrême-Orient brusquement arrachés à leur milieu pour venir en Occident, quel
changement, que d'obstacles à leur adaptation ! Nous sommes
à Marseille : débarqué de la veille, le petit tirailleur d'Annam
erre dans les rues, circule maladroitement, promenant des
yeux rêveurs sur tout ce qui l'entoure, choses, bêtes et gens.
Le corps fluet est perdu dans les vastes plis d'une capote
régimentaire d'où émerge une face d'un jaune pâle sur laquelle
l'âpre mistral met des tons de vieil ivoire. A quoi pense-t-il ?
A la rizière lointaine, sans doute, à la petite paillotte sous
laquelle il fait bon s'asseoir, prendre un bol de thé et bavarder
avec les commères, cependant que, dehors, le soleil embrase
tout, l'eau, le ciel et la terre. Aujourd'hui, rien ne l'émeut,
rien ne l'étonne. La transition est trop brusque ; le froid a
paralysé son corps et son âme. Il regarde tout et ne voit rien,
et, mélancolique, de sa démarche que rythme un balancement
continu, il revient au Dépôt, s'accroupit près d'un poêle
anémique, pour rêver encore à la grande plaine, aux horizons
gris et brumeux de son delta tonkinois...

Trois mois plus tard, à Marseille encore, le petit travailleur
d'Annam s'est réveillé. Il arpente la Cannebière d'un pas
leste et avance au milieu de la foule avec une souplesse féline.
La vieille capote étriquée a été remplacée par un élégant

uniforme réséda. L'œil n'est plus atone. Il cherche et observe. Du départ de Saïgon, de l'interminable traversée, du séjour léthargique au dépôt, de tout cela il ne garde qu'un souvenir vague. Il n'est plus le Nhaqué, timide, distant. humble devant l'Européen. C'est un petit homme aux yeux vifs, pétillants qui redresse fièrement sa fine et courte taille, sourit aux femmes, plein de la joie de vivre au grand pays de France où il vint, comme il le déclare gravement, « faire la guerre aux pirates allemands ! »

Ainsi, au moment où les théories les plus diverses se manifestaient au sujet de la meilleure politique indigène à suivre dans nos colonies, *le grand événement* s'est produit : la croisade de nos fidèles sujets d'outre-mer accourant dans la métropole pour l'aider à lutter contre l'ennemi commun. Des milliers et des milliers d'Indochinois sont venus en France et, qu'ils s'y soient installés à demeure, ou qu'ils soient repartis en Extrême-Orient, ils ont appris à nous connaître, à vivre de nos mœurs, à pénétrer nos usages, à apprendre nos métiers et notre langue : sachant désormais parler français, quelle merveilleuse préparation pour à l'avenir penser en Français !

Voilà pour le concours des hommes et des âmes pendant la guerre. Le concours matériel de l'Indochine ne fut pas moins considérable. La France a fait appel d'abord à ses productions naturelles : riz, maïs, caoutchouc, coton, huile de ricin pour l'aviation, alcool pour les poudreries, etc. L'Indochine répondit par un concours empressé en fournissant tout ce qu'on lui demandait. Elle servit, en outre, de banquier à la Métropole en lui faisant l'avance sur ses propres fonds de la majorité des débours qu'entraînaient les ordres reçus. Elle fait encore des avances pour l'achat de bateaux au Japon. En 1916 elle paie pour la mère-patrie 54 millions et en 1917, plus de cent millions ! Elle ne se borne pas à assumer la charge de banquier de la France en Asie : désirant, dans cette rivalité d'honneur qui s'est spontanément instituée entre nos diverses possessions, désirant participer à l'œuvre de défense nationale, elle puise dans ses réserves et ses disponibilités budgétaires pour des dons en espèces ou souscrire aux grands emprunts nationaux. A ceux-ci, sa soucription s'élève à plus de deux cent cinquante millions ! Les avances qu'elle fait à la métropole, du fait des fluctuations du change, obèrent lourdement son budget. Tel est le bilan de l'œuvre de guerre de l'Indochine et sa présentation en raccourci ne donne qu'une faible idée des sacrifices individuels et collectifs résolument consentis.

Au reste, la guerre terminée, notre possession d'Extrême-Orient poursuit son beau geste : pour alléger les charges de la Métropole, elle continue de garder à sa charge l'abondement des soldes militaires et pour la seule année 1920, cela représente une dépense contributive de soixante millions.

Ainsi, victorieusement, a été administrée, à l'occasion de la douloureuse guerre de 1914, la grande preuve de la prospérité indochinoise. Au seuil de cette étude, ai-je eu tort de qualifier de « miracle » l'œuvre d'ores et déjà réalisée par la France en Extrême-Orient ? Je ne le crois point, à cette condition, toutefois, que le terme « miracle » ne soit point pris dans son acception mystique et soit entendu dans son sens courant de phénomène exceptionnel et dépassant toutes les espérances. L'Indochine française de 1922 est bien, en effet, le plus magnifique témoignage du génie civilisateur de la France. Les résultats obtenus là font le plus grand honneur à notre race, ils soutiennent hautement la comparaison avec ceux obtenus dans les possessions voisines des grandes puissances. Tous les étrangers impartiaux qui ont visité l'Indochine ont proclamé cette vérité. Mais, peut-être, n'est-il pas inutile d'insister un peu pour que cette vérité miraculeuse soit aussi universellement admise en France même que par tout le vaste monde ?

LA FACE A SAUVER.

AU CŒUR DE L'ORIENT

IL y a quelques années, — c'était à la veille de la guerre de 1914, — un homme qui fut à la fois un grand géographe et un remarquable écrivain, Onésime Reclus, en toute conscience et en toute prédilection, poussa ce cri : « Lâchons l'Asie ! Prenons l'Afrique ! » Onésime Reclus ne croyait pas aux races : les systèmes d'un Gobineau ou d'un Vacher de Lapouge n'avaient aucune valeur à ses yeux. Pour lui, l'homme était moins la résultante de ses ancêtres qu'il n'était le produit de la montagne ou de la plaine, de la forêt ou du désert et, même, et surtout, — car, à aucun moment, la théorie du milieu ne prend chez Onésime Reclus l'allure d'un déterminisme purement physique, — de ce grand milieu qui est *la langue*, véritable substratum des empires et des civilisations. La race ne serait, en somme, qu'une question de grammaire et les continents seraient soumis à la loi du Verbe. Quelle serait, d'après cela, la part qui devrait revenir à la France dans le partage du monde ? Pour Onésime Reclus, notre pays aurait à choisir entre une politique européenne, une politique mondiale et une politique africaine. A la politique européenne, d'après lui, il ne faudrait plus songer : « Morte l'ambition d'hégémonie continentale, Moloch à qui France, Espagne, Autriche sacrifièrent tant d'innocents et dont l'Allemagne hébétée mendia vainement le sourire ! » Contrainte à l'abstention européenne, la France saurait-elle suivre une politique mondiale ? Onésime Reclus l'eût souhaité passionnément, mais il ne croyait pas que nous puissions aspirer avec quelque chance de succès à des destinées universelles ? Pourquoi ? Parce que notre très faible natalité ne nous permettrait pas d'entretenir un courant d'émigration suffisant, pour occuper, mettre en valeur, *franciser*, en un mot, un empire comparable à celui de l'Angleterre, par exemple, ou des États-Unis qui apparaissent à cette heure comme les grands profiteurs, sinon moraux, — on ne peut tout avoir, — du moins, matériels de la grande guerre. Fatale rançon de l'infécondité ! « Nous avons, ajoutait mélancoliquement Onésime Reclus, trop peu d'excès de vie pour nous disperser à tous les tournants du globe ! » Mais, il déclarait aussitôt : « Incapables d'une politique mondiale comme d'une politique étroitement européenne, proportionnons l'œuvre à l'ouvrier par la pratique assidue de la politique africaine, aussi assidue qu'il se pourra ! » Il concluait : « Ainsi s'instituera un immense peuple africain, héritier à la fois de Paris et de Rome, ainsi, pourvu que notre Afrique remplisse sa destinée ou probable ou possible, telle métropole future du Niger ou du Congo, sur tel fleuve auprès duquel la Seine n'est qu'un ruisseau, deviendra la capitale de la race française ! »

A des conceptions aussi vastes et aussi lyriquement exprimées, il convient d'accorder l'admiration qu'inspire un beau poème et il serait méprisable de leur opposer des critiques de texte ou de détail. Le thème, en effet, est immense et dépasse toutes observations purement objectives. Il s'agit, en somme, de la France et de son avenir en tant que grand pays, et Onésime Reclus chanta cet avenir avec la ferveur passionnée d'un devin. Toutefois, la généralité même du thème traité autorise certaines réserves d'ordre non moins général. Onésime Reclus refusait à notre pays la possibilité de poursuivre une politique européenne et une politique mondiale. Mais il formulait ce refus avant que nous eussions remporté la victoire sur l'Allemagne. Or, cette victoire, — quelles qu'aient été les malfaçons du traité de Versailles et pour grande que soit la mauvaise foi apportée par nos ennemis vaincus à son exécution, — cette victoire est un fait considérable qui a rendu à la France sa véritable situation dans le monde. Faut-il de notre faible natalité tirer une conclusion délibérément pessimiste ? Il faut alors être logique et considérer que nous ne ferons rien, faute d'excédent de population, pas plus en Afrique qu'en Europe ou par le reste de l'Univers. Mais, cette vue générale présente d'abord le grave défaut de n'envisager que la population métropolitaine alors qu'en réalité nous devons faire état d'une population française d'environ 90 millions d'habitants en y comprenant le bloc de nos sujets coloniaux. S'en tînt-on cependant à la population de la métropole, ce qui, je le répète, est une vue fausse, faudra-t-il, parce que nous nous reproduisons peu, renoncer à vivre ? A adopter semblable attitude, nous méconnaîtrions, semble-t-il, telles leçons de la guerre, la supériorité possible de la *qualité* sur la *quantité*, pour parler comme M. Guglielmo Ferrero, le rôle joué par les impondérables, les quelques héros défendant une position contre une ruée, enfin, l'importance du nombre, quand c'est le nombre organisé à l'allemande, et sa navrante inanité quand c'est le nombre inorganisé à la russe !

Pour que la France puisse résolument suivre la politique africaine que préconisait Onésime Reclus, un acte de foi est préalablement nécessaire, un acte de foi dans l'avenir de la puissance française. Le grand géographe se proclamait africain. Celui qui est devenu le maréchal Lyautey s'écriait à la fin de 1896 : « Je pars à Madagascar ; *mais je reste Indochinois de toute ma foi !* » L'acte de foi indispensable et prélude de toute grande action, nous sommes, à cette heure, tous prêts à y souscrire et les pays sont comme les individus : ils ne meurent que lorsqu'ils s'abandonnent ! Mais, le monde n'est pas partagé en compartiments étanches. Ce peut être là une conception de géographe, mais ce ne peut être une conception de politique. L'acte de foi, s'il est proféré, ne peut être, *dans le fait*, qu'un acte de foi *mondial*. Car, pourquoi renoncer ici et maintenir là-bas ? Quels raisonnements, quels arguments pourraient être assez forts pour déterminer le renoncement de la part d'un homme d'État responsable ? Un géographe, voire même un sénateur comme M. Gaudin de Vilaine n'engageant que son sentiment personnel peuvent s'écrier : « Abandonnons l'Indochine ! » C'est un cri individuel, c'est le sujet d'un livre, le prétexte d'un discours et cela n'a pas d'autre importance, encore que certaines oreilles intéressées écoutent ce cri et qu'ensuite des bouches non moins intéressées le commentent. Quel est le ministre, quel est le chef de gouvernement qui pourrait aujourd'hui valablement proposer aux Chambres françaises de renoncer à l'Indochine ? Et ainsi, pour pessimiste qu'on se veuille ou qu'on soit, ainsi se marque le chemin parcouru depuis le jour où Jules Ferry tomba du pouvoir pour avoir suivi une politique indochinoise ! Donc, la possibilité d'un semblable reniement ne saurait, ne doit même pas être envisagée un seul instant. La puissance française, en effet, est une, le prestige français est un de par le vaste monde. Le peuple qui renoncerait en Asie ne serait plus fondé à rien ambitionner ni même à rien maintenir en Afrique. Suivant l'expression chinoise, il aurait PERDU LA FACE et, disqualifié sur le continent jaune, il le serait par là même sur le continent noir.

En passant, touchons du doigt la puérilité de ces théoriciens qui prétendent orienter la destinée d'une grande nation, comme si le devenir de celle-ci n'était point étroitement déterminé par son passé et totalement inclus dans son présent. Mais, s'il en est ainsi, dira-t-on, pourquoi vainement rompre des lances contre une conception dont l'inanité est évidente ? C'est que, malheureusement, il est certains cadavres qu'il faut qu'on tue, c'est qu'il est certaines formules, d'autant plus séduisantes que plus impératives et catégoriques, c'est qu'il est certaines fausses idées logiques qui s'imposent aux esprits faibles, donc, au plus grand nombre. Ce n'est pas sans sagesse que Zoroastre conseillait à ses prêtres :

« Ne changez rien aux mots qui servent à l'évocation. Ils sont aimantés des adorations de la multitude : leur puissance est ineffable ! »

N'oublions pas davantage que certains partis politiques

en France après 1870 ont été systématiquement hostiles à la politique coloniale parce qu'ils y voyaient une diversion fâcheuse aux possibilités de revanche. M. Charles Maurras n'a-t-il pas écrit : « Nos expéditions coloniales doivent être comprises comme des dérivatifs allemands acceptés par notre gouvernement en vue d'entreprises financières favorables à ses amis ?... » Misérable explication d'une très grande chose ! Des hommes qui ne se représentent l'action de la France que sur le plan continental, il en existe encore, il peut s'en révéler demain de convaincus et d'agissants et, par avance, il convient de lutter contre leurs systèmes qui méconnaissent l'indispensabilité de l'activité coloniale.

La France, au lendemain de sa victoire, a encore et aura longtemps encore le droit et le pouvoir, — c'est tout un ou, mieux, l'un n'existe pas sans l'autre, — de suivre une politique mondiale. En prétendant conserver et maintenir partout sa place dans le monde, la France affirme sa vitalité et sa puissance mêmes. Pétition de principes ? Mais, tout n'est que pétition de principes dès qu'il s'agit de l'*être* qui veut vivre en prenant conscience de sa force. Comme je l'écrivais en 1907 dans l'Introduction à mon *Essai sur la colonisation*, à considérer les choses d'un point de vue philosophique, tout ce que les êtres font, ils ont le droit de le faire parce qu'ils le font. « L'acte est à lui-même sa foi, sa loi et toute sa loi ! » Ce n'est point parce que les Allemands, dans un vaste coup de folie collective ont attenté à la beauté et au bonheur du monde en s'appuyant sur cette formule, qu'elle a perdu sa valeur d'humanité.

Au reste, pourquoi la France renoncerait-elle à son empire asiatique plutôt qu'à son empire africain ? Depuis longtemps, déjà, notre pays, volontairement ou non, consciemment ou pas, peu importe, a choisi *la qualité*. Cette qualité est assez riche et somptueuse, — on peut l'affirmer sans vain orgueil au lendemain des prodigieuses heures de l'Yser et de Verdun, — pour qu'il ait le droit de persévérer dans *son être intégral*. Aucune ambition nouvelle et folle, pas d'impérialisme provocant, tous les gens sages sont d'accord sur ce point, mais, non plus, aucun renoncement qui pourrait être interprété comme une abdication. Par suite, sur le terrain colonial, méfions-nous toujours des thèses exclusivistes. Si, en effet, l'empire colonial de la France présente un réel intérêt, c'est, précisément, en raison de son *universalité*. Tout, dans cet empire, a sa valeur, du plus petit au plus grand, morues de Saint-Pierre-et-Miquelon dont s'approvisionnent les populations des Antilles et de la Réunion, phosphates de Tahiti, nickels de Nouvelle-Calédonie, oléagineux et bois de l'Afrique, graphites de Madagascar, riz de l'Indochine. Tout cela a valu pendant la guerre et vaut encore, une fois la paix revenue. Rien de tout cela ne doit être sacrifié. Les diplomates, sous couleur de réalisme, sont toujours tous portés, au cours des négociations internationales et lorsqu'il s'agit, notamment, d'échanges territoriaux éventuels, à n'apprécier un pays que sous sa valeur actuelle et pour le temps présent. C'est méconnaître, ainsi que l'a justement noté M. Camille Jullian, la jeunesse de la France que certains, avant la guerre, déclaraient vieille et fatiguée, mais qui, en réalité, n'en est peut-être encore qu'à l'aurore de ses destinées. Rien, je le répète, dans notre empire colonial n'est négligeable. Telle de nos possessions, qui peut aujourd'hui ne nous apparaître que comme une charge, nous apparaîtra demain, à la suite d'une découverte scientifique nouvelle, comme une utilité de premier ordre. Envisageons toujours notre empire d'outre-mer *sub specie æterni* et non point sous l'angle d'une opportunité immédiate.

Au cours de l'année 1920, alors que couraient encore de fâcheux bruits de cession de l'Indochine ou des Antilles en vue d'alléger notre dette extérieure, M. Charles Gide osa penser et écrire : « Que représente le rendement de l'Indochine en comparaison de notre situation financière, de l'hypothèque énorme que l'étranger a sur nous ? Je reconnais qu'une transaction pure et simple touchant une de nos grandes colonies heurterait beaucoup l'opinion publique. On pourrait trouver une solution dans le système des *mandats (sic)*. Notre pavillon y flotterait toujours, mais, en fait, le gouvernement passerait en d'autres mains qui sauraient tirer de ces territoires un profit autre que nous n'avons pu le faire jusqu'à présent. Et si, en échange, les États-Unis ou l'Angleterre voulaient nous céder leurs créances, ce serait la plus sage des politiques. Le gouvernement qui réussirait une telle combinaison ferait un coup de maître... » Hélas ! le comique des gens graves dépasse toutes proportions. Pareille insanité n'appelle point d'autre réponse que celle que formula excellemment à l'époque, M. René Besnard, ancien ministre des colonies : « Je ne comprendrais en aucune façon que la France aliénât une de ses colonies pour alléger sa dette. Nous avons fort heureusement assez de ressources de travail et d'énergie pour nous relever même si nos alliés témoignent à notre égard d'un égoïsme regrettable ; je suis donc opposé à toute cession coloniale... Vendre une colonie française pour alléger notre dette, non, cent fois non ! Nos colonies font maintenant partie de la mère-patrie, et ce serait une abdication sans nom que de vouloir les en séparer !... »

À l'appui de cette manière de voir militent utilement les déclarations que fit M. Klotz, alors ministre des Finances, à la Chambre des députés, le 29 décembre 1919 : «Pour évaluer nos ressources, il ne faut pas nous borner à ne considérer que le territoire métropolitain. On paraît croire que la France ne commence au Nord qu'à la frontière belge, pour finir, au sud, aux Pyrénées et à la Méditerranée. Non, la France s'étend aussi jusqu'au Congo et à l'Oubangui, c'est-à-dire, au sud de l'Équateur, formant comme un domaine d'un seul tenant où la Méditerranée a l'air d'un lac intérieur. Avec l'Indochine, avec Madagascar, avec nos vieilles colonies, nous avons un immense domaine qui comprend toutes les variétés de climat, de population, toutes les richesses terrestres et souterraines... »

Telle est la vérité.

Il y a quelque temps, M. Demangeon consacra un livre curieux au *déclin* de notre vieux continent. « On peut dire, prononça-t-il, que nous assistons au déclin de l'Europe. Il est intéressant de chercher sur quels points de la terre on commence à voir son domaine se démembrer et quels sont les pays qui profitent de ce déplacement de fortune. Il apparaît nettement que, sur des territoires différents et à des titres divers, les héritiers de l'Europe sont les États-Unis et le Japon. Depuis longtemps, la doctrine de Monroe avait marqué des limites aux ambitions politiques de l'Europe sur le continent américain ; l'essor prodigieux des États-Unis dans la production industrielle impose de même des limites à l'expansion économique de l'Europe. L'Amérique latine, longtemps fief de notre commerce, cède peu à peu à l'attraction yankee ; bien plus, par une curieuse inversion des courants d'influences, la vieille Europe s'ouvre comme une terre de colonisation. En Extrême-Orient, le Japon cherche à réaliser dans l'ordre économique la formule que ses missionnaires et ses diplomates propagent depuis les Indes jusqu'à la Sibérie : l'Asie aux Asiatiques ! Et voici que les races parmi lesquelles l'Europe avait longtemps recruté des esclaves et

des ouvriers commencent à réclamer le traitement politique
qui sera le premier fondement de leur indépendance économique : c'est toute la fortune de l'Europe qui chancelle !...»
Évidemment, les puissances économiques qui sont à la base
de l'évolution actuelle du monde travaillent contre l'Europe
selon la loi très démocratique qui veut substituer la grandeur
à la valeur, le nombre et la quantité à la qualité. Ce n'est
pas par la masse que l'Europe a prévalu, ce n'est point par
la masse qu'elle prévaudra jamais ou qu'elle pourra se maintenir. Son salut et celui des hautes civilisations dont elle est
l'héritière et qu'elle représente malgré tout, ne repose pas
sur la prépotence de cet idéal de grandeur numérique, loi
sauvage et bestiale qui cessera peut-être un jour de s'imposer,
mais bien sur un idéal de grandeur morale et de valeur.

Mais ce sont là hypothèses d'ordre philosophique autant
que pratique et ce double caractère fait à la fois leur force
et leur faiblesse.

Sans aller aussi loin et sans admettre même avec les atténuations consolantes de son auteur cette thèse du déclin
de la vieille Europe, il faut bien reconnaître cependant que,
depuis la grande guerre de 1914, il y a quelque chose de changé
sur la face du monde et que, pour parler comme Nietzsche,
des valeurs nouvelles se sont révélées. M. Ernest Lavisse,
arrivé par sa connaissance des grandes lois de l'histoire et
son âge clairvoyant aux sommets prophétiques, s'est demandé,
un jour, si le bouleversement de l'Europe n'allait pas faire
se renouveler, dans des temps peut-être prochains, les immenses migrations asiatiques, les invasions de hordes sauvages et si la civilisation n'allait pas, pour de longs siècles,
redescendre dans la nuit brutale ? Laissons là ces anticipa-
tions qui manquent trop d'objectivité pour être retenues
ici. Constatons simplement qu'au cours de la guerre, du fait

de la guerre elle-même et aussi du percement de l'isthme de Panama, s'est produit un commencement de renversement des grands courants commerciaux. Un de mes amis, observateur attentif, a vu, au moment où les sous-marins allemands sévissaient dans la Méditerranée, huit grands cargos hollandais abandonner la direction de Suez et de Port-Saïd pour se diriger vers le Japon et San-Francisco. Que pareil mouvement se généralise, que Panama l'emporte sur Suez comme grande artère des trafics maritimes, et l'Atlantique se verra détrôné par le Pacifique. N'est-ce point sur les rives du Pacifique que sont installés deux peuples, jeunes, puissants, riches d'énergie et d'appétits, le Japon et les États-Unis ? N'est-il pas loisible, dès maintenant, de pressentir que c'est là qu'auront lieu les grandes luttes d'influence de demain ? L'Europe éprouve un besoin de plus en plus grand de matières premières exotiques pour ses fabrications. Pendant la guerre, les États-Unis ont fabriqué à force tout ce qui nous manquait, ont créé un formidable outillage industriel. Que l'Europe appauvrie et désavantagée par les changes leur retire pour partie sa clientèle, où se tourneront-ils sinon vers la Chine, qui représente un marché de 4 à 500 millions d'âmes ? Ce ne sont point là visions fantaisistes mais réalités de demain.

L'axe du monde économique et politique, — les deux ordres se tiennent étroitement, se conditionnent réciproquement, sont la face et l'envers d'un même miroir, — va passer de Hambourg et de Liverpool à San Francisco et à Yokohama. Et ce serait le moment où l'Indochine pourrait ne plus nous intéresser ? Je le répète encore : une grande puissance ne saurait, sans cesser de l'être instantanément, renoncer à la place qu'elle occupe en Asie. Renoncerait-elle, elle perdrait la face, aux yeux d'un monde millénaire, lequel, curieux retour des choses, devient le monde nouveau.

L'homme n'apprécie souvent à sa juste mesure la valeur
d'une chose qu'il possède que lorsqu'il reconnaît que cette
chose est convoitée par autrui. Pour bien comprendre la
valeur du champ d'action asiatique, et l'importance du rôle
qu'y peut jouer notre Indochine comme sentinelle avancée,
il suffit de considérer les appétits qui, dès maintenant, y sont
déchaînés.

Rien de plus puéril que les formules trop générales, du
genre de celle-ci « le péril jaune » qui, par l'excès même de
leur généralité, embrassent trop de phénomènes pour en
bien fixer la valeur et qui, tendant à tout expliquer, n'expliquent rien. On a prêté aux Japonais des visées impérialistes
tendant non seulement à l'exploitation de toute la Chine,
mais aussi à la conquête des Philippines et de l'Indochine
française. M. Chauvelot a pu justement remarquer que le
climat tropical de ces deux possessions ne aurait convenir
au tempérament septentrional du peuple nippon. Il faut
reconnaître cependant qu'au Japon, il existe un parti aux
yeux duquel le Japon a une véritable mission à remplir en
Extrême-Orient. Ce n'est qu'une tendance, l'expression des
désirs de quelques-uns. Elles méritent cependant, quand on
veut se rendre compte de l'état des esprits en Asie, d'être prises
en considération. C'est ainsi qu'en mai 1917 parut dans le
Shin-Nihon, magazine du marquis Okuma, un article intitulé
« Panjaunisme et Mahométisme » et dans lequel l'auteur
M. Kawamura assurait que, dans les luttes de l'avenir, ce
serait le Japon qui jouerait le rôle de *leader* et que les cinquante millions de mahométans de la Chine le saluaient déjà
comme « le peuple-maître ». M. Kawamura, après avoir cité
Bernhardi, trouvait légitime l'existence d'un panslavisme,
d'un pangermanisme, d'un « great-britanism », d'un panla-
tinisme. Mais, il est vrai que dans le message du Président

Wilson, il n'était question que de l'Europe. Or, au point de vue de la population, l'Asie est autrement importante que l'Italie, la Slavie, la Roumanie, etc... « Les Américains poussent un cri de guerre contre les Jaunes, tous sans exception, les Chinois, et même les « Japonais supérieurs » avec qui ils ne veulent pas se mêler. Ils ne les considèrent même pas pour leurs égaux devant la loi. En ce moment, en Europe et en Amérique, la guerre absorbe toutes les pensées. On ne peut s'occuper d'autre chose. La guerre finie, la race blanche oubliera ses querelles intestines. D'un commun accord, ils crieront au péril jaune. Ils maudiront notre Empire japonais qui a soudain levé la tête et essaieront de le renverser. En même temps, ils fondront sur « le trésor du monde », la Chine, notre voisine, afin d'y récupérer leurs pertes de guerre. Cela est clair comme la lumière du jour. A cette heure-là, nos races orientales seront-elles prêtes ?... »

Au cours de la même année 1917, en avril, dans le *Tayio*, la revue la plus populaire de Tokyo, le général Nonaka, à cette question : quel sera le destin des nations ? répondait : « conquérante ou conquise, tel est le destin d'une nation... l'ultime but de la vie politique mondiale, c'est la conquête d'unions par un puissant pouvoir impérialiste. Et la question se pose : Quelle est la nation capable d'un tel pouvoir ? Ce sera une nation étroitement liée par le patriotisme, ayant une indéfectible ambition de règne, et la volonté de tout sacrifier au but. Le Japon qui s'enorgueillit d'une histoire unique, a une grande destinée à remplir dans la future histoire de l'humanité. Ce serait pitié qu'une telle patrie pût périr dans le tourbillon mondial vers la fédération impérialiste des nations. Dans le grand débat pour la conquête du monde qui fait le fond de la lutte présente, le Japon ne jouera pas un rôle de paresse tant que les Japonais ne s'abandonne-

ront pas au mauvais rêve d'une prospérité passagère. J'affirme que je ne caresse point l'illusion de la conquête du
monde. Tout ce que je crois, c'est que la conquête du monde
est une tendance inévitable, que la présente guerre (celle de
1914), la renforce plus qu'elle ne l'affaiblit et que la nation
japonaise, à cause de sa glorieuse histoire, ne sera pas exempte
de cette tendance mondiale et qu'elle tendra toutes ses forces
pour accomplir le mieux possible son destin ».

En 1918, encore, dans le *Far Eastern Review*, un publiciste
japonais, M. Takekoski, écrivait : « Les diverses nations de
la terre doivent reconnaître les besoins du Japon... Java et
Sumatra sont gouvernées par la Hollande depuis plus de
300 ans. Le gouvernement hollandais a toujours éprouvé des
difficultés dans l'exercice de son autorité sur ces îles. Parce
qu'elles sont nécessaires au Japon, on pourrait tâcher de
discuter dans un esprit pacifique la question de leur possession. Le statut présent des Indes néerlandaises est si
incertain et si faible qu'il en résulte un danger pour la paix.
C'est pour cette raison que le désir du Japon de régner sur
ces îles ne doit pas être considéré comme une preuve de
jalousie blâmable, mais au point de vue de l'intérêt de la
paix du monde. Quand le Japon règnera sur les îles de la
Sonde, s'ouvrira pour lui l'ère d'une plus grande extension
maritime. C'est pourquoi je persiste à dire qu'à l'avenir le
Japon devra limiter sa politique en Chine à l'exploitation des
ressources économiques de ce pays, sans rêver d'acquisitions
territoriales et qu'il lui faudra ordonner ses meilleures forces
en vue de la conquête des Indes néerlandaises et de son extension coloniale vers le sud... »

Ce ne sont là, dira-t-on, que thèses soutenues dans la
presse extrême-orientale par des publicistes, des personna-
lités sans mandat traduisant les appétits nationalistes de

quelques individus ou d'un petit parti. Ces thèses extrêmes correspondent bien cependant à une tendance caractérisée et, au cours de cette même année 1918, en décembre, M. André Siegfried put s'entendre dire par M. Watt, premier ministre australien par intérim : « Nous constatons avec inquiétude les ambitions japonaises dans le Pacifique. Je sais que le Japon a des visées sur les Indes néerlandaises. Notre politique, à nous Australiens, doit consister à écarter les Japonais du Pacifique austral que nous considérons comme notre sphère d'influence naturelle. Elle consiste également à renforcer la position des Puissances de civilisation blanche dans le Pacifique du Sud pour des raisons d'équilibre qui sautent aux yeux. Cette dernière remarque s'applique tout particulièrement à la France et c'est le désir sincère de l'Australie de voir la France donner tout le développement possible à ses possessions d'Océanie. Je me permettrai seulement d'exprimer le vœu que vous ne laissiez pas les Japonais y prendre pied même économiquement. Du fait de notre politique générale, nous ne pouvons nous désintéresser du sort d'aucune des terres du Pacifique... »

La tradition coloniale au Japon est donc une réalité. Inutile de rappeler les exploits au iiie siècle de l'impératrice Zingou-Kogou qui conquit une première fois la Corée les armes à la main, exemple guerrier que devait suivre, en 1592, un autre souverain, l'empereur Taïko-Sama. Mais, à proprement parler, la puissance coloniale de l'Empire du Soleil Levant date du traité de Shimonosaki en 1895 qui mit fin à la guerre sino-japonaise, vingt-sept ans après le renversement du shogunat des Tokugawa et la restauration du pouvoir mikadonal en 1868. Depuis 1895 et à la faveur de la grande guerre de 1914, le Japon a parcouru un chemin appréciable. M. Brenier, étudiant, en 1918, les *Progrès de l'exportation et*

de l'industrie japonaise depuis la guerre, pouvait noter :
« Le Japon est devenu un de nos banquiers. S'il ne faut rien
exagérer au sujet de ses capacités de prêt, si son commerce
de 7 milliards 914 millions en 1917 n'est encore qu'un peu
plus du double de celui de la Suisse avant la guerre et reste
inférieur à celui de la Belgique, si sa production en charbon
est encore relativement très faible (20 millions de tonnes),
l'ascension économique de ce peuple intelligent, courageux,
artiste, minutieux et fin politique n'en est pas moins remarquable depuis bien des années et a pris, depuis deux ans,
une allure extrêmement rapide. Le Japonais ne se défend pas,
d'ailleurs, de regarder autour de soi, en dehors de Saghalien,
de la Corée et de Formose. C'est ainsi qu'il y a déjà de nombreux Japonais établis en Mandchourie et 10.000 à Shanghaï
seulement. La marine marchande japonaise, avant la guerre,
a concurrencé la marine britannique pour le cabotage de
l'Inde. Il y a des Japonais propriétaires de plantations de
caoutchouc dans la Péninsule malaise. Plusieurs compagnies
japonaises dont cette véritable puissance financière, la *Mitsu-
Bishi*, ont acquis des terres à caoutchouc dans le Bornéo
britannique ; d'autres, de petites sucreries dans le Bornéo
hollandais. Elles s'y occupent aussi de pétrole et de mines...
Une mission d'études japonaise a parcouru Java. Une société
au capital de 6 millions de yens est en formation pour la
création d'une grande sucrerie à Sumatra. Ce n'est pas seulement sur son drapeau mais sur tout l'Extrême-Orient que
le Soleil symbolique se lève, rouge du plus immense carnage
que le monde ait jamais vu... »

Aussi ne faut-il point s'étonner de voir les États-Unis
s'inquiéter de l'ascension rapide du Japon et de ses vues sur
le continent asiatique. M. E. Pelleray, dans le bulletin du
Comité de l'Océanie française de janvier 1921, a fort bien

posé la question : « Refoulée des pays de race blanche, Canada, États-Unis, Australie, jalousement surveillée au Mexique, et bientôt, sans doute, dans le reste de l'Amérique latine, que fait l'expansion japonaise ? Elle se retourne vers le continent asiatique, son exutoire géographique et naturel. Elle envahit la Corée, la Sibérie, la Chine du Nord, devenus les réceptacles de la population surabondante de l'Empire. Peut-être, après tout, le Japon ne désire-t-il pas tant que ses fils émigrent en Amérique. Il a du travail pour eux dans ces parties de l'Asie que nous venons d'envisager et qui peuvent, éventuellement, passer, au moins en partie, dans son autorité. Mais, les Japonais sont un peuple fier et susceptible et ils n'aiment pas à voir leurs nationaux exclus, tout sèchement, par la raison qu'ils sont Japonais. Dans un même esprit, ils s'émeuvent, à leur tour, des initiatives étrangères à leurs portes, dans ces régions où ils entendent exercer une influence dominante. « Si la doctrine de Monroë, écrit M. Kawakami, s'applique au Mexique, pourquoi le Japon ne surveillerait-il pas les régions d'Extrême-Orient voisines de ses îles ? » Dans cet Orient dont il s'efforce d'être le guide, le chef et qu'il rêve de libérer des hommes de race blanche en revendiquant l'Asie pour les Asiatiques, le Japon songe manifestement à puiser sa revanche. Là, encore, toutefois, il se heurte aux États-Unis toujours préoccupés de l'activité militaire et politique déployée par les Japonais sur le continent asiatique. C'est que les États-Unis s'appliquent, avant tout, à maintenir libre le terrain commercial et le respect de l'intégrité de la Chine, voire de la Russie d'Asie, et que cette attitude leur apparaît comme le moyen le plus efficace de garantir la porte ouverte à tous ceux qui entendent, sur un pied d'égalité, commercer avec ces vastes régions. Or, il faut reconnaître que la politique du Japon ne donne pas toujours l'impression de respecter cette intégrité. Elle apparaît trop souvent favorable à l'idée d'un démembrement et d'un morcellement de l'Extrême-Orient propre à faciliter l'établissement d'une domination économique aussi bien que politique. Cette rivalité, dont le continent asiatique est l'enjeu, constitue le plus sérieux des problèmes... »

Je me suis étendu à dessein sur les visées japonaises en Asie et dans le Pacifique. Je le note, en passant, le grand problème de demain n'est pas seulement celui de l'Asie, c'est celui du Pacifique l'un des objets de la récente Conférence de Washington. Et qui sait, si, dans des temps plus ou moins proches, cet Océan continuera de mériter son nom ! Mais parallèles et rivales, on vient de le voir, s'érigent les prétentions américaines. J'écris ces lignes ayant sous les yeux un article paru en décembre 1916 dans le *London-China Telegraph*, article dans lequel un Américain envisage sérieusement la mise en valeur des mines de notre Indochine à l'aide des capitaux de ses compatriotes. Il y a encore les visées de l'Angleterre, — celles-là sont éternelles, de tout temps, et de toute heure et en tous lieux, — de l'Angleterre qui, installée à Hong-Kong, son point d'appui, a une formidable situation acquise à maintenir et, le cas échéant, à étendre. Il y a enfin, il y aura certainement demain les visées allemandes. Il serait bien sot, en effet, de penser que l'impérialisme allemand a désarmé. Je me souviens d'avoir lu, au cours de la guerre, un document allemand, sur la dépossession de Kiaotchéou, gros de menaces et de désirs de revanche pour l'avenir. L'Asie apparaît donc à qui sait voir comme une vaste lice où les champions se préparent à mener le combat, formidablement armés. La France, si merveilleusement installée en Indochine, si bien placée pour profiter des occasions favorables, la France pourrait-elle assister à cette lutte

d'influences en simple spectateur ? Laisserait-elle sans déroger
s'exercer impunément ces convoitises ? sans les arbitrer et,
même les contrôler ? Elle ne le peut d'autant moins qu'il
existe déjà en Chine d'énormes intérêts français, que ces
intérêts doivent être sauvegardés d'abord et développés
ensuite et que, notre maintien en Indochine, dans une attitude
purement expectante ou indifférente, constituerait un véritable non-sens et un reniement de la politique que nous avons
jusqu'à présent suivie en Extrême-Orient.

En 1916, le commandant, aujourd'hui, maréchal Lyautey,
écrivait dans une de ces remarquables *Lettres du Tonkin et
de Madagascar* qui ont été, il y a quelque temps, réunies en
volume. « Quelle a été l'idée initiale de ceux qui nous ont
amenés en Indochine, des Garnier, puis des Dupuis, celle de
Jules Ferry, le plus grand voyant colonial que nous ayons eu
aux affaires depuis 30 ans ? Y faire un simple établissement
de peuplement, une colonie d'exportation, une Martinique
ou une Réunion de plus ? Non, leur objectif essentiel, c'était
la pénétration commerciale de la Chine par le Sud, la possession des voies d'accès du Yun-nan, le Fleuve Rouge et le
Mékong. Notre raison d'être, ici, dans la politique générale
du monde, c'est d'y être aux avant-postes dans le grand
conflit de dislocation et de civilisation qui est suspendu sur
l'Extrême-Orient... » M. Louis Salaün a parfaitement exprimé la même conception en notant que « l'un des principaux
profits que retirent de leurs voyages en Extrême-Orient nos
compatriotes habitant l'Indochine est d'en rapporter le
sentiment très vif de la solidarité qui unit notre possession
à son voisinage asiatique. L'Indochine n'est pas, comme l'Inde

anglaise, « un tout solitaire et fermé », une vaste péninsule séparée du reste du monde par une barrière de hautes montagnes et l'immense étendue des mers : ce n'est guère qu'un morceau découpé par la politique dans la péninsule géographique indochinoise, dont la vie continue de circuler sans interruption de la Chine à la Malaisie, à travers les frontières délimitées par les commissions d'abornement. Ce voisinage asiatique affecte différemment notre possession suivant qu'elle se trouve en présence ou non d'un pays occupé par la civilisation européenne... A côté d'États déjà formés existent encore dans une notable partie de l'Extrême-Orient, des États en devenir, dont les gouvernements asiatiques sont impuissants à fixer l'évolution et, surtout, à assurer la mise en valeur sans le concours des méthodes et des capitaux de l'Europe et à qui l'Europe offre aujourd'hui avec empressement son concours. On conçoit que la situation particulière de ces États demande une politique appropriée... L'Indochine ne saurait avoir, bien entendu, de politique indépendante, mais il est constant que la politique française se trouve nécessairement amenée à exercer pour elle et par elle, une politique de frontières, une politique de pénétration, et une politique d'influence en Extrême-Orient ».

Au point de vue politique d'abord, la question des frontières présenta toujours une grande importance, et chacune des frontières indochinoises a son histoire qu'il convient de rappeler ici rapidement. La convention du 20 juin 1895 signée à Pékin par M. Gérard et le prince King a eu pour premier résultat de nous mettre au Tonkin chez nous. Elle sanctionnait l'abornement de la seconde partie de la frontière sino-tonkinoise, celle qui va de la limite commune du Kouang-Si et du Yun-nan au Mékong, abornée en moins de dix-huit mois, alors qu'il avait fallu neuf ans, de 1895 à 1904, pour aborner la première section et achevait de fermer cette frontière à la piraterie par l'organisation d'un système de police mixte qui permit de mener rapidement à bien la pacification définitive. Elle ouvrait en outre à notre commerce la nouvelle ville de Ssemao au Yunnan, remplaçait Man-hao, précédemment ouvert par Hokéou et améliorait sensiblement le régime du transit entre les villes désormais ouvertes autour de notre frontière et les autres ports à traités fluviaux et maritimes de l'empire. Enfin, l'article 5 de la convention, précisant une tendance qui n'avait été qu'indiquée dans l'article 7 du traité du 9 juin 1885, stipulait que la Chine, pour l'exploitation de ses mines dans les provinces du Yunnan, du Kouang-Si et du Kouang-toung, pourrait s'adresser d'abord à des industriels et à des ingénieurs français et ajoutait : « Il est convenu que les voies ferrées soit déjà existantes soit projetées en Annam pourront, après entente commune et dans des conditions à définir, être prolongées sur territoire chinois. »

La convention du 20 juin 1895 a marqué la reconnaissance officielle du bon voisinage de la Chine et de l'Indochine : elle a fermé les frontières et ouvert la pénétration. On sait, d'autre part, que la déclaration franco-anglaise du 15 janvier 1896 nous reconnaissait au Siam une « sphère d'influence » à l'est de la vallée du Ménam, analogue à celle que nous reconnaissions nous-mêmes à l'ouest à l'influence britannique. La cour de Pékin a, d'autre part, garanti, le 15 mars 1897, la non-aliénabilité de l'île de Haï-nan, position de première importance pour notre golfe du Tonkin qu'elle ferme et réservoir où se recrute la majeure partie des travailleurs célestes de nos concessions indochinoises et de nos protégés au Siam. Puis, le ministre anglais en Chine ayant obtenu le 11 février 1898 une déclaration du Tsong-li-Yamen énonçant qu'il n'y avait pas d'apparence que la Chine aliénât la vallée

du Yangtsé, *to another Power*, notre ministre, M. Dubail,
obtint le 10 avril 1898 une déclaration analogue relative aux
provinces du Yunnan, du Kouang-Si et du Kouang-toung.
« Notre Yamen, porte la déclaration, considère que les provinces chinoises limitrophes du Tonkin étant des points
importants de la frontière qui l'intéressent au plus haut degré,
devront être toujours administrées par la Chine et soumises
à sa souveraineté. Il n'y a aucune raison pour qu'elles soient
cédées ou louées à une Puissance... » Enfin, on l'a vu déjà,
l'accord franco-siamois du 23 mars 1907 a réglé la question
des frontières du Siam et du Cambodge en consacrant la
restitution des provinces de Battambang, de Siem-réap et de
Sisophon.

« La banlieue de l'Indochine, a pu justement conclure
M. Salaün, était de la sorte réservée. » Mais là ne pouvait
se limiter notre action politique. Nos droits étaient établis
diplomatiquement avec toutes les réserves et les sous-entendus
dont s'entourent en général les tractations chinoises. Il
fallait faciliter l'exercice de ces droits en travaillant au développement de notre influence morale. Unissant leur action à
celle des représentants du Ministère des Affaires étrangères
en Extrême-Orient tant au Japon et en Chine qu'au Siam,
en Birmanie et dans l'Insulinde, les divers gouverneurs
généraux qui se sont succédé en Indochine depuis vingt
années ont consacré de nombreux subsides à l'entretien de
ce qu'on a appelé « les Établissements français en Extrême-
Orient ». Ces subsides inscrits au budget général de l'Indochine s'élèvent chaque année à plusieurs centaines de mille
francs et rétribuent les consuls et les attachés commerciaux
de Shanghaï, de Yunnanfou, de Mongtseu, d'Hokéou, de
Pakhoï, de Longtchéou, d'Hongkong, de Bangkok et d'Oubône.
De plus, l'expérience a démontré que la forme la plus pratique

de la propagande en Extrême-Orient était évidemment la forme médicale en raison de la matérialité des services rendus : l'utilitarisme chinois goûte spécialement cet enseignement désintéressé, ces soins gratuits, ces précieuses leçons de choses immédiatement utilisables. Tous nos médecins sont des médecins militaires, recrutement qui nous préserve contre le caprice individuel, et garantit la discipline. Le nombre de nos médecins en Asie s'est multiplié grâce à l'Indochine, dont le gouvernement contribue à leur traitement, dans les postes consulaires voisins de notre grande colonie, à Yunnanfou, Mongtseu, Canton, Bangkok, Oubône, Pakhoï et Hoïhao. L'Indochine dans ces mêmes villes subventionne encore ou entretient de nombreuses écoles et établissements d'enseignement.

Mais, c'est surtout dans l'ordre économique, inséparable, d'ailleurs, de l'ordre politique que l'Indochine représente pour la France un magnifique poste avancé pour prendre ses légitimes avantages sur le marché extrême-oriental et, notamment, en Chine, marché de près de 500 millions d'âmes. Dans les années qui viendront, a constaté le Dr Legendre dans un très intéressant travail sur l'*Extrême-Orient et ses possibilités économiques*, on verra se dessiner une formidable évolution économique, le début de la mise en valeur du plus vaste empire du monde, dont les ressources naturelles aussi variées que considérables sont encore inexploitées et mal exploitées. Dans les ports ouverts de la Chine, sur les concessions européennes, il y a toutes facilités pour installer des comptoirs commerciaux ou créer des industries avec écoulement sur place, avec matières premières trouvées également sur les lieux. L'Indochine est admirablement placée, pour nous servir de base d'opération. Sa population intelligente est susceptible d'utilisations diverses, même d'ordre industriel, et cette main-d'œuvre docile et relativement bon marché est d'autant plus appréciable que notre colonie possède du charbon en abondance, d'intéressants minerais et que certaines matières premières, de grande valeur économique, se trouvent chez elle ou à portée immédiate. La Chine est aussi extrêmement riche en houille à bas prix de toute catégorie. Nous pourrions donc travailler pour le marché d'Extrême-Orient dans des conditions de revient certainement très inférieures, non seulement à toute production d'Europe, mais encore à celle du Japon dont la main-d'œuvre est relativement chère avec production médiocre comme quantité et qualité dès qu'il s'agit de grande industrie. L'Indochine, comme nos concessions territoriales en Chine, pourraient donc jouer un rôle de *suppléance* de première utilité, développer notre crédit à l'extérieur par une exportation indirecte, irréalisable par la métropole.

Dès 1897, la mission d'exploration commerciale en Chine avait relevé les débouchés que notre commerce et notre industrie pourraient trouver dans l'Empire jaune. Depuis cette date, ces possibilités se sont encore développées. En dépit de la Révolution chinoise et de la lutte qui dresse l'un contre l'autre, le Nord et le Sud, les progrès économiques de la Chine sont indéniables. Ces progrès ont pour coefficient tous les climats, d'immenses étendues de loess, mélange de sable, d'argile et de calcaire d'une grande fertilité, des bassins houillers d'un développement de 580.000 kilomètres carrés ; à peine effleurés, des gisements de minerai de fer évalués à des milliers de tonnes, des mines de cuivre et de nickel ; un système de voies navigables plus développé que dans aucune partie du monde, et, par-dessus tout, une population d'une extraordinaire habileté, d'une patience et d'une persévérance infatigables. Le Chinois a la réputation d'être dominé par le misonéisme. Cependant, des hommes qui ont séjourné dans diverses parties de la Chine qui ne jugent pas le Chinois sur les seules apparences, ayant fait des affaires avec eux, affirment qu'ils sont beaucoup moins routiniers qu'on ne le prétend, que le principal obstacle à la transformation de leurs méthodes est la faiblesse de leurs moyens financiers et que, au fur et à mesure qu'elle s'atténuera, ils deviendront des agents de production de plus en plus intéressants.

« Il est, note le Dr Legendre, une vaste région de la Chine qui doit spécialement attirer notre attention, c'est celle qui tombe dans la sphère d'influence du Tonkin, soit parce que limitrophe, soit parce que touchée par le rayonnement de notre chemin de fer de pénétration du Yun-nan. Cette région ne comprend pas moins de cinq provinces : Setchouen, Yun-nan, Koeitcheou, Kouang-Si et Kouang-toung, d'une superficie totale de 1.500.000 kilomètres carrés et d'une population approximative de 80 millions d'âmes. Nous ne saurions prétendre à un monopole d'exploitation dans cette immense région. Mais, il n'en est pas moins vrai que nous sommes admirablement placés pour en tirer un large bénéfice, surtout, quand notre railway du Yun-nan aura atteint le Fleuve bleu, grande artère centrale de la Chine. Notre railway est déjà la voie la plus sûre et la plus rapide pour l'import ou l'export des produits du Setchouen, la province la plus éloignée du Tonkin, car le Fleuve bleu est une mauvaise voie où les risques sont grands et les délais considérables... » Et le Dr Legendre ajoute :

« Le Setchouen est la province la plus intéressante, la plus riche, la plus peuplée. Plus vaste que la France et aussi peuplée, elle possède une *variété* de produits tout à fait remarquable grâce à son climat et sa topographie qui lui permettent deux et même trois récoltes par an : nos céréales d'Europe, le riz et le maïs en plus, très abondants, la canne à sucre, tous les oléagineux et suifs végétaux, la soie, le coton, la laine, le chanvre, la ramie, la rhubarbe, le musc, les peaux, les soies de porc, les plumes, etc. Son sous-sol est aussi très riche en houille, sel gemme, pétrole et en minerais, tels que cuivre, étain et zinc. Le cuivre est particulièrement abondant dans une des régions que j'ai explorées : le Kientchang (Setchouen sud-occidental).

Le Yunnan est beaucoup plus pauvre en produits agricoles, mais son sol est peut-être plus *minéralisé* encore que le Setchouen. J'ai dit l'abondance du sel gemme ; quant à la houille, on la signale presque partout, en particulier de la houille rhétienne, flambante, d'excellente qualité.

Koeitcheou et Koang Si, provinces pauvres aussi en produits agricoles, mais également très minéralisées. Le Koeitcheou serait surtout riche en cinabre.

Koang Tong (30 millions d'habitants) : sans être favorisée en produits de toutes sortes comme le Setchouen, cette province a un commerce plus considérable.

Setchouen, Yunnan et Koeitcheou sont exploitables par notre chemin de fer de pénétration du Yunnan, le Koang Si par le railway de Langson prolongé jusqu'à Nanning et le Koang Tong par mer.

Le tronçon ferré qui nous a été concédé en 1913 et doit relier Yunnan-Fou (terminus actuel) et Soui-Fou, sur le Fleuve Bleu, sera le *chaînon de raccord* qui unira dans quelques années la Birmanie à la Chine orientale, c'est-à-dire Calcutta à Shanghaï. »

La Chine occupe le nord d'un vaste cercle dont l'Indochine constitue le centre. Au sud, il faut remarquer, avec M. Brenier, un fait sur lequel on attire peu l'attention d'ordinaire et qui, d'ailleurs, ne concerne qu'une vue d'avenir, c'est que l'Indochine se trouve encore placée tout à proximité de cette grande île de Bornéo qui, pour une superficie de 752.000 kilomètres carrés, ne compte pour le moment que 2 millions d'habitants ; mais, le jour où l'énergie anglaise dans le nord et la patience anglaise dans le sud, avec les capitaux des deux pays et la main-d'œuvre chinoise, auront développé les ressources d'une des terres les plus fertiles du globe, Bornéo deviendra un marché intéressant pour l'Indochine. Sumatra, aussi, autrefois centre d'un royaume malais important et qui a essaimé au loin, n'est qu'à l'aurore de son évolution économique. Enfin, dans un avenir encore plus lointain, il y a les 800.000 kilomètres carrés de terres vierges de la Nouvelle-Guinée dont il est difficile d'imaginer qu'elles soient sans intérêt et que susciteront quelque jour à la vie, en attendant qu'elles se heurtent, les émulations australiennes et japonaises.

N'oublions pas, en dernier lieu, les Philippines avec lesquelles l'Indochine procède à de nombreux échanges commerciaux et je n'aurai fait qu'esquisser à peine le prodigieux champ d'action promis à notre activité en Extrême-Orient. L'importance, l'intérêt, l'imprévu et, pourrais-je dire, l'*inouï* de ce champ d'action sont tels qu'ils autorisent tous les désirs et tous les espoirs. Les choses et les êtres sont d'un ordre de grandeur et de valeur qui permettent toutes les curiosités. Les choses, c'est un continent formidablement vaste et dont nous ne soupçonnons qu'à peine la plus infime partie des ressources infiniment riches et variées. Les êtres, c'est la Chine longtemps mystérieuse, à propos de laquelle M. Jean Rodes écrivait en 1909 : « Ne nous trompons pas sur la force réelle du Céleste Empire, ne portons pas atteinte à nos intérêts et à notre prestige par des concessions systématiques et un abandon bénévole de nos droits, mais, par contre, sachons

réserver l'avenir et n'oublions pas que derrière la Chine officielle, faible et incertaine du lendemain, *il y a les Chinois !* »
Anatole France a dit, dans une page de son livre *Sur la pierre
blanche* : « Il faudra du temps pour apprendre à la Chine
qu'il y a une Chine, car elle ne le sait pas, et tant qu'elle ne
le saura pas, il n'y aura pas de Chine. Un peuple n'existe
que par le sentiment qu'il a de son existence... » Ceci n'est
plus vrai aujourd'hui. La guerre sino-japonaise, les spoliations
de territoires dont elle a souffert depuis 1898, l'aventure
désastreuse de 1900, sa Révolution, ont appris à la Chine
qu'elle existait.

De plus, ainsi que le proclamait M. Paul Deschanel en 1909,
« ce qui et sûr, dès maintenant, c'est que le partage de la
Chine dont on parlait couramment en Europe, il y a quelques
années, est une conception morte ; c'est que la devise :
« La Chine aux Chinois », qui est aujourd'hui le mot d'ordre
de tous les Célestes, deviendra, chaque jour, une réalité... »
C'est ce point de vue que confirmait éloquemment M. de
Pouvourville dans son livre : *Ce qui meurt et ce qui demeure*,
en s'écriant : « Finie l'époque des locations à bail, des sphères
d'influence, des zones de non-intervention, des états-tampons
et de toutes les fictions inventées par les diplomaties européennes pour ravir à la Chine, plus ou moins honnêtement,
avec ou sans cause, un morceau de son patrimoine ethnique... »

Ce n'est pas nous Français, toujours respectueux des droits
d'autrui et à qui la fidélité au principe du respect des nationalités a coûté assez cher, ce n'est pas nous qui nous plaindrons qu'il en soit ainsi et que la Chine ne constitue plus
une lamentable proie à dépecer par maintes ambitions
rivales.

L'œuvre qui reste à accomplir en Extrême-Orient, œuvre
pacifique, œuvre éminemment civilisatrice, tant dans l'ordre

moral que dans l'ordre économique, satisfait autrement nos désirs particuliers et nos personnelles préférences, qu'une entreprise de conquête ou de rapt. Cette œuvre, je ne saurais trop le répéter, est d'un intérêt tel qu'elle ne permet pas à la France de se dérober à *son devoir* en Extrême-Orient, dans cet Extrême-Orient, où son Indochine constitue pour elle le plus sûr et le plus solide des « points d'appui ». A se placer tant au point de vue du rôle qu'elle a à jouer dans le monde comme grande puissance, comme grande personne morale, qu'à celui des avantages matériels qui conditionnent sa vie économique, la France métropolitaine, s'appuyant sur sa sentinelle avancée, L'Indochine, ne saurait renoncer à paraître et à agir sur la scène asiatique laquelle, j'y insiste, sera la vaste scène où se joueront les pièces capitales des temps à venir. Mais cette considération à la fois morale et pratique, et à fins égoïstes, au sens noble et substantiel de l'expression, n'est point la seule qui doive dicter notre attitude au cœur de l'Orient. Il faut encore considérer les intérêts moraux et matériels de l'Indochine, point de vue parallèle et d'importance au moins égale qu'il me reste maintenant à envisager.

A bon droit, — et la dure et décisive épreuve de la guerre de 1914 a renforcé cette conception, lui a donné le baptême douloureux du fer et du sang, — à bon droit, nous sommes parvenus à ne plus pouvoir considérer la France en dehors de ses colonies. Il y a *un bloc franco-colonial*, indissoluble, dont toutes les parties constituent un tout cohérent, organique, en quelque sorte, et vivant. Ce n'est plus là une simple fiction imaginée pour permettre, par exemple, le fonctionnement d'une vaste réglementation douanière comme celle de 1892, c'est *une réalité*. L'Indochine et la France, donc, ne font qu'un. Toutefois, et pour maintes raisons d'ordre géographique et ethnique principalement que j'étudierai plus loin, l'Indochine ne saurait être envisagée en dehors de son milieu asiatique. Il est hors de doute aujourd'hui, qu'elle ne saurait vivre, résister aux puissances d'oppression, et se développer dans ce milieu, si elle venait brusquement à être privée de notre protection et de notre tutelle. Certes, nous avons besoin de l'Indochine pour jouer notre rôle de grande puissance asiatique. L'Indochine n'a pas de nous un moins impérieux besoin pour continuer à exister et à vivre tout simplement. *Sans la France*, il n'est point hasardeux d'affirmer *qu'elle ne saurait pleinement réaliser ses destinées !*

M. Robert de Caix, dans une conférence faite en décembre 1909, l'a établi avec force, et, après lui, M. le gouverneur général Albert Sarraut, avec non moins de clairvoyance. « La nation annamite, a noté M. de Caix, est une masse bien petite à côté de l'Empire chinois. Cette nation n'est même pas maîtresse de ses destinées, — et, ici, je ne parle pas de notre domination, — puisque tout le mouvement économique du pays qu'elle occupe est entre les mains d'immigrés chinois. Avec la modernisation de la Chine, cette emprise économique pourrait se transformer en une domination autrement directe, intime et dangereuse pour la vie nationale que celle qui a été imposée à la terre d'Annam par de lointains occidentaux. Il est, je le sais, des Annamites qui le comprennent et qui, du spectacle de leur peuple et de ses relations avec ses voisins, ont tiré la conclusion qu'il existe une véritable solidarité franco-annamite. Ces hommes-là qui pourraient devenir, peu à peu, le noyau d'un véritable parti français, conçoivent le développement de leur nation à l'abri de la couverture que nous lui donnons dans le monde. Ils comprennent qu'un accident extérieur ou intérieur qui ferait disparaître la France de l'Indochine exposerait leur pays au risque de subir des maîtres et des exploitants autrement âpres que nous et pouvant, en Indochine, prendre une position autrement redoutable pour les indigènes que celle que nous y occupons... »

Et, à la fin de 1919, le gouverneur général Albert Sarraut s'adressant à ses administrés, leur déclarait :

« Supposons, par hypothèse, que, demain, de son plein gré, de sa propre volonté, la France quitte ce pays et le laisse livré à lui-même, qui de vous, en un instant de réflexion, n'aperçoit qu'il serait aussitôt voué au pire destin ? Car vous auriez bientôt à choisir entre l'anarchie la plus terrible ou une servitude qui vous ferait pleurer des larmes de sang en vous rappelant surtout notre paternelle et bienfaisante tutelle ! »

Les Annamites raisonnables dont parlait M. de Caix en 1909 sont aujourd'hui bien plus nombreux et l'un d'eux, M. Van-thê-hoî, exposant, il n'y a pas longtemps, dans *la Tribune indigène*, journal indochinois, les aspirations de ses compatriotes, écrivait ces lignes : « Les Annamites n'ont pas oublié la tragique leçon de la guerre. C'est leur faire injure que de leur prêter des pensées d'indépendance alors qu'ils se rendent parfaitement compte que leur faiblesse les livrerait à tous les appétits excités par la lutte économique qui s'est déclanchée à travers le monde après le choc sanglant des armées d'Europe. Ils ne sont pas sans savoir que du conflit des intérêts finira par sortir une nouvelle guerre. Déjà, on commence à en discerner les germes. Ils ne commettront jamais la folie, en eussent-ils le moyen, de se priver de la protection du drapeau tricolore qui est le meilleur palladium de leur sécurité. Affranchis même de toute menace extérieure, ils seraient incapables présentement et pendant longtemps encore d'organiser et de faire fonctionner un mécanisme aussi compliqué et aussi délicat qu'un état moderne... »

On ne pourrait évidemment mieux dire ni mieux poser les données du problème. Sans la France, ne nous lassons pas de le répéter, aussi bien pour les Annamites qui méconnaissent la bienfaisance de notre domination, que pour les Français eux-mêmes qui n'apprécient pas tous à sa juste valeur notre action civilisatrice aux colonies, sans la France, donc, l'Indochine ne saurait pleinement réaliser ses destinées.

A cette considération majeure, ajoutons celle-ci que la France est certainement, à cette heure, la puissance la plus apte à se faire bien comprendre des Indochinois : notre esprit éclectique, nos idées religieuses si tolérantes, nos idées philosophiques et politiques si larges nous font tendre, on l'a justement noté, vers l'absolu, vers l'homme universel. Notre culture gréco-latine est assurément celle qui, bien mieux, notamment, que la culture anglo-saxonne, pourra assurer, sans la déformer, l'harmonieux développement de l'âme annamite. Notre tempérament français, tout en gardant son originalité, est assez plastique pour ne point choquer ni contrarier de façon irrémédiable les mœurs des autochtones.

Je noterai encore que les efforts que nous avons fournis en Indochine depuis notre installation n'ont pas été inefficaces : l'empreinte française, après plus d'un demi-siècle de domination, est déjà trop profonde pour que le peuple annamite puisse, sans dommage grave pour son avenir, se plier aux exigences d'une autre culture européenne ou même asiatique. Les Indochinois, habitués à la souple discipline française qui sait allier l'obéissance au sourire, à notre caractère dépourvu de morgue et bon enfant, supporteraient difficilement le rigorisme anglais ou américain ou la brutalité allemande également dépourvus de nuances. Les plus rebelles seraient certainement les Cochinchinois dont le caractère intime est léger et frondeur sous le masque de réserve que leur ont imposé leurs anciens maîtres. C'est là un fait qu'eux-mêmes, aux heures rares, il est vrai, d'abandon, reconnaissent volontiers.

Enfin, quelle autre puissance que la France pourrait assurer dans de bonnes conditions et au pied levé le fonctionnement de la lourde machine administrative indochinoise, machine parfois grinçante en raison même de sa complexité, mais dont nos sujets commencent à bien connaître tous les rouages et dont, à travers la lettre parfois rébarbative, ils ont éprouvé l'esprit toujours généreux et bienveillant. Avec la France disparaîtraient soudain, la technicité, les hommes, les chefs, et les capitaux et l'Indochine livrée à elle-même ne serait qu'une proie offerte à cent convoitises aiguës dont certaines, comme l'allemande, avant 1914, ne savaient même point dissimuler leur veille intéressée.

Aussi bien, la question ne se pose point et ne saurait se poser tant que la France elle-même aura confiance dans son propre destin. Ne meurent que les peuples qui renoncent à vivre. Tel n'est point notre cas. La place de la France est donc en Asie et elle doit y demeurer prête pour toutes les luttes de l'avenir. Je verrai plus loin comment pourront être le mieux assurés cette permanence de son influence et son rayonnement, et comment pourra être réalisée, de définitive façon, la conquête des esprits et des cœurs. Mais, préalablement, s'imposent l'étude du terroir et des races, le rappel aussi du passé millénaire des Annamites et l'analyse de la mesure dans laquelle nos esprits occidentaux ont su comprendre et *interpréter* les choses et les êtres d'Extrême-Orient. Je croirai sans fausse vanité, avoir exactement rempli le plan que je me suis tracé, si je parviens à faire partager à mes lecteurs la profonde conviction qui m'anime de la nécessité de notre présence et de notre action en Indochine et, par là même, en Asie. Du jour où nous nous sommes installés sur le sol annamite, nous avons assumé une responsabilité, nous avons pris charge d'âmes. Nous ne saurions, sans nous diminuer nous-mêmes, renoncer à la voie que nous avons élue. Si même, quelquefois, les événements contraires pouvaient nous rendre hésitants ou nous inciter aux regrets, il nous suffirait de nous remémorer, comme le conseillait M. Maurice Long dans son discours d'ouverture du Conseil de gouvernement en octobre 1920, le sens profond de la belle parole du Taciturne : « Il n'est pas besoin d'espérer pour entreprendre, ni de réussir pour persévérer ! »

LE TERROIR. LES RACES

Telle la patrie, tel l'homme.

MICHELET.

UN philosophe, un métaphysicien de haute valeur, M. Jules de Gaultier, l'inventeur du *Bovarysme*, a trouvé une formule curieuse et saisissante pour exprimer l'influence du sol, ou mieux, pour employer un vieux mot riche de saveur, du terroir, sur les individus qui y vivent. Cette formule, c'est l'*impératif tellurique*, et elle traduit exactement la détermination plus ou moins étroite et rigoureuse qui soumet les êtres aux conditions de leur milieu.

La formule nouvelle de M. de Gaultier ne fait, d'ailleurs, que reprendre une idée fort ancienne : *locus regit actum*, idée qui inspira toute la critique historique, sociale et esthétique de Taine. Après Taine, Demolins n'alla-t-il point jusqu'à avancer que « la route crée la race ? » L'ambiance tellurique, donc, les contingences de la latitude, du relief, du climat règlent souverainement le sort des empires avec les destinées des peuples. Cette conception éminemment géographique fut développée jusqu'à son extrême rigueur, ainsi que je l'ai déjà indiqué, par Onésime Reclus : dans l'esprit de ce savant elle contredisait et infirmait nettement l'idée anthropologique de race. Onésime Reclus, en effet, ne croyait pas aux races. Il faisait bon marché de l'indice céphalique, de l'*homo europeus vel asiaticus*. Pour lui, il n'y avait plus de races, à supposer qu'il y en ait jamais eu ! Au cours des millénaires, la guerre et la paix, le meurtre et les amours, les migrations, les alliances et les conquêtes ont si bien concassé, mêlé, confondu ce que les Allemands, durant la guerre, ont cyniquement qualifié « le matériel humain » que la forme du crâne et la couleur du poil auraient perdu toute valeur de discrimination ethnique. L'homme serait donc moins la résultante de ses ancêtres qu'il n'est le produit de la montagne ou de la plaine, de la forêt ou du désert.

Il ne faut rien exagérer et, en raison même de la complexité des phénomènes sociaux, les théories les plus générales et les plus absolues sont celles qui ont le moins de chances de nous restituer la réalité la plus approchée. Un sage empirisme, pour être moins séduisant dans l'ordre abstrait, est plus susceptible de fournir à la connaissance des êtres et des choses des éléments d'appréciation pratiques. Quoiqu'il en soit, l'étude de la géographie indochinoise présente un intérêt majeur et quiconque écrit pour des lecteurs français ne sau-

rait trop le rappeler. La répugnance instinctive des Français
pour la géographie, répugnance consacrée par une boutade
célèbre de Bismarck, est, en effet, réelle. Si elle se pouvait
excuser à l'époque où cette science n'était qu'une sèche énumération de noms de lieux et s'adressait beaucoup moins
à l'intelligence qu'à la mémoire, il n'en va plus de même aujourd'hui alors qu'elle est devenue la description pittoresque
des pays et qu'elle englobe tous les ordres de connaissance
depuis la formation géologique et les ressources naturelles
du terrain jusqu'à l'étude approfondie de l'origine et des
caractères des races.

Cependant, comme le nota justement M. Louis Salaün,
il y a vingt ans, l'appréciation de la distance, de l'étendue,
de la population, des ressources et des intérêts de tout genre
d'une possession coloniale ne saurait se régler, comme elle
l'est dans le langage courant, à la mesure de nos habitudes
métropolitaines, de nos tendances ou de nos souvenirs. C'est
ainsi que la comparaison de la superficie de l'Indochine à
celle de la Fance qui lui est sensiblement inférieure, n'a que
la valeur d'un mot puisqu'il est constant qu'une notable
partie du territoire indochinois est occupée par des terrains
médiocrement utilisables et nullement comparables à la
généralité de nos terres françaises. Le terroir indochinois
est véritablement original. « Ce qui frappe d'abord en Indochine, remarque avec talent M. Henri Gourdon dans une
étude sur *le Tourisme indochinois*, c'est l'extrême variété
des sites et des paysages. Rien d'analogue à la monotonie
sans fin de la plaine chinoise, à l'accablante solitude de
l'énorme forêt tropicale, à l'aride étendue de la vallée du
Nil. Ici, tout est contraste, des rivages bas et sablonneux
aux côtes rocheuses et escarpées, des plaines limoneuses
aux forêts-clairières des plateaux et aux cimes puissantes

des massifs montagneux. Et chacun de ces aspects revêt ici
un caractère particulier. La plaine, ce sont les immenses
deltas de la Cochinchine et du Tonkin, cloisonnés de digues,
damiers miroitants au soleil d'hiver de leurs milliers de cases
inondées, ou océans de moissons blondes ondulant sous la
brise d'été en larges vagues jusqu'aux îles de verdure que
forment les villages. Les fleuves, ce sont de véritables bras
de mer que sillonnent les navires, que la marée remonte
sur plusieurs centaines de kilomètres, avec leurs myriades de
jonques et de sampans, parfois agglomérés en véritables
villages flottants qu'habite une population indénombrable ;
ce sont leurs affluents multiples, dans leur bassin inférieur,
réseau enchevêtré de « chemins qui marchent » sous des
voûtes de palmes, ou bien, dans leur cours supérieur, rivières
quasi torrentueuses roulant leurs eaux écumeuses à travers
les seuils et les chutes, entre des falaises voilées de lianes.
Les forêts, ce sont les futaies séculaires du Laos aux troncs
majestueux, drapés d'orchidées de la base au faîte ; la forêt
cambodgienne qui enserre comme un vert écrin les ruines
prodigieuses des temples khmers ; la forêt du Haut-Tonkin
dont Boissière a décrit la mystérieuse horreur, à peine déchirée
par les routes et les pistes et qui garde jalousement, sous ses
halliers hantés de fauves, les trésors enfouis dans son sol ;
la forêt des hauts-plateaux, Lang-Bian, Tran-ninh, Bolovens,
dont les peuplements de sapins, aux senteurs salubres, sont
traversés par des théories d'éléphants et de buffles sauvages.
Les montagnes, enfin, offrent tous les aspects, éperons escarpés
de la chaîne annamitique, aux cimes bleues ou roses selon
l'heure, qu'escalade par d'impressionnants escaliers la vieille
route mandarine ; pics isolés, dressés au bord des plaines comme
des sentinelles et que la légende annamite anime de génies
redoutables ; chaînes du Yun-nan et du Haut-Laos où croît

l'edelweiss ; massif calcaire du Haut-Tonkin que les rivières creusent de cañons abrupts, de cirques, de grottes, de lacs et découpent en crêtes déchiquetées, régions pittoresques du Caïninh, des lacs Ba-Bé et des Cent mille Monts ! Mais la merveille des merveilles à laquelle ont collaboré la montagne et la mer, c'est la baie d'Along. Un immense archipel l'occupe, formé de milliers d'îles et d'îlots, sur un espace de plus de deux mille cinq cents kilomètres carrés... Il faut escalader les pentes escarpées des îles, dans la fuite éperdue des singes et le bond des mouflons, pour goûter la joie sereine d'oasis ignorées et désertes. Toutes les merveilles de la mer, toutes les surprises de la montagne que la littérature et l'art ont popularisées, ont ici leurs répliques, et l'imagination peut s'y bercer de légendes effrayantes ou poétiques qui ne le cèdent point à celles des sites les plus vantés, aussi bien que les fastes tragiques des pirates qui y établirent durant des siècles leur repaire et des merveilleuses histoires dont le héros fut le gigantesque serpent de mer qui, paraît-il, hante encore maintenant ces eaux tranquilles... »

On s'attarderait volontiers en compagnie d'un poète tel que M. Henri Gourdon, mais je dois en venir à des précisions plus prosaïques et qu'il faut cependant aborder : ne sont-elles point le substratum du décor que vêtent et magnifient ces pittoresques descriptions ?

M. Brenier a heureusement marqué qu'on ne saurait bien comprendre la climatologie, l'ethnographie, l'histoire, l'administration, l'agriculture, les possibilités naturelles de communication, ni, par suite, le développement économique actuel et futur de l'Indochine si l'on n'a constamment présente à l'esprit son orographie. Cette orographie, une chaîne de montagnes d'environ 900 kilomètres, en constitue l'ossature. Au reste, cette chaîne qu'on a parfois qualifiée « Cordillière annamitique », qualification qui possède, du moins, le mérite de faire image, cette chaîne n'est point une ligne continue de grande hauteur, mais plutôt, constate M. Brenier, une colonne vertébrale à apophyses assez espacées et irrégulières et rompue dans son milieu par la fracture d'Ailao, seul point où l'arête s'abaisse au-dessous de 500 mètres. Sauf cette coupure, on trouve partout une ligne d'altitude de 500 à 1.000 mètres avec des saillies de 1.000 à 2.000 mètres et même supérieures. Les hauteurs supérieures à 1.000 mètres sont quelquefois réunies entre elles par des sortes d'isthmes par lesquels ont passé les Méos, tribus de montagnards, grands destructeurs de forêts. L'examen sur la carte de cette chaîne annamitique explique que par les couloirs qui séparent les massifs les plus élevés, passent les vents du Laos qui se font sentir dans le centre et le nord-Annam jusque dans la province de Vinh, vents qui par leur excessive chaleur, ont souvent une répercussion fâcheuse sur l'agriculture. En considérant également sur la carte le couloir du Tso-Kiang formé des rivières de Caobang et de Lang-son on comprend que l'histoire de l'Annam ait été si mêlée à celle de la province chinoise du Kouang-Si, et aussi, par la côte, à celle du Kouang-toung. L'absence de ligne de partage accentuée entre le delta du Fleuve Rouge et ceux du Song-Ma et du Song-La explique également pourquoi l'histoire du Nord-Annam a toujours été liée à celle du Tonkin. Enfin, à voir se compartimenter les petits bassins côtiers de l'Annam on se rend compte de la résistance qu'ont pu y opposer là aux infiltrations annamites les anciens groupements des Chams.

Dans les vallées qui s'éten... de chaque côté de cette arête dorsale coulent les deux fleuves autour desquels s'est concentrée, avant notre arrivée, toute l'histoire de l'Indochine et dont la possession parut devoir nous assurer à nous-

mêmes un excellent chemin de pénétration vers l'Empire
chinois. Mais, a remarqué M. Louis Salaün, les fleuves asiatiques ne font pas toujours leur devoir de voies navigables.
La navigabilité du Mékong, malgré les exploits des marins
qui, de rapide en rapide, ont poussé leur canonnière jusqu'à
la plus extrême limite, demeure pratiquement restreinte à
un certain nombre de biefs qu'on s'est efforcé d'aménager
et de relier entre eux mais qui n'offrent pas la grande voie
continue qu'on avait espérée d'abord. La navigation du Fleuve
Rouge est, de même, fortement compromise, une moitié de
l'année, par les rapides qui encombrent la partie supérieure de
son cours, et, dans la partie inférieure, elle est encore plus
d'une fois contrariée par les bancs de sable mouvant qui
rendent son chenal incertain et difficile. Le Mékong apporte
toutefois, par son inondation annuelle, de singuliers bienfaits
aux pays qu'il arrose. La vie du Cambodge dépend de lui.
Comme un autre Nil, à partir du mois de mai, il se répand
à travers les campagnes, noie les forêts, franchit le seuil
boueux qui le sépare de son réservoir naturel le Grand Lac,
ou Tonlésap, — j'allais écrire le lac Moeris ! — dont il fait
déborder les eaux jusqu'à soixante kilomètres au delà de
ses rives. Vers octobre-novembre, la baisse des eaux commence, et, avec elle, la vie active du Cambodge qui célèbre
cet heureux événement comme une sorte de fête nationale
avec cérémonies symboliques, au son de la *Sariante*. Le Grand
Lac restitue au Mékong l'excédent qu'il en avait reçu. Les
eaux, en se retirant, abandonnent une multitude de poissons
que recueille aussitôt un peuple de pêcheurs. Elles découvrent
des terrains appelés *chomcars* que le limon a fertilisés et qui
réclament relativement peu d'efforts pour donner de riches
cultures. Les travaux agricoles sont poussés activement et
le Cambodge modèle à ce point sa vie sur celle de son grand

fleuve qu'on y rencontre des villages et des villes entièrement composés de maisons flottantes qui montent et descendent avec les eaux. Mais, précise M. Salaün, « les eaux des fleuves n'abandonnent sur les berges qu'une faible partie des terres dont elles sont chargées. Elles les roulent presque toutes jusqu'à la mer dont elles jaunissent au loin la transparence. Ces terres, apportées puis refoulées, se précipitent enfin, et les alluvions ainsi tous les jours accrues aident à former les immenses deltas cochinchinois et tonkinois qui sont parmi les régions les plus riches de l'Indochine. L'actif et patient palétuvier fixe les boues flottantes. Le terrain nouveau est bientôt envahi par une brousse marécageuse analogue à celle qui recouvre la plaine des Joncs ou la vaste province de Camau. Puis, la brousse est, à son tour, conquise par la rizière. On peut suivre les étapes de ce travail, en arrivant en Indochine, dès la montée de la rivière de Saïgon. Toutefois, le cours même de cette rivière bénéficie d'un régime privilégié. Aucun apport de sable ou de vase ne vient modifier ses fonds ou fermer, par une barre, un accès que les navires trouvent toujours libre : le courant de la haute mer balaie vers le sud l'énorme masse des alluvions du Mékong qui pourrait venir l'encombrer.

« Le Fleuve Rouge, contenu de temps immémorial par des levées de terre, n'a pas la même liberté que le Mékong pour se répandre, au moment de sa crue, dans les plaines du Bas-Tonkin. L'inondation a pourtant plus d'une fois rompu les digues insuffisantes des Annamites et elle est alors devenue un fléau. Le problème que nos ingénieurs s'efforcent de résoudre par des travaux appropriés est précisément de discipliner, autant qu'il se peut, l'inconstance du fleuve, en protégeant les campagnes entre la soudaineté d'une irruption destructive, et en leur assurant, au contraire, une distribution

mesurée et régulière des eaux par le jeu naturel d'une inondation adroitement canalisée pendant l'été, par le secours
des machines élévatoires pendant l'hiver. Le Fleuve Rouge
apporte, lui aussi, en plusieurs bras, ses eaux boueuses à la
mer : mais, comme aucun grand courant du nord ne vient
visiter et déblayer le fond du golfe où il se jette, ses embouchures fluviales sont successivement et progressivement
envasées, et l'accès du port de Haïphong, auquel elles mènent,
n'eût pas laissé d'en être gravement compromis, si l'on n'avait,
à la suite d'études, résolument abandonné ce mode d'entrée
pour adopter l'accès par la baie d'Along, c'est-à-dire, par la
mer libre... »

J'ajoute que l'administration française a consacré tous
ses soins à l'amélioration du réseau navigable de l'Indochine
et à la lutte contre les inondations. La preuve en est fournie
par les crédits inscrits au budget général pour l'exercice 1921,
850.000 piastres pour les canaux de Cochinchine, 540.000
piastres pour la continuation des travaux d'aménagement
du Fleuve Rouge et de ses défluents, 500.000 piastres pour
les irrigations au Tonkin, 1.100.000 pour les irrigations en
Annam, 100.000 pour celles du Cambodge. Ceci ne représente
qu'une fraction des efforts poursuivis depuis nombre d'années
et dont la continuation méthodique et progressive permettra
la solution d'une des difficultés les plus graves qu'a rencontrées
la mise en valeur de notre possession.

Le régime orographique de l'Indochine a également déterminé son climat. La caractéristique essentielle de celui-ci,
d'après M. Brenier, qui a admirablement synthétisé toutes
les observations météorologiques pratiquées depuis plusieurs
années, c'est qu'il est soumis au *régime des moussons*, c'est-
à-dire, qu'il se divise, dans la partie méridionale surtout
de la colonie et dans le bassin du Mékong en deux saisons

bien tranchées : une saison sèche de novembre à avril, une saison des pluies de mai à octobre. Si on adoptait, pour diviser l'année, les appellations européennes d'été et d'hiver, on pourrait dire que l'été de France correspond, en Indochine, à la saison des pluies et des crues, et l'hiver à la saison sèche des basses-eaux pendant laquelle souffle la mousson du Nord-Est. Encore ceci n'est-il pas absolu. En Cochinchine et dans tout le bassin du Mékong, les pluies sont amenées par la mousson d'été du sud-ouest résultant de l'énorme appel d'air de la masse continentale asiatique surchauffée, surtout dans sa partie nord en Mongolie. L'orientation se modifie le long des côtes d'Annam et du Tonkin où le vent dominant en été souffle du sud-sud-est. En Annam, c'est la mousson d'hiver, au contraire, mousson du nord-est qui, se brisant contre la chaîne annamitique, amène, à ses débuts surtout, des précipitations atmosphériques abondantes, avec le maximum des pluies en octobre. Le Tonkin et le Nord-Annam jusqu'au Ha-tinh, la Porte d'Annam constituant une limite bien nette, représentent une région à part avec de petites pluies d'hiver, ce qu'on appelle là-bas, le *crachin*, et qui règnent généralement en février et en mars. Aux époques de changement de moussons se rattachent, le plus souvent, *les typhons*, en chinois « ta-fong », grand vent. Il faut distinguer d'ailleurs les dépressions cycloniques ou « queues de typhons » des typhons proprement dits, dont le nombre et la violence sont très variables, d'une année à l'autre. La côte d'Annam, au nord de Tourane, y est particulièrement exposée. Hué, en un siècle, de 1810 à 1904, n'en aurait pas subi moins de treize, accompagnés ou suivis d'inondations au nombre de vingt-deux. En Cochinchine, par contre, ils sont très rares.

La température en Indochine varie naturellement avec les régions. Si la chaleur, plus élevée à Hanoï qu'à Saïgon, s'élève à Hué, avec une moyenne de maxima de 35° pendant trois mois, par contre, à Chapa, dans le Haut-Tonkin, elle ne dépasse pas 23° et peut descendre à 0° en hiver, et au Langbian, la moyenne thermométrique annuelle en 1900 a été de 20° 6. Quant au froid, la moyenne des minima descend à 12° 5 en février à Hanoï, et on note 0° dans la haute région. La tension électrique qui est un facteur important quoique assez mal observé jusqu'à présent est plus élevée au Tonkin qu'en Cochinchine et ne contribue pas à rendre les étés plus supportables. Elle doit être prise en considération pour apprécier exactement le climat exotique et telle température très tolérable en Europe devient dure aux colonies quand elle s'aggrave de cette tension de l'atmosphère qui inflige aux Européens le supplice du « casque de plomb ».

Quant aux pluies, leur abondance varie d'année à année. Les observations faites pendant plusieurs années à Hanoï donnent des hauteurs variant de 1 m. 36 en 1893 à 3 m. 55 en 1896. Mais, les graphiques ne sauraient donner une idée exacte de leur violence accidentelle. C'est ainsi qu'à Hanoï, du 10 au 11 juillet 1903, il est tombé en 21 heures, 0 m. 568 d'eau, c'est-à-dire, plus qu'à Paris pendant toute l'année. C'est, d'ailleurs là, une chute exceptionnelle.

Tels étant le facies général de l'Indochine et son atmosphère, quel est son sol, quelle est aussi la constitution de son sous-sol, la question offre un intérêt majeur au point de vue sur lequel je reviendrai plus tard, de son avenir minier. J'ai dit rapidement tout à l'heure son orographie essentiellement constituée par cette « cordillière annamitique » qui a donné à la colonie sa silhouette particulière en forme d'une S gigantesque dont la courbure supérieure est adossée à l'Empire chinois et embrasse le Tonkin, la courbure inférieure, entourée par la mer de Chine comprenant la Cochinchine et le Cambodge et l'inflexion centrale étant formée par l'Annam à l'est, le Laos avec les pays khas ou sauvages à l'ouest et au nord jusqu'au Mékong. C'est donc un pays à relief puissamment organisé avec des deltas alluvionnaires, et des vallées très larges, et de vastes plaines où la végétation revêt ce caractère particulier qu'on a désigné sous le nom de *forêtclaire*. Quelles sont les roches qui constituent ce relief ? On peut dire, déclarait en 1901, dans une conférence sur le soussol indochinois, M. l'ingénieur J. Marc-Bel, que « les roches stratifiées actuellement connues en Indochine se rapportent à trois grandes périodes géologiques : l'ère primaire, à son début, avec le terrain archéen de gneiss et micaschistes ou de schistes cristallins ; une période mixte correspondant à la fin de l'ère primaire et au commencement de l'ère secondaire, caractérisée par une grande étendue de grès et argiles versicolores, de calcaires, de schistes argileux, commençant probablement avec le terrain dévonien, se poursuivant avec le carboniférien, le permien, le trias. C'est après cette dernière période que se serait produite l'émersion principale et presque totale des terres indochinoises, restées ainsi hors des mers jusqu'à la période quaternaire ou récente. Durant celle-ci, il y a dû avoir encore des immersions et des émersions alternatives, mais beaucoup plus limitées, résultant des oscillations du sol, affaissements et exhaussements lents et auxquels se rapportent les dépôts des vallées modernes actuelles, des deltas ou estuaires des grands fleuves, formant le *diluvium* et qui ont donné à l'Indochine sa présente silhouette. Il est parfaitement possible que, d'études ultérieures, résulte la découverte d'autres terrains des ères secondaire et tertiaire, mais, jusqu'ici, à notre connaissance du moins, on n'en a pas encore rencontré à l'exception du trias, et on peut dire ainsi que, l'Indochine est restée émergée durant ces très longues périodes jusqu'à nos jours. Quant au massif central et longitudinal formé de roches éruptives, il est clair qu'il y a eu, au moins, deux périodes principales dans la venue de ces roches. La première qui a produit les roches cristallines, granites, diorites, etc., est postérieure à l'époque archéenne et aux schistes cristallins ; la seconde qui a amené au jour les basaltes et les rhyolites ou les roches fluidales est postérieure à l'époque du trias...

« De cet exposé géologique sommaire, concluait M. J. Marc-Bel en 1901, il résulte que l'Indochine, avec ses multiples alternances de formations éruptives et de formations stratifiées, se répétant tout le long et des deux côtés de l'immense chaîne annamitique, doit renfermer de nombreuses régions filoniennes... Les formations géologiques de notre possession sont donc, par leur nature et leur disposition, tout particulièrement susceptibles de renfermer des richesses minérales abondantes, et les conditions économiques du pays sont éminemment favorables au développement de l'industrie minière... »

Vingt années se sont écoulées depuis que ces lignes ont été écrites et les événements ont confirmé les vues de son auteur. Pour ne citer qu'un exemple, dès 1908, les concessions de mines au Tonkin étaient au nombre de 30, dont 14 pour le charbon et 16 pour les mines métalliques. Le nombre des périmètres en vigueur est passé ensuite de 220 à 1904, à plus de 3.000 en 1914 avec des capitaux investis dépassant trente millions. Ainsi que je l'indiquerai plus loin, l'avenir minier de l'Indochine est susceptible de comporter un développement infini et ce n'est point là une des richesses les moins appréciables de cet admirable terroir.

La superficie de l'Indochine est évaluativement fixée à 700.000 kilomètres carrés, soit 56.000 pour la Cochinchine, 175.000 pour le Cambodge, 150.000 pour l'Annam, 105.000 pour le Tonkin et 214.000 pour le Laos. Ce n'est d'ailleurs là qu'une approximation, car les superficies respectives des diverses parties de l'Union indochinoise ont plusieurs fois varié par suite de remaniements administratifs intérieurs ou de modifications de frontières. De plus, l'immensité du pays rend les opérations de triangulation longues et difficiles. La carte entière du pays est loin d'être dressée. Un perfectionnement récent, un des rares bienfaits de la guerre, la prise de vues par avions, facilitera son achèvement.

Les chiffres relatifs à la population, de même, ne peuvent être encore qu'approximatifs, car, il n'y a jamais eu avant 1921 de recensement proprement dit en Indochine. Élisée Reclus, en 1883, dans sa *Nouvelle Géographie universelle,* estimait cette population à 14.850.000 habitants pour une superficie de 583.817 kilomètres carrés. Le *Statesman's Year book* la fixait, pour 1902, j'ignore sur quelles données, à 17.604.750 habitants. Le *Journal officiel de la République française* du 22 août 1907 a publié une statistique de la population de l'Indochine donnant comme total 15.858.514 habitants dont 15.839.964 indigènes. C'est ce chiffre, arrondi à 16 millions qui est, en général, adopté. Mais, ainsi que le fait remarquer M. Brenier qui est le meilleur guide en ces matières, il ne faut pas se dissimuler qu'il est très difficile d'arriver à cet égard à des précisions absolues. Auprès des indigènes, toute enquête de cet ordre est considérée comme une mesure préliminaire à une augmentation de l'impôt et rencontre des résistances que l'autonomie à peu près absolue de la commune annamite rend malaisé de rompre.

« Il y avait bien, dit M. Brenier, dans l'organisation théorique de l'ancien Annam, des recensements périodiques tous les cinq ans, mais ces recensements avaient précisément un but fiscal, puisqu'ils étaient destinés surtout à fixer le nombre des « inscrits », c'est-à-dire, en définitive, des contribuables. La population a donc conservé une instinctive méfiance, et ses conceptions se sont, d'ailleurs, traduites avec franchise dans la déclaration de la sous-commission chargée d'étudier la question de l'établissement de l'état-civil à la Chambre Consultative du Tonkin dans sa session d'octobre 1913. Il faut ajouter l'indépendance familiale qui est jalousement gardée et, enfin, une inaptitude réelle de l'administration indigène, en général, à « réaliser » dans le sens anglais du terme, ce qui, en matière statistique, est vrai, faux, et même tout à fait invraisemblable. C'est ainsi que, dans une enquête officielle faite à Hanoï en 1885, les mandarins sont tombés d'accord pour attribuer 10.243.000 habitants au Tonkin dont 9 millions pour le seul delta du Fleuve Rouge, ce qui, en donnant à celui-ci une superficie un peu forcée de 16.000 kilomètres carrés, représenterait une densité de 562 habitants au kilomètre carré. Or, dans les pays agricoles les plus peuplés de l'Extrême-Orient, comme le delta de l'Iraouaddy, comparable par tant de côtés et, toutes proportions gardées, à celui du Fleuve Rouge, le recensement décennal de 1911 donne, pour la partie deltaïque de la Birmanie, une densité kilométrique moyenne de 313 atteignant très exceptionnellement pour deux « townships » ou agglomérations rurales, seulement le chiffre maximum de 472 habitants au kilomètre carré. Les deux provinces les plus peuplées de Java, Bagelen et Kedœ, accusent 358 habitants au kilomètre carré. Sourabaya qui vient immédiatement après descend à 284. Il est d'expérience à peu près constante d'ailleurs qu'on est porté à s'exagérer, au premier abord, la population d'un pays. C'est ce qui s'est passé à Madagascar et ce qui semble en voie de se passer au Maroc. On sait que pour la Chine, des voyageurs qui la connaissent bien comme Rockhill, ont déclaré en 1904 que sa population devrait être ramenée des 450 millions qu'on admet d'ordinaire à 270 millions, et, si ce chiffre paraît trop faible, celui de 300 à 350 millions serait peut-être plus près de la réalité. »

J'ajoute, en ce qui concerne ce qu'on appelle le mouvement de la population, élément intéressant à tant d'égards, qu'il résulte d'expériences relativement récentes auxquelles procéda le Dr Tedeschi sur un groupe de 20.000 indigènes répartis entre quatre villages de la région Hanoï-Namdinh, que la natalité annuelle serait de 4,19 %, la mortalité générale de 2,81 % et la mortalité infantile, par rapport à la population de 0,52 % et par rapport à la mortalité générale de 18,8 %, soit le cinquième environ.

Si, dans ce livre qui ne prétend nullement constituer une œuvre encyclopédique, ni viser à l'enseignement statistique, j'insiste sur ces données, c'est que le chiffre réel de la population représente un intérêt de premier ordre qu'il est inutile de démontrer au point de vue de l'avenir de notre possession. L'Indochine, en effet, qu'on ne l'oublie pas, est la seule de nos possessions coloniales qui possède une population nombreuse et en voie de progression et on sait l'importance de ce facteur à tous égards.

Cette population indochinoise englobe une *diversité de races* dont il est difficile de se faire une idée exacte lorsque, d'un pays à population homogène ou plutôt évoluée et fondue comme la nôtre, on n'a été habitué à considérer l'Indochine que comme un des berceaux de l'homme jaune. Cette diversité tient à ce que la péninsule a toujours été soumise à des invasions venues de tous côtés qui ont, chacune, laissé des traces de leur passage, soit par des populations restées pures de tout mélange, soit, plutôt, par des métissages plusieurs fois répétés et différents selon les régions.

Les Annamites, d'après M. Brenier, représentent à eux seuls 83 %, soit plus des quatre cinquièmes de la population totale de l'Indochine. Ils se sont rassemblés et accumulés dans les riches deltas et sur le front maritime de l'Indochine. Ils occupent presque exclusivement toute la région des plaines du Tonkin, de l'Annam et de la Cochinchine, et figurent dans le Cambodge pour le vingtième de la population (87,3 % en Cochinchine, 94,3 % au Tonkin, 96,1 % en Annam, 4,7 % au Cambodge). Concentrés d'abord dans le delta du Fleuve Rouge, ils se sont avancés progressivement vers le sud, en refoulant toujours les Chams dont les capitales ont été successivement, d'après M. Aymonier, à Bal Shri Banoy dans le Quang-binh, à Bal Hongor, la « ville des Pins », près de Hué, et à Bal Angonai (Chaban) dans le Binh-dinh où la puissance chame a reçu en 1471 le coup qui a marqué le commencement de son irrémédiable décadence. La descente vers le sud a continué mais la conquête de la Cochinchine sur les Cambodgiens, ainsi que je l'indiquerai plus loin, n'a été entamée qu'au xviie siècle et partiellement achevée que dans les premières années du xixe siècle. L'ouest de la Cochinchine contient encore une nombreuse population cambodgienne, notamment dans les provinces de Tra-vinh et de Soctrang.

L'origine géographique et ethnique des Annamites paraît assez difficile à fixer : les déductions de M. Maspéro sur les affinités de la langue annamite avec la langue thai permettaient de conclure peut-être aussi à une certaine parenté ethnique et à une communauté d'origine. Cette origine se placerait dans les plaines ou les deltas du Yang-tsé, ou de certains fleuves côtiers de Chine et non pas dans le Tibet, région dans laquelle on a voulu voir longtemps le berceau de ces races, mais berceau si pauvre, si inhospitalier qu'on imagine mal que des peuples aient pu s'y accroître au point de le quitter ensuite pour de vastes migrations.

Les annales chinoises signalent les Annamites au Tonkin dix-neuf siècles avant notre ère sous le nom de Giao-chi. Après avoir lutté avec les Chams et les avoir refoulés vers le sud, ils eurent à se défendre contre les Chinois qui, finalement, leur imposèrent leur civilisation. Actuellement, la race annamite est la plus homogène de beaucoup des races indochinoises quoique l'on y distingue, du nord au sud, des variations assez sensibles. Les Giao-chi ont légué à leurs descendants directs les Annamites, la plupart de leurs caractéristiques physiques : taille moyenne ou petite, membres courts et solidement charpentés, surtout les inférieurs, buste maigre et allongé, gros orteil écarté des autres doigts de pied (d'où le nom de *Giao-chi* « pieds fendus »), doigts de la main longs et effilés. Les traits du visage sont peu accentués, les pommettes saillantes, les yeux peu obliques mais très bridés, les cheveux noirs et raides, le teint peu foncé, très clair chez certains et de nuance cuivrée. Les hommes portent les cheveux longs, comme les femmes, et enroulés en chignons. La physionomie est douce et concentrée, l'attitude soumise et méfiante à l'égard des Européens, mais affable et cérémonieuse dans les relations habituelles. Le caractère des Annamites, — et je reviendrai sur cette question si importante pour l'avenir de notre colonisation en Indochine, — est souvent sévèrement apprécié par les Européens qui oublient de considérer que nous sommes les conquérants, conquérants dont les intentions, en général, bienveillantes, peuvent parfois

être méconnues par des vaincus. « Nous avons cru, a écrit
M. Brieux dans son *Voyage aux Indes et en Indochine*, que
les Annamites possédaient moins de mémoire et, comme nous
ne leur gardons pas rancune de les avoir conquis, nous ne
comprenons pas qu'ils tardent tant à se consoler d'avoir été
vaincus. » J'ajoute que la plupart des Français n'ont affaire
qu'à l'Annamite des villes, ou « boy » servile et corrompu,
et aux fonctionnaires indigènes dont la moralité et l'intégrité
sont souvent sujettes à caution. « Une appellation quasi-
officielle, dit M. Nordmann, qui traduit l'étendue du mal et
exprime la vénalité des fonctionnaires, désigne sous le nom
de *bong-loc*, le traitement d'un fonctionnaire, *bong* indiquant
le traitement officiel, en général, notoirement insuffisant, et
loc, le casuel... » Mais, l'Annamite des campagnes, le *nhaquê*
qu'on trouve sournois parce que craintif, ayant toujours été
molesté sans raison par ses maîtres successifs, a des mœurs
d'une simplicité et d'une dignité patriarcales.

Il existe entre les Tonkinois, les Annamites proprement
dits et les Cochinchinois, des différences qui sont rapidement
perceptibles pour les étrangers ayant séjourné quelque temps
dans le pays. Les Tonkinois sont plus robustes que les Cochinchinois, ils ont aussi la réputation d'être plus énergiques,
plus actifs et plus doués d'initiative. Ils ont résisté aux invasions guerrières des Chinois et résistent mieux actuellement
à leur infiltration commerciale qui a fait de si grands progrès
en Cochinchine et au Cambodge.

Mais, est-il noté justement dans un ouvrage sur l'Indochine
publié en 1911 à l'occasion de l'Exposition de Roubaix,
« même entre les habitants des provinces d'un pays donné
de l'Indochine, les dissemblances sont plus sensibles qu'elles
ne le sont en France entre un Gascon et un Bourguignon
par exemple. Depuis deux ou trois siècles, elles se sont fondues

chez nous dans la notion plus vaste d'une Patrie commune :
on a pris l'habitude d'être Français avant d'être Gascon ou
Bourguignon. Dans le peuple annamite, au contraire, la
notion de province est restée beaucoup plus vivante. C'est
là un stade qui sera dépassé dans l'avenir au fur et à mesure
que la notion de nationalité fera de plus en plus de progrès.

Les Annamites sont beaucoup plus confucianistes que
bouddhistes, contrairement à une opinion beaucoup trop
répandue et ceci s'explique facilement par la durée millénaire
de la domination des Chinois.

Aux Annamites se rattachent probablement, au moins,
comme à des descendants d'ancêtres communs les quelques
dizaines de milliers de *Muongs* de la rive droite du Fleuve
Rouge.

La langue annamite ressemblant en cela aux divers dia-
lectes chinois est formée de mots monosyllabiques et inva-
riables. Pour éviter les homonymies qui seraient fatales
avec un arsenal de voyelles aussi réduit que le nôtre, l'Annamite multiplie leur nombre en y distinguant d'infiniment
délicates nuances. En outre, chaque mot est affecté d'une
accentuation invariable qui fait partie de son individualité
autant que sa prononciation. Les accentuations sont au
nombre de six. Si, en particulier, nous considérons qu'à notre
o français correspondent trois *o* annamites et si nous formons
toutes les combinaisons possibles avec ces trois prononciations
et les six accentuations, nous voyons que le mot *mo*, par
exemple, se module de dix-huit façons différentes susceptibles
chacune d'un sens très spécial, sans préjudice des homonymies qui peuvent se produire et se produisent souvent dans
chacune de ces modulations. On conçoit, d'après cela, combien il est difficile pour un Européen d'apprendre l'annamite

dont un distingué professeur a pu dire, dans une formule légèrement vaudevillesque, que « ses mots étaient presque impossibles à prononcer pour les oreilles françaises... » Dans les diverses parties de l'empire, la langue subit des modifications assez importantes pour qu'un Annamite de Hué, par exemple, comprenne difficilement un Tonkinois ; mais, la langue officielle est la même partout. Il est, d'ailleurs, élégant, ce qui contribue encore à la compliquer, de l'émailler de quelques mots empruntés au chinois littéraire. L'écriture officielle annamite est encore plus difficile à posséder que la langue. Elle consiste en l'emploi de caractères chinois dont chacun correspond à une idée, ce qui entraîne un énorme effort de mémoire pour apprendre les milliers de caractères du vocabulaire normal. Les lettrés qui se font gloire de connaître le plus grand nombre de caractères possible, passent leur vie entière à étudier. La stérilité de cette méthode était si évidente qu'on en est venu à se servir d'une écriture plus rationnelle et plus simple, le *quôc ngû*, imaginée par les missionnaires. C'est un alphabet absolument phonétique, analogue au nôtre et dans lequel les diverses prononciations de voyelles et les six accentuations sont notées par des signes spéciaux.

La littérature annamite, si l'on n'y comprend pas les livres classiques chinois, est réduite. Un certain nombre de légendes en prose et de poèmes populaires presque tous composés en vers alternés de dix et huit syllabes, en constituent le fonds principal.

Les Annamites, lors de leur descente en Indochine, rencontrèrent et refoulèrent, ai-je dit, les *Chams* de langue malayo-polynésienne et de civilisation hindoue. Ces Chams ne représentent plus aujourd'hui que de rares, 20 à 30.000 peut-être, et tristes débris d'une race autrefois puissante.

Cette race occupait toute la côte d'Annam depuis la Cochinchine jusqu'à cette « porte d'Annam » si bien nommée, dans le massif montagneux qui sépare le Quang-binh du Ha-tinh. D'après une étude que publia M. Maspéro en 1910 l'existence de ces Chams serait certaine dans le Nord-Annam à la fin du IIe siècle après Jésus-Christ et l'histoire de l'Annam et du Cambodge est remplie, à partir du Xe siècle, ainsi que je le dirai plus loin, de leurs démêlés sanglants. Découvertes par Aymonier, étudiées par Bergaigne, leur architecture et leur langue ont fait l'objet, entre tant d'autres travaux malheureusement trop peu connus, de découvertes et d'études poursuivies par notre admirable École française d'Extrême-Orient.

Aux Chams se rattachent les *Malais*, leurs cousins par la langue et peut-être par le sang, disséminés en Cochinchine au nombre de 40 à 50.000 et qui furent autrefois leurs ennemis puisqu'à deux reprises au VIIIe siècle et au XIVe siècle, ils vinrent attaquer le « Champa » et, plus tard, le royaume khmer.

Il existe environ 1.300.000 Cambodgiens en Indochine, soit 7 à 8 % de la population totale. Ils sont presque tous au Cambodge (84 % de la population), et en Cochinchine (7,6 %). On en trouve aussi quelques-uns dans le Laos méridional. L'origine ethnique des Cambodgiens est des plus controversées. On s'accorde à peu près, à l'heure actuelle, pour voir en eux un mélange de Chams, de Malais, de Thaïs et même de Chinois avec, primitivement, sans doute, un flot beaucoup plus épais de sang indonésien. Un des auteurs chinois cités dans l'étude de M. Pelliot sur le Fou-nan, royaume qui aurait précédé, dans les premiers siècles de l'ère chrétienne celui des Khmers dans le Bas-Mékong, décrit les hommes du pays comme « tous laids, noirs, aux cheveux frisés », ce qui semblerait indiquer du sang négrito. « Quant au petit groupe de « civilisateurs hindous » suivant l'expression consacrée qui, venus en missionnaires, ont, sans doute, fait bâtir ces admirables temples dont les ruines, Angkor et nombre d'autres, demeurent, remarque M. Brenier, une des merveilles de l'Asie et du monde, ils n'entrent dans l'histoire, en tant que constructeurs, que vers la fin du VIe siècle après Jésus-Christ. On ignore par quelle voie ils sont venus et ils semblent avoir disparu brusquement, au moins de l'histoire, au XIIIe siècle, après la prise d'Angkor par les Thaïs.

Les Cambodgiens sont de taille moyenne, robustes et bien faits. La face est large, les traits assez prononcés, le nez un peu court, la bouche plutôt grande avec les lèvres charnues. Le teint est assez clair, de nuance rouge brun. Leur caractère est doux et insouciant, leur intelligence paresseuse. Ce sont de médiocres agriculteurs, mais des pêcheurs et des chasseurs adroits. On trouve parmi eux des artisans habiles, mieux, des artistes. Enfin, comme presque tous les peuples d'Extrême-Orient, comme les Chinois et les Annamites, ils sont des joueurs passionnés. Avant que le protectorat français ait apporté des tempéraments aux usages locaux, le roi était maître absolu « de la terre et de l'eau, des biens et des existences », ce qui entraînait comme conséquences l'inaliénabilité du domaine et l'esclavage d'une grande partie de la population. Son pouvoir était illimité et sa volonté seule, la loi. Cette organisation despotique était, à la vérité, tempérée par la douceur des mœurs.

Les Cambodgiens, chez qui le brahmanisme fut, à un moment donné, prédominant mais chez qui, également, le bouddhisme avait, même à la période d'Angkor, des sectateurs, sont, à l'heure actuelle, des bouddhistes relativement fervents, relevant du bouddhisme du sud ou *Petit véhicule*.

Leurs bonzes qu'on nomme talapoins au Siam vivent en commun et subsistent d'aumônes. Ils sont vêtus de jaune, évitent le contact et même la vue des femmes et passent leurs journées à des prières et à des méditations réglées par un minutieux rituel.

Le calendrier cambodgien est encore plus compliqué que le calendrier annamite. Trois ères sont en usage, l'une pour les livres religieux, la seconde pour les faits historiques, la troisième pour la vie usuelle et les affaires. Cette dernière, celle de Chollasacrach, commence à la six cent trente-huitième année de notre ère. Les années sont groupées par cycles de soixante ans et désignées dans chaque cycle par un procédé analogue à celui du calendrier annamite. On ajoute, comme dans l'ère annamite, un mois intercalaire tous les trois ou quatre ans. Ils sont désignés par des noms spéciaux ou par leur rang dans l'année. Le mois est divisé en lune croissante et lune décroissante et les jours sont numérotés, selon leur place, dans la lune croissante ou décroissante.

La langue cambodgienne est une langue polysyllabique sans intonations, à la différence de l'annamite qui est monosyllabique variotone. « Du VIIe au XIIIe siècle, remarque M. Brenier, les documents officiels qui nous ont été conservés par les inscriptions sont soit en sanscrit, soit en khmer. Après la conversion du Cambodge au bouddhisme du sud (XIVe siècle) le pali se substitua au sanscrit comme langue savante, mais il est toujours resté d'un usage beaucoup plus restreint et d'une correction très imparfaite. L'écriture cambodgienne *(aksar khmer)*, issue d'un alphabet de l'Inde mériodinale, a été conservée dans ses traits essentiels par celle employée de nos jours pour les textes religieux *(aksar mul* « écriture originelle »). L'écriture courante *(aksar crien* « écriture penchée ») l'a simplifiée quant à la forme des lettres et complétée par l'addition de quelques signes spéciaux. Quant à la transcription phonétique du cambodgien en lettres latines, les modifications qui se sont produites dans la prononciation des mots indiens quand ils ont passé dans la langue populaire *(nagara,* ville, est devenu *nokor* ; *brahma* est devenu *prohm* ; *dharma,* loi, *thor* ; *bnam,* montagne, *phnom* ; *prerohita, borohet,* etc.) rendent impossible l'usage de la transcription littérale employée pour le sanscrit. L'École française d'Extrême-Orient, en la personne de son premier directeur, M. Finot, en 1902, a proposé une transcription qui « en utilisant dans la plus large mesure les ressources de la typographie indochinoise, au risque de choquer les habitudes européennes par l'usage de signes inusités ailleurs que dans la colonie », avait le mérite pratique « non pas de réaliser le meilleur des systèmes possible, mais le plus convenable au pays où il doit être mis en œuvre... »

Le Laos entier, une partie du Cambodge et de la Cochinchine sont occupés par un grand nombre de races très distinctes des Annamites et des Cambodgiens et que l'on peut classer en deux catégories, les *Thaïs* et les *Khâs,* chacune étant elle-même subdivisible en plusieurs groupes. On trouve des Thaïs jusque dans l'Assam, et en Chine, notamment dans le Kouitchéou. En Indochine, d'après M. Brenier, deux grands groupements thaïs peuvent être distingués, séparés à peu près par le Fleuve Rouge et qu'on peut distinguer pour la commodité, par les deux appellations de *Thai,* à l'ouest, plus ou moins hindouisés et bouddhistes, et de *Thô,* à l'est, demeurés davantage sous l'influence chinoise. Les premiers, — peut-être, surtout par une poussée plus vigoureuse après la destruction du royaume thai de l'ouest du Yunnan, le Nan-Tchao, par les Mongols de Koubilaï-Khan (1250 ap. J.-Christ) — ont envahi peu à peu le bassin du Mékong en refoulant de plus en plus les Indonésiens dans les montagnes,

puis, plus tard, les Khmers au sud des grands Lacs, l'attaque
décisive des Siamois contre Angkor ne datant que du XIIIᵉ siècle. Les Thais de l'ouest comprennent dans la colonie : les
Laotiens des basses vallées, les *Pou-Eun* des plateaux, les
Thaïs noirs de la Haute-Rivière, etc., et en dehors de nos
frontières, les Siamois, excessivement mélangés de Malais,
de Birmans et de Chinois, les Shans de Birmanie et du Sip-
song pan na (Yunnan) et de nouveau, des Laotiens, des
Younes et des *Lus*, dans les États shans anglais et siamois.
Les *Thos* de l'est comprennent les Thôs proprement dits, les
Nhung, les *Thaïs blancs* de la Rivière claire, les *Dioi* ou
T'onjon du Kouang-Si, etc. Si l'on ajoute au million de Thaïs
environ de notre Indochine les 7 millions (chiffre officiel)
de Siamois et Laotiens du Siam, les 996.000 Shans de Birmanie
(recensement de 1911), le demi-million, peut-être davantage,
de Thaïs du Yun-nan, et les 6 millions environ de Thôs du
Kouang-Si et du Koui-tchéou, on arrive au total respectable
de 15 à 16 millions de Thaïs pour l'Asie sud-occidentale.

Les Thaïs-Laotiens se sont établis surtout sur les rives du
Mékong. Ils sont de stature moyenne, élancés, sveltes ;
la tête est assez allongée, la face est peu aplatie, la bouche
grande, les yeux légèrement bridés et bien fendus ; les cheveux
sont noirs et épais, coupés court. Le teint est d'un jaune plus
ou moins clair, tirant vers le brun. Ces peuples sont doux et
paisibles mais paresseux. Leur religion se rapproche de celle
des Cambodgiens et se complique de nombreuses superstitions locales ; ils sont joueurs comme tous les Asiatiques.
Les autres peuples du rameau thaï qui occupent les régions
montagneuses du Laos septentrional sont, en général, de
plus haute taille que les Laotiens. Leurs religions varient d'un
bouddhisme très corrompu aux pires superstitions.

Le groupe Kha renferme un grand nombre de peuplades

disséminées sur la chaîne annamitique. Ils ont des types ethniques très variables. La plupart de ces peuples vivent à l'état sauvage, surtout dans les pays couverts de forêts. On les groupe en Bolovens, Nha-heun, Sedangs, Djarais, Khaois, Khasseng, Alak, Halang, Khal-eu, Kha-son... Tous ces groupes, note M. Brenier, se rapprochent les uns des autres par leur genre de vie : chasseurs, avant tout, passion de la guerre, qui était, avant notre venue, continuelle entre les tribus, leur organisation familiale et sociale : maisons communes, par exemple ; d'une longueur parfois invraisemblable. M. Maître en a vu une de 178 mètres ; leur faible développement intellectuel : aucune de ces tribus n'a d'écriture, et le Dr Noël Bernard raconte comment un groupe de Nha heun n'a pu arriver à compter jusqu'à treize, même avec l'aide de bâtonnets, — leur agriculture et leur industrie absolument rudimentaires ; l'animisme et le culte des mauvais génies qui constituent toute leur religion, avec ses conséquences pratiques de l'abus des *khalams* ou *tabous* si prédominants aussi chez leurs parents polynésiens. Et, cependant, ces populations, réfractaires en général, à la fièvre des bois, peuvent rendre de précieux services comme défricheurs, bûcherons, constructeurs de routes en pays forestiers. Ils donnent satisfaction dans certaines plantations de coutchouc de l'est de la Cochinchine où on a même pu les fixer par de bons traitements.

Parmi les populations d'origine chinoise, il faut encore citer les *Meos* et les *Man* ou *Yaos*, arrivés de Chine en Indochine vers le milieu du siècle dernier après, semble-t-il, les massacres affreux que les Chinois en ont faits vers cette époque au Kouitchéou. Ce sont des montagnards, les Meos surtout, grands destructeurs de forêts. Ce sont aussi de bon éleveurs et ce sont eux qui cultivent l'opium au Tranninh où ils forment deux ou trois groupements importants. Leurs habitudes nomades n'ont jamais permis de les dénombrer exactement.

Il est encore d'autres représentants de races originaires du Thibet, des Lolos, etc., mais il est inutile d'augmenter le nombre de comparses de ce tableau multiforme qui fait apparaître l'Indochine comme le réceptacle final de cent peuples divers. Ceci s'explique, d'ailleurs, aisément. De par sa configuration géographique, elle représente comme la pointe extrême au sud de l'Asie. Tous les peuples plus ou moins faibles refoulés du sud de la Chine sont venus s'arrêter là ne pouvant « aller plus outre ». Leur variété infinie constituerait au point de vue de leur accession plus ou moins rapide à notre civilisation, une difficulté à première vue insurmontable, si, par bonheur, ils n'étaient pas une petite minorité par rapport aux deux grands groupes des Annamites et des Cambodgiens. Par ceux-ci nous arriverons à agir sur ceux-là.

Ce tableau des races indochinoises serait, enfin, incomplet, si nous ne parlions point des Chinois. Comme le remarque M. Brenier, il est impossible de les négliger dans une énumération des groupes ethniques de l'Indochine, tellement est important le rôle qu'ils jouent partout dans le commerce et l'industrie (celle du riz notamment) de la colonie et dans certaines cultures (poivres de Kampot et de Hatien) ou, même, dans l'agriculture en général sur quelques points. Ce rôle est d'autant plus frappant qu'ils ne sont pas plus de 300.000 environ, en tout (chiffres de 1914), et cette prépondérance d'une minorité, par une association d'idées inévitable, fait penser à l'influence juive en occident. Une législation particulière a dû leur être appliquée dont la caractéristique essentielle est ce qu'on appelle le régime de la *con-*

grégation. Les asiatiques étrangers ou assimilés sont groupés, d'après leur pays d'origine, leur dialecte ou leur religion en un certain nombre de corps spéciaux ou congrégations établis dans chaque circonscription administrative. Le chef de congrégation sert d'intermédiaire pour recevoir toute communication de l'autorité supérieure intéressant la collectivité. Il concourt à la police, est responsable de l'impôt dû par ses ressortissants dont il tient le contrôle sur un registre. Aucun asiatique étranger ou assimilé, qu'il soit Chinois, Indien, Malais, Javanais ou Arabe, s'il est refusé ou radié par sa congrégation, ne peut continuer à séjourner dans la colonie. Tout asiatique qui pénètre dans la colonie est soumis à de sévères formalités, et ne peut y demeurer que s'il est titulaire d'un permis de séjour délivré par le service de l'immatriculation. En ce qui concerne le Tonkin existent des dispositions spéciales fixées par le règlement de police de la frontière sino-annamite pris en exécution de la convention de commerce franco-chinoise du 20 juin 1895. Tout Chinois pénétrant au Tonkin non muni d'une autorisation permanente de franchissement de la frontière doit être porteur d'un passe-port délivré dans les formes diplomatiques convenues entre la France et la Chine. Une fois au Tonkin et pour la durée de leur séjour, ils doivent solliciter leur inscription dans une congrégation aux rôles de laquelle ils seront portés.

Les Chinois, je le répète, tiennent en Indochine, en dépit de ces formalités et de ces précautions que leur gouvernement, surtout depuis l'avènement de la République, n'a pas manqué de qualifier de vexatoires, une place importante. Ils ont accaparé, surtout en Cochinchine et au Cambodge, tout le petit commerce et une partie du grand commerce et de l'industrie. Ils ont des relations étroites avec le paysan annamite, le Nhaquê, auquel ils prêtent, au moment des semailles, de l'argent, à gros intérêts, qu'ils récupèrent au moment de la récolte. En cas de non-paiement, ils s'emparent du sol, et ils sont ainsi parvenus, à l'instar des Juifs en Algérie, à posséder une grande partie des rizières dans certaines provinces de la Cochinchine. Les Annamites ne laissent pas d'en concevoir une vive irritation. Mais, jusqu'à présent, ils n'ont pas fait vraisemblablement l'effort nécessaire pour s'emparer de la place qu'usurpent les Chinois. Ainsi que l'a fait remarquer à Saïgon en octobre 1919 le gouverneur Maspéro dans un discours qui produisit à l'époque une grande sensation, « l'Annamite, en Cochinchine, est cultivateur, uniquement cultivateur. Et comme la terre qu'il cultive, lui procure, sans grand effort, plus qu'il ne lui est nécessaire pour le nourrir lui et sa famille, il n'a jamais éprouvé le besoin d'entreprendre le commerce des produits qu'il tire de la terre. Depuis des siècles, ce sont les Chinois qui sont venus sur la rizière lui acheter son paddy, le transformer en riz et l'exporter ; ce sont eux qui, dans le village, ont tenu boutique, qui, en un mot, ont assuré pendant de longues années, à eux seuls, la vie commerciale du pays. Si bien que l'Annamite de Cochinchine est, à l'heure actuelle, absolument étranger, non seulement à tout ce qui touche le commerce proprement dit, mais même aux notions les plus essentielles à l'exercice du négoce... »

M. Maspéro, s'adressant à un auditoire composé d'Annamites, ajoutait justement : « Ce n'est pas des Chinois qu'il faut vous occuper, mais de vous-mêmes, car vous aurez beau faire et beau dire, tant que vous ne serez pas à même de les remplacer, vous pourrez créer des troubles, vous pourrez mettre le pays à feu et à sang, mais vous n'arriverez jamais à faire par vous-mêmes, du jour au lendemain, le commerce qu'ils ont fait jusqu'ici à votre place. Ne vous figurez pas, au demeurant, que vous pourrez vous passer à jamais des étrangers. Dans tous les pays du monde, — et c'est la garantie des libres transactions commerciales, — le commerce est tenu non seulement par les Nationaux, mais encore par les étrangers résidents... Il doit en être de même ici, et puisque votre pays aura toujours à commercer avec la Chine, vous aurez toujours en Cochinchine des commerçants chinois, comme vous y aurez des commerçants français. Et ce sera votre intérêt... »

Aux Chinois, il faut encore rattacher les *Minh-huong* ou métis de pères chinois et de mères annamites qui sont très abondants dans le delta du Mékong.

Enfin, on trouve encore en Indochine, en assez grand nombre, des Hindous, qu'on connaît surtout sous le nom de « Malabars » ou de « Chettys ». Ils font le commerce de l'argent, commerce qui ressemble trop souvent à l'usure et tiennent des bazars à l'usage des indigènes.

A côté de cette énorme masse indigène figurent les Européens, en grande majorité, Français. Ils sont au nombre de 23 à 24.000 contre 600 étrangers comprenant environ 8.000 hommes de troupes, le reste, de 15 à 16.000 âmes représentant la population civile, les fonctionnaires y compris dans la proportion d'environ 40 pour cent.

Pour qui considère, dans l'attitude d'admiration compréhensive qui convient, le problème des races en Indochine, il faut reconnaître que notre action dans ce pays, cette emprise d'une poignée d'individus sur ce peuple protéïque et si nombreux, ne sont pas un des côtés les moins « miraculeux » de la solidité et du maintien de notre domination, l'épithète « miraculeux » étant prise dans l'acception que j'ai indiquée dans le premier chapitre de ce livre. Cette disproportion entre la *quantité* des dominateurs, infime, de celle des sujets, si considérable, pourrait même devenir un sujet d'inquiétude pour l'avenir, si le facteur *qualité* ne venait, à point nommé, rétablir l'équilibre, si, en un mot, le génie civilisateur de la France ne faisait pas de ce paradoxe arithmétique une admirable et vivante réalité.

L'Indochine, somptueux terroir aux ressources infinies, apparaît, au point de vue des races qui la peuplent et qui en animent le séduisant décor, comme un vaste creuset où mille éléments ethniques opposés ou rivaux, se fondront finalement sous l'égide de la France protectrice. Ce ne sera pas là une des moins belles et moins utiles tâches de l'avenir.

LE PASSÉ MILLÉNAIRE

QUELLES que soient les prétentions des historiens modernes formés à l'école allemande et qui veulent considérer l'histoire comme une science ou faire, comme Hegel, de la philosophie de l'histoire le but suprême de leur philosophie, il faut bien reconnaître que rien n'est moins scientifique que l'histoire, pour savantes que soient les méthodes qui concourent à son élaboration. A l'histoire, en effet, et en dépit de l'abondance des documents, et du luxe des notes et des fiches, il manquera toujours ce qui constitue le caractère fondamental de la science, savoir la subordination rigoureuse et logique des faits et des choses. L'histoire présente faits et choses seulement sous la forme d'une coordination. Alors que les sciences sont un système de concepts et ne parlent que d'espèces, l'histoire ne parle que d'individus. « Elle serait donc, comme l'a remarqué Théodore Ribot, une science des individus, ce qui est une contradiction dans les termes. » Si ceci est vrai quand il s'agit d'histoire occidentale, d'une histoire que nous possédons, que nous avons dans le cœur et dans le sang, puisque nos ancêtres l'ont vécue, et sur laquelle nous possédons d'innombrables données, que dirons-nous, *a fortiori*, de l'histoire lointaine de ces peuples d'Asie, sur laquelle les documents sont infiniment rares et souvent même tronqués ou dénaturés à plaisir ?

Il faut alors en revenir à la conception de Schopenhauer prétendant que la vraie philosophie consiste à rechercher, dans l'histoire comme partout, *ce qui est immuable.* « Elle consiste à reconnaître que dans ces changements embrouillés et sans fin, il y a un fond qui reste invariablement le même, qui agit aujourd'hui comme hier, comme toujours ; que dans les temps anciens et modernes de l'Orient comme de l'Occident, malgré les différences de circonstances, de costumes, de mœurs, il y a quelque chose d'identique et qu'on retrouve partout la même humanité. Ce fond immuable, identique, au milieu de tous les changements dans les qualités du cœur et de la tête, chez l'homme, le voici : beaucoup de méchants, peu de bons ! La devise de l'histoire devrait être : *Eadem, sed aliter..*» Quand on a lu Hérodote, ajoute M. Ribot commentant l'auteur du *Monde comme volonté,* quand «on a lu Hérodote avec un esprit vraiment philosophique on a assez étudié l'histoire, car on trouve là tout ce qui constitue le reste de la vie de l'humanité : les efforts, les actes, les douleurs, les destinées de l'espèce humaine, tels qu'ils résultent de ses qualités physiques et morales. Ce que l'histoire raconte n'est au fond que le rêve long, pesant et confus de l'humanité... »

C'est là une conception dont la valeur philosophique s'avère singulièrement à prendre connaissance de l'histoire des peuples indochinois. Mais, par sa généralité même, cette conception, comme tous les systèmes trop généraux, ne présente-t-elle point l'inconvénient de ne rien expliquer à force de vouloir tout expliquer ? Puis, n'a-t-elle point aussi le tort d'affirmer de manière absolue, l'identité de l'être, en négligeant par trop la dissemblance des individus ? Gobineau, grand voyageur et psychologue avisé, a prétendu, au contraire, que cette soi-disant similitude ou identité des hommes était une des plus grandes sottises des moralistes. Dans une des plus émouvantes de ses « nouvelles asiatiques », *la Vie de voyage*, l'auteur des *Pléiades* montre son héroïne perdue au sein d'une peuplade orientale. « Peur ? dit-elle, je n'ai pas peur, ou, du moins, je n'ai pas précisément peur... Mais, au premier abord, je ne voyais, je ne comprenais que la superficie des choses, et, l'apercevant comme elle est, bariolée et mouvante, je m'en amusais et ne supposais pas ce dessous. Mais, maintenant, ne prends-tu pas garde toi-même que nous sommes entourés par l'inconnu, par l'étrangeté incommensurable, sans bornes ? Que tout ce que nous approchons nous regarde comme nous le regardons nous-mêmes et cela sans nous comprendre de même que nous ne le comprenons pas... Qu'y a-t-il de commun entre ces gens-là et nous ? Eh bien, oui, j'ai peur ! Je voudrais me retrouver dans un autre pays, dans le nôtre, dans celui que nous avons contemplé toute notre vie, qui n'a pas de mystère et d'inconnu pour nous, pour lequel nous sommes faits et qui est fait pour les natures que nous avons reçues du ciel ! Je voudrais voir les gens que nous pouvons reconnaître, sur le visage desquels

nous sommes accoutumés à lire et qui comprennent le bien
et le mal de la même façon que nous... »

Telles sont bien les deux conceptions opposées. Voulant
brosser dans ses grandes lignes le vaste tableau du monde
indochinois, mon choix est fait. Il ne m'est point permis de
renvoyer le lecteur à Hérodote et, pour mystérieux qu'ils
soient, il faut pénétrer résolûment dans les arcanes du passé
de notre possession d'Extrême-Orient.

*
* *

L'histoire du Cambodge, qui, pendant longtemps, demeura
complètement ignorée, a suscité de vives curiosités depuis
la découverte des superbes ruines d'Angkor par Mouhot en
1860. Aujourd'hui, grâce aux savants travaux des Aymonier,
des Adhémar Leclère, des Maspéro, des Cabaton, grâce au
relevé et au déchiffrage des inscriptions en sanscrit et en
vieux khmer du Cambodge, à la connaissance des récits des
anciens voyageurs chinois, des annales cambodgiennes, sia-
moises, laotiennes, annamites, et des relations des voyageurs
européens, cette histoire, peu à peu, passe des ténèbres à la
pénombre. Il ne faut point, d'ailleurs, nourrir d'illusions sur
les moyens de restitution qui sont en notre possession. Ils
sont des plus limités : les inscriptions précises permettant
de fixer des noms, des dates, l'état politique et religieux du
pays ne contiennent le plus souvent qu'une pompeuse et vide
énumération de titres. D'une manière générale, les annales
des pays indochinois n'ont été rédigées qu'à une époque
relativement récente. Celles du Cambodge datent du xviiie siècle. Elles sont presque toujours faussées, altérées par la vanité,
la puérilité ou l'ignorance de leurs auteurs qui les chargent
et les encombrent de légendes tendant à faire remonter les

premiers individus de la race cambodgienne aux dieux du Panthéon hindou. De même, il n'est pas rare de voir tel membre de la famille royale khmer, dans les temps contemporains, ordonner leur falsification, en quelque sorte officielle, soit par intérêt dynastique, soit par simple amour-propre. Et c'est bien ainsi, en effet, dans tous les temps et sous toutes les latitudes que s'écrit l'histoire ! Les relations chinoises écrites avec une psychologie et une volonté de recherche autrement pénétrantes possèdent une beaucoup plus grande valeur documentaire. Malheureusement, elles ne portent que sur des périodes assez restreintes. De plus, l'écriture chinoise altère à tel point les noms des personnes et les lieux qu'en nombre de cas ces noms deviennent impossibles à identifier. Les relations européennes, portugaises, espagnoles ou hollandaises offrent un égal intérêt. Elles ont même sur les relations chinoises l'avantage d'être plus claires, plus compréhensives, en dépit des préjugés ou de l'ignorance de certains des voyageurs. Mais, elles ne commencent qu'à la fin du XVIᵉ siècle ou au début du XVIIᵉ siècle L'histoire du Cambodge, telle que les sources dont on dispose actuellement permettent de la reconstituer, comprend deux périodes bien tranchées : des origines, d'abord, au XIVᵉ siècle, époque à laquelle disparaissent les rois dits « constructeurs », puis, du XIVᵉ siècle à nos jours : à cette seconde période correspond la décadence politique et intellectuelle du Cambodge, décadence à laquelle notre intervention vient heureusement mettre fin notre protectorat avec l'établissement duquel s'annonce un stade de relèvement économique et moral.

La première période qui part des origines est naturellement la plus obscure. Les savants modernes et, parmi eux, un des mieux avertis, M. Cabaton, — à la documentation de qui, ainsi que de M. Maspéro, j'aurai souvent à me reporter, —

admettent qu'au premier siècle de notre ère, à une époque où l'Inde déversait sur l'Indochine et dans toute l'Insulinde de hardis émigrants, un Hindou brahmaniste du nom de *Kaundinya*, aborda avec toute sa troupe de compagnons en un point encore incertain de la côte indochinoise.

L'Indochine était alors la proie que se disputaient deux puissances, les Chams et les Khmers : les *Chams*, frères de race des peuplades qui, parties des embouchures du Mékong, allèrent peupler toute l'Insulinde et donnèrent naissance aux Malayo-polynésiens de Java, de Sumatra, de Bornéo, des Moluques et des Célèbes lesquels, plus tard, se répandirent dans toutes les îles du sud et allèrent même, dit-on, jusqu'à Madagascar ; les *Khmers*, frères des Môns ou Pégouans et probablement venus des régions birmanes.

Les Chams avaient fondé le royaume de Champa, auquel M. Georges Maspéro a consacré une magistrale étude. *Nagara Campa*, l'état de Campâ : ce nom de Campâ est en sanscrit celui d'un arbre et d'une fleur, généralement blanche, très odorante. Il désignait dans l'Inde ancienne un royaume qui occupait l'emplacement du district actuel de Baghalpur. Au 1er siècle, le royaume de Champa ne comprend vraisemblablement déjà plus que les côtes et les vallées de l'Annam. Les Chams avaient dû céder les bouches du Mékong aux Khmers qui occupaient la Cochinchine actuelle et le cours du fleuve jusqu'à Vien-tiane et une partie du Siam. Ce vaste empire khmer était dénommé par les Chinois *Fou-nan* et le Cambodge d'aujourd'hui paraît bien n'en avoir constitué qu'une partie vassalisée qui, après s'être rendue indépendante, au cours des siècles, aurait remplacé ensuite, dans des limites considérablement restreintes, le royaume de Fou-nan.

Kaundinya, notre héros, lorsqu'il arrive, est d'abord mal accueilli par les habitants du Fou-nan et par leur jeune reine

Lieou-ye (Feuille de saule). Mais, grâce à son arc magique, ce qui indique, sans doute, un armement plus perfectionné, il les soumet, puis épouse la reine à qui il enseigne l'usage des vêtements et il « hindouise » le Fou-nan. Tel serait le fondement des dynasties royales khmers. Pour les Cambodgiens, leurs rois et leur peuple sont issus d'un couple semi-divin qui préside encore aujourd'hui aux rites des justes noces : le dieu Thong, venu de l'Inde et plus ou moins fils d'Indra et de la princesse Reak, fille du roi des Nagas, serpents à faces humaines et pères des ondines qui jouent un grand rôle dans tous les récits fabuleux de l'Inde et de l'Indochine.

Les descendants de Kaundinya régnèrent environ deux siècles professant soit le Çivaïsme, soit le bouddhisme. Au IIIe siècle, ils furent remplacés par un usurpateur heureux dont l'un rendit même son pays très puissant et prospère. Vers 250, son fils ou l'un de ses successeurs alla non seulement en Chine dont le Fou-nan paraît avoir été, comme je l'indiquais plus haut, un état vassal, mais même, événement assez surprenant, dans l'Inde.

Au IVe siècle, le Fou-nan entre en décadence et les relations chinoises racontent qu'un nouveau Kaundinya, sans doute descendant du premier, ou tout au moins d'origine hindoue et brahmanique, appelé par le peuple khmer, vient en Indochine et y est acclamé roi sous le nom de *Çrutavarman*. Cet avènement a dû coïncider avec des troubles dynastiques et le démembrement du Fou-nan, au profit de son ex-vassal, le Cambodge, car Çrutavarman est proclamé le fondateur de l'empire des fils de Kambu, celui-ci étant une sorte de *manu* ou ancêtre des Kambuja (non sanscrit des Cambodgiens). Après lui, vient toute une suite de rois en *Varman* et, semble-t-il, par succession en ligne féminine, en raison de l'existence du matriarcat dans l'ancien Cambodge comme dans le Champa et dans l'Insulinde. Se succèdent ainsi : *Ja ya varman* (protégé de la victoire), mort en 514 ; *Rudravarman* (protégé de Rudra), entre 517 et 539 ; *Bhavavarman* (protégé du Prospère ou de Çiva), qui eut pour capitale Bharapûra et au règne duquel remontent les plus anciennes inscriptions en sanscrit et en vieux khmer. Viennent après *Mahendravarman* (Maha-Indra, protégé du grand Indra) ; puis Içanavarman (protégé du Seigneur), qui eut pour capitale Vyadhapûra, laquelle peut être identifiée à Bhavapûra et a laissé d'importantes ruines en briques à dix lieues de Chau-doc, où on les appelle encore Angkor-Baureï (en sanscrit Nagapûra, la ville des nagas ou des rois). Déjà, le Cambodge, que les Chinois baptisent à cette époque du nom de Tchenla, sans qu'on sache trop pourquoi, se trouve souvent en lutte avec ses voisins, les Chams. Au viiie siècle, il paraît bien avoir été, ainsi d'ailleurs que le Champa, subjugué par des invasions venues de Java et de Sumatra. En 802, *Jayavarman le Grand*, qui paraît avoir vécu d'abord comme otage à Java, suivant une coutume orientale encore pratiquée, rend l'indépendance à son pays et établit sa capitale aux environs d'Angkor. On lui attribue les édifices les plus anciens, le Prah-Khan et Beauteaï Chmar. Avec lui commencent et durent jusqu'à la fin du xiie siècle, les souverains constructeurs dont l'œuvre architecturale formidable nous émerveille encore, ces souverains qui à l'imitation des Pharaons égyptiens édificateurs des Pyramides et des temples du Nil durent assurément exciter la haine de leurs sujets : tout un peuple asservi comme un troupeau d'esclaves pour porter des pierres, les maçonner, les sculpter afin d'élever pour les siècles à venir ces indestructibles témoins de l'orgueil des rois ! C'est sous Indravarman fils de Jayavarman le Grand et sous son petit-fils, Yaçovarman (le protégé de la Gloire), ayant comme architectes leurs précepteurs, les brahmanes Çivasoma et Varnaçiva, que surgit du sol cet ensemble de temples, de palais et de monastères qu'on appelle le groupe d'Angkor et qui laisse loin derrière lui par l'étendue la hardiesse de la conception et la richesse sculpturale, l'énorme Borobudur de Java ou les temples moins grandioses mais ciselés jusqu'à l'extravagance de l'Inde. Angkor-Vat et le Bayon en constituent les deux pièces principales. Le Bayon est dû aux deux souverains Indravarman et Yaço-varman. Quant à Angkor, on l'attribue à *Suryavarman* qui régna entre 1112 et 1160. D'abord temple çivaïte, il fut ensuite consacré à Boudha. Angkor-vat aurait été bâti sur les plans et sous la direction de *Diva-kava*, brahmane venu de l'Inde qui sacra trois rois khmers dont le dernier fut son élève. On pense que la construction d'Angkor réclama soixante à soixante-dix années de travaux et d'efforts, peut-on dire, surhumains.

La période des rois dits « constructeurs » achevée, laissait le Cambodge doté d'un patrimoine artistique voué à l'admiration des temps à venir, mais épuisé d'hommes, d'argent et en complète décadence. Les ennemis séculaires du Cambodge, les Chams, attaqués eux-mêmes par un redoutable ennemi venant du nord-est, les Annamites, ne lui font plus grand mal. Mais, ses anciens vassaux de l'ouest, les Siamois, s'émancipent au XIIe siècle, lui infligent un premier démembrement et lui imposent au XIIIe siècle le bouddhisme du sud avec le canon pâli.

A l'intérieur, le Cambodge demeure agité de troubles dynastiques. Dans la première moitié du XIVe siècle, un usurpateur, jardinier de son métier, Tachey, fonde une nouvelle dynastie. Après avoir assassiné le roi légitime, il est élu roi à sa place par les mandarins, ce qui est assez étonnant et, en vue de légitimer sa dynastie, il épouse la fille de sa victime.

Son petit-fils, en 1352, est attaqué et tué par les Siamois qui prennent, après un an de siège, sa capitale Angkor-thom. Mais, les Brahmines, qui conservaient les symboles de la puissance et de l'indépendance khmères, savoir, le glaive sacré, la lance avec laquelle Tachey tua son roi, l'arc royal et cinq statuettes de divinités, réussissent à prendre la fuite. Le général siamois victorieux plaça sur le trône cambodgien un de ses fils et regagna triomphalement Ayuthia en emportant un immense butin et en traînant derrière lui des milliers de captifs.

En 1357, un prétendant khmer, Srey Sauriovong (en sanscrit Çrî Sûryavamça, le vénérable de la race solaire), qui s'était réfugié au Laos au moment de la prise d'Angkor-thom, revient au Cambodge et reconquiert tout son royaume, à l'exception des provinces de Peschim et de Korat qui demeurèrent aux mains des Siamois. En 1394, se produit une nouvelle invasion des Siamois qui conquièrent la capitale récente des Khmers, Eyntapath ou Indapath. La domination siamoise s'installe, mais bientôt, une dynastie cambodgienne se rétablit avec pour chef ou Prah, *Srey Sauriovong*, de 1401 à 1417. La capitale du royaume est désormais reportée à Srey Sauthor à quarante kilomètres au nord de Phnom Penh, et ce transfert de capitale paraît bien indiquer un démembrement partiel du Cambodge au profit du Siam. Les successeurs de Srey Sauriovong se battent tour à tour entre eux et contre les Siamois. A un certain moment, il y a trois rois à la fois dont le légitime qui règne à Babaur, sur la rive droite du Tonlé-sap et deux usurpateurs, ses propres parents, installés l'un à Srey Sauthor, la capitale officielle, l'autre à Chadoumkh, c'est-à-dire, à Phnom Penh, la capitale actuelle. Ce dernier, grâce à la complicité des Siamois, dont il se reconnut l'homme-lige, l'emporta sur ses rivaux légitime ou illégitime, et régna a peu près tranquillement jusqu'en 1504. Il avait fait de Lovek sa capitale. A partir de 1505, c'est un ancien serf d'église, de tempérament extraordinairement audacieux, le Sdach-kan qui, après de longs combats, usurpa le trône. Il fut vaincu à son tour par le roi légitime Chant lequel, une fois le pouvoir reconquis, sut se défendre contre les Siamois et peut être considéré comme un des grands souverains khmers des temps modernes. Il mourut en 1555. Son fils, de 1556 à 1567, mit à profit les attaques du Pégou contre le Siam, pour reprendre aux Siamois la plus grande partie des provinces que ceux-ci avaient précédemment ravies au Cambodge. Il vainquit également le roi du Laos qui lui avait déclaré la guerre à la suite de la défaite dans une joute de son éléphant favori par un éléphant du roi du Cambodge. De tout temps, de grands événements sortirent de petites causes ! Son petit-fils Prah Sotha qui régna ensuite de 1567 à 1575 batailla tantôt avec ou contre les Siamois et les Pégouans. Son successeur Prah Cheytta, qui régna de 1567-1587, eut à subir un grand assaut des Siamois qui vinrent l'assiéger dans Lovek. Il avait accueilli à sa cour deux aventuriers européens aussi intelligents qu'entreprenants, Diego Belloso, portugais et Blas Ruiz de Hernan Gonzalez, espagnol. Voyant la situation de sa capitale désespérée et poussé par ses deux conseillers exotiques, le roi envoya à Manille des délégués pour implorer le secours de l'Espagne contre le Siam. Ce fut là le point de départ de la toute première intervention des Européens en vue de mettre la main sur le Cambodge. Cette intervention n'eut, d'ailleurs, point de succès. En 1593, Lovek fut prise par les Siamois. A partir de ce moment, l'indépendance cambodgienne n'est plus qu'un mot. A l'intérieur, ce sont de constantes révoltes qu'appuient le plus souvent les Malais musulmans cousins des Chams. Les souverains faibles et sans grand pouvoir sont des créatures du roi de Siam à la cour de qui ils sont élevés comme otages avant de monter sur le trône. Le voulussent-ils, ils se trouveraient dans l'incapacité de secouer le joug.

Vers 1623, encouragés par leur reine qui possédait le sens colonial, des Annamites viennent s'installer par groupes au Cambodge, fourriers d'une race active et envahissante et ils constituent bientôt pour le malheureux pays un nouveau péril. Depuis 1620, la capitale errante des Khmers est à Oudong. En 1642 règne un prince, qui, — fait unique dans l'histoire cambodgienne, — abjure le bouddhisme pour l'islamisme et règne sous le nom de Sultan Ibrahim. Il a des démêlés avec les Hollandais. Sa cruauté ne le sauve point : il périt bientôt dans la cage de fer où l'ont enfermé les Annamites. Ses lamentables successeurs continuent à se disputer entre eux, à s'assassiner quand ils le peuvent, appelant sans cesse à leur secours les Annamites lesquels s'installent solidement en Cochinchine où de nombreux Chinois mènent leurs affaires commerciales à leurs côtés. Vers 1691, le Cambodge cède à l'Annam les provinces de Baria, de Saïgon et de Bienhoa. En 1715, un pirate chinois Mac Cieui enlève encore au Cambodge Hatien, Phu-quoc et plusieurs autres petits centres qu'il constitue en une principauté qui se déclare vassale de l'Annam. Vers la même époque, le roi du Cambodge reconnaît ouvertement sa vassalité à l'égard du Siam par l'envoi annuel d'or et d'argent. La peur croissante que les Annamites inspirent aux Cambodgiens amène ceux-ci, vers 1735, à reporter leur capitale d'Oudong à Lovek.

En 1758, le prince Prah Ontey, se frayant, à force de meurtres, le chemin du trône, devient roi sour le nom de Srey Sauriopaur grâce au double appui des pirates chinois du Hatien et des Annamites de Cochinchine. Il reconnaît l'aide de ceux-ci en leur cédant les provinces de Soctrang et de Travinh. En 1771, un résident annamite désigné par la cour de Hué s'établit officiellement comme protecteur auprès du roi khmer à Oudong. Ce roi fantôme est sans cesse renversé par d'éphémères usurpateurs, cependant que Siamois et Annamites se disputent les derniers débris de l'empire khmer.

En 1794, le roi Ang Eng est sacré à Bangkok d'où il part, sous escorte siamoise, pour venir régner sur son peuple. C'est un véritable roi fainéant qui ne sait que céder définitivement au Siam les provinces de Battambang et d'Angkor. Ainsi la ville qui fut le berceau et le signe tout rayonnant de la puissance khmère passe aux mains d'étrangers ! Son fils Ang-Chant (1806-1834), également sacré à Bangkok, se reconnaît à la fois vassal du Siam et de l'Annam et ses deux suzerains se disputent chez lui, à main armée, la prépondérance sur le pauvre Cambodge !

De 1834 à 1841, pour la première fois depuis sa fondation, le royaume du Cambodge tombe en quenouille : il est gouverné par deux femmes, Ang mey comme roi et Ang pu comme obarrach sous la tutelle à peine déguisée d'un général annamite Ong tuong cuu. La population le prête comme amant à la reine que cette accusation rend folle le jour où elle en prend connaissance. Les Annamites dominent partout, débaptisent les villes, imposent aux Cambodgiens leur langue, leurs vêtements, leurs coutumes. Ils prétendent même changer la religion. Cette fois, c'en est trop ! Le peuple finit par se soulever, chasse les Annamites et réclame aux Siamois un dernier prince légitime Ang Duong gardé à Bangkok. Ang Duong, homme pieux, doux et lettré, règne de 1841 à 1859. Il lutte désespérément mais sans succès à la fois contre les Annamites et contre les Siamois. Sentant sa souveraineté de plus en plus menacée, en 1853, il ouvre des pourparlers

secrets avec la France, mais l'envoyé de celle-ci les conduit
si mal qu'ils sont bientôt rompus. Sur ces entrefaites, en 1853,
Saïgon est pris par les Français en guerre avec l'Annam.
C'est l'aube de la délivrance pour le Cambodge ! Le fils d'Ang
Duong, Nomdam (ou Norodom, en pali, *Nara utama*, l'homme
par excellence), règne de 1860 à 1904. Avec l'aide des Français, il peut soumettre son frère rebelle Votha et, après de
longues négociations avec l'amiral La Grandière, par le traité
du 11 août 1863, il accepte le protectorat de la France et il
s'installe à Pnomh Penh comme capitale. Dès lors, l'œuvre de
la France consista à reconstituer peu à peu le Cambodge et
à le délivrer de la double emprise annamite et siamoise. Notre
installation en Cochinchine écarta les Annamites. Par le
traité de Paris du 25 juillet 1867, le Siam renonça à toute
suzeraineté sur le Cambodge. Il gardait encore les provinces
de Siamréap, de Battambang et de Sisophon. Il les rétrocéda
le 25 mars 1907 au Cambodge. Angkor était ainsi rendu aux
descendants de ceux qui l'avaient autrefois édifié. Sisovath
a succédé à son père en 1904. Depuis plus d'un demi-siècle,
le Cambodge, grâce à nous, a recouvré la paix et la prospérité : il n'est dans l'Union indochinoise aucun pays qui accepte
plus volontiers notre protection, constate justement M. Cabaton à la savante et impeccable documentation de qui je
dois la majeure partie des éléments des lignes qui précèdent.

C'est encore à M. Cabaton que j'aurai le plus souvent
recours pour brosser dans son ensemble et aussi brièvement
que possible l'histoire de l'Annam. Cette histoire est plus
facile à étudier que celle du Cambodge parce qu'en dépit
des prétentions des lettrés annamites, elle remonte moins

loin, s'appuie, pour le passé, sur de vieux textes chinois et, pour la période postérieure, sur de plus nombreux textes annamites. Les populations qui habitent l'Annam appartiennent, pour la plus grande partie, à une même race : la race annamite. En étudiant les races, j'ai dit son origine chinoise. Le père Legrand de la Lyraie, cité par Luro, l'auteur du remarquable ouvrage sur l'administration annamite édité à Saïgon en 1875, déclare : « à l'époque où les cent familles chinoises occupaient la province du Chen-Si, c'est-à-dire, dans les temps qui ont précédé Abraham de deux ou trois siècles, au temps de Xuyèn Hué de Thuân (2400 à 2550 ans avant Jésus-Christ) quatre tribus barbares occupaient les limites de l'empire. Au midi était la tribu du Giaochi. » C'est de cette tribu-là précisément que la nation annamite prétend descendre. Qu'était le territoire chinois à cette époque ? Il est assez difficile de le préciser. Luro pense que c'était l'espace compris dans les versants du Fleuve Jaune et du Fleuve Bleu, le peuple chinois se donnant lui-même comme originaire du Chen-Si. Le midi de l'Empire était, d'après cela, la région montagneuse où prend sa source le Ho-li-kiang ou Song-coï qui se jette dans le golfe du Tonkin et d'où vient également le Se-kiang qui se jette dans la mer à Canton. C'était le pays actuellement désigné sous les noms de Kouang-Si, Kouang-toung, Yun-nan et Tonkin.

L'histoire de l'Annam, comme toutes les histoires de l'Extrême-Orient, comprend une période purement légendaire qui va des origines fort obscures au ive siècle avant Jésus-Christ. Il y est fait mention d'un royaume de *Vân-Lang* qui comprenait sans doute le Tonkin et le Nord-Annam actuel, lequel, d'abord indépendant, fut soumis et sinisé en 208 avant Jésus-Christ sous le nom de royaume de Nam-Viêt par un grand feudataire chinois Trieû Dà qui, d'ailleurs, se reconnut tributaire de la Chine. A partir de cette époque, l'intervention des Chinois dans les affaires du pays de Giao fut incessante, intervention accompagnée d'invasions armées qui ressemblent beaucoup à de vraies migrations du peuple chinois vers le sud. En 125 avant Jésus-Christ, le Nam-Viet, sous le nom de Giaochi, est complètement incorporé à la Chine. L'administration directe des Chinois dut être assez fâcheuse car elle fut marquée, au témoignage des chroniques chinoises elles-mêmes, par d'incessantes révoltes. La première période de la domination chinoise de 111 avant Jésus-Christ à 39 après Jésus-Christ, se termina par la révolte des sœurs Trung qui dura de 39 à 43. Pour venger un fonctionnaire de Chan Vieû assassiné par ordre du gouverneur tyrannique To Dinh, la femme et la belle-sœur de ce fonctionnaire soulevèrent le pays. La veuve de l'assassiné, Trung Trac prit le titre de reine. Une armée vint de Chine la combattre. Cernées dans leurs derniers retranchements, les deux héroïques sœurs, plutôt que de se rendre, se jetèrent dans la rivière. Leur mémoire est encore célébrée aujourd'hui dans un temple. La domination chinoise reprend de 43 à 187 après Jésus-Christ. De 187 à 226, elle est interrompue par le règne d'un souverain national dit « le roi lettré ». Puis, la domination chinoise reprend pour la troisième fois, et dure 318 ans, de 226 à 544. Survient alors la révolte de *Li-bon*, un Chinois annamitisé qui fonde la dynastie des *Lê antérieurs* (544 à 602). La fin des révoltes intérieures qui, vers cette époque, troublent la Chine, marque la fin de cette dynastie et la domination chinoise reprend pour 336 années de 602 à 938. Elle est définitivement abolie à cette date par la révolte de *Ngo Quien*, fondateur de la dynastie des Ngô, laquelle dure jusqu'en 963.

Luro, dans le jugement qu'il porte sur les résultats de la

domination chinoise, constate que, si le peuple annamite conserva le sentiment de l'indépendance au point de reconquérir sa nationalité, il n'en est pas moins vrai qu'au contact supérieur de la civilisation de la Chine, il prit l'usage de ses lois, se façonna à ses mœurs, adopta sa littérature, de telle façon que l'Annamite qui n'est, d'ailleurs, au point de vue anthropologique, qu'une variété de la race céleste, était devenu complètement Chinois au xe siècle. Luro pense que l'émancipation du pays n'a produit sur la nation que les conséquences d'une décentralisation heureuse. L'histoire constate que les diverses dynasties annamites, bien qu'indépendantes dans leur souveraineté, ont toujours gardé des rapports de vassalité volontaire avec l'Empire chinois et une profonde admiration pour sa civilisation. D'un autre côté, cette admiration n'a pas toujours entraîné une copie servile des mœurs chinoises, ce qui a permis à la nation annamite de ne pas subir les modifications apportées dans les mœurs chinoises par la conquête des dynasties mogole et mandchoue.

Ainsi, à la fin du xe siècle, on se trouve en présence d'une nation annamite complètement policée au contact de la Chine, une et indépendante depuis l'extrémité nord du Tonkin jusqu'à la position actuelle de Hué. Au sud, à la même époque, s'étendait le Champa indépendant lui aussi, occupant le reste du littoral jusqu'à la frontière actuelle du Binhthuan.

Longtemps contestée, l'indépendance acquise par les Annamites fut souvent menacée par leurs puissants voisins : la Chine d'abord qui ne renonçait pas à dominer l'Annam, puis, au nord-ouest, le royaume de Namtrieu, le Yun-nan actuel, à l'ouest, le Laos sauvage, et, enfin, au sud-ouest et au sud, les royaumes du Lam Ap ou Champa et du Chonlap ou Cambodge. Le plus redoutable était le Champa. C'est contre lui que l'Annam aura le plus souvent à lutter. Les Annamites s'accroissant en nombre et ne pouvant étendre leur domaine territorial qu'au détriment des Chams, les démembrèrent petit à petit dans leur poussée invincible vers le sud. En 602, ils dévastent et pillent tout le Champa, si bien que jusqu'au xe siècle les Chams se tiennent pour vaincus. Contre le roi du Nam-trieu ou Yun-nan, l'Annam fut très bien défendu vers 865 par le général chinois Can-bien, mais il y perdit momentanément son indépendance.

Assez fort pour se défendre contre ses ennemis du dehors, l'Annam, après l'avènement des Ngôs aurait pu se développer d'heureuse manière sans les perpétuelles querelles qui le divisaient au-dedans. En 963, les Ngôs sont remplacés par les Dinhs dont le fondateur fut Dinh-bo-linh, un ancien bouvier. Les Dinhs sont détrônés par une sorte de maire du palais ambitieux, Lê Hoan, qui fonda la dynastie des *Lê antérieurs* (980-1009). Ce Lê Hoan battit les Chinois dont il se reconnut d'ailleurs le vassal. Il battit également le Champa dont il détruisit et pilla la capitale. Sa dynastie sombra dans la débauche et fut remplacée par Le-cong-nan, fondateur de la dynastie des Lê postérieurs qui imposa sa suzeraineté au Cambodge. L'histoire de cette dynastie est remplie de guerres civiles et de luttes contre les Chams jusqu'à sa fin vers 1226. Les Tran lui succèdent de 1226 à 1400, lesquels luttent à diverses reprises contre les Chams et aussi contre les Mogols qui s'étaient emparé de la Chine. Un court inter-mède de 1400 à 1407 avec les usurpateurs Ho qu'écrasent les généraux chinois. Mais ceux-ci ne purent cependant empêcher la restauration de la dynastie nationale des Tran qui expira glorieusement en 1414, vaincue dans sa résistance acharnée aux attaques chinoises. Le dernier empereur des

Tran, battu et fait prisonnier, est emmené vers Pékin. Il échappe à ses gardiens et se jette dans un fleuve, préférant le suicide à une honteuse captivité. Pendant ces deux siècles si agités, l'Annam s'organise et atteint déjà un haut degré de civilisation.

La domination chinoise rétablie par la force des armes devait être de courte durée tant elle se montra oppressive et maladroite. Traitant les Annamites vaincus en barbares, les Chinois pensaient seulement à en tirer des impôts et à leur imposer les usages chinois au détriment des usages nationaux. La révolte, dans ces conditions, était fatale. Elle éclata le jour où un mandarin, Lêloi, se mit à la tête des Annamites opprimés et fonda la dynastie des *Lê postérieurs* qui rétablit l'indépendance relative de l'Annam sous la suzeraineté de la Chine en 1427. Les Lê postérieurs règnent de cette date à 1527. C'est d'eux que date l'organisation minutieuse de l'administration annamite, que datent également les premières compilations destinées à retracer l'histoire de l'Annam. Ils enlevèrent aux Chams toute la partie septentrionale de leur royaume qui devint la province de Quang-nam. Leurs derniers descendants s'adonnent à la débauche. Surgissent alors les inévitables usurpateurs, les Mac, qui occupent une partie du Tonkin. La Chine aide au rétablissement sur le reste de l'Annam de l'autorité toute nominale des Lê (1539). Désormais, toute l'histoire de l'Annam sera remplie des rivalités de deux grandes familles, les Nguyen et les Trinh, ceux-là devant finalement l'emporter sur ceux-ci. Une guerre civile tantôt sourde, tantôt ouverte, met aux prises leurs partisans respectifs depuis le XVIe jusqu'au XIXe siècle. Cette lutte perpétuelle comprend deux périodes séparées de 1674 à 1774 par une sorte de trêve pendant laquelle les Nguyen et les Trinh organisèrent leurs conquêtes sur les derniers Lê. La première période de 1620 à 1674 se compose d'une série de démêlés furieux et sanglants. Les Trinh étendent leur pouvoir dans le nord et les Nguyen étendent le leur dans le sud où ils s'appuient sur la Cochinchine. Ils n'ont plus à enlever aux Lê que leur titre, dernière illusion de suzeraineté. Les Nguyen possèdent, dans leurs rencontres, cet avantage de combattre sur leur sol, d'avoir des troupes plus unies et plus disciplinées et d'être, de plus, assurés de l'appui d'aventuriers européens, en particulier des Portugais, cependant que les Trinh souvent trahis par les Tonkinois prompts à secouer le joug et après avoir vainement compté sur le concours de Portugais et de Hollandais sont bientôt réduits à leurs seules forces. Aux Nguyen, durant le siècle suivant, est due la politique vigoureuse qui fit des restes du malheureux royaume de Champa, dont M. Georges Maspéro a magistralement retracé l'histoire, la province du Binh-thuan soumise au protectorat de l'Annam. Ils étendirent de même leur action sur le Cambodge. Le triomphe, si l'on peut dire, de la politique des Nguyen, ce fut leur alliance avec les Européens. Ils entrèrent d'abord en relations avec les Portugais. L'un de ceux-ci, João da Cruz, s'établit avec leur aide, en 1614, fondeur de canons aux environs de Hué. D'autres Portugais, ils obtinrent des modèles pour construire des navires et leur durent beaucoup de leurs succès militaires. Les Hollandais, eux, se rendirent d'abord au Tonkin où les Trinh leur ménagèrent bon accueil. Mais, comme ils entendaient, en bons marchands qu'ils étaient, commercer aussi bien avec la Cochinchine qu'avec le Tonkin, ils s'efforçaient de ne point prendre parti pour l'un ou l'autre des deux clans rivaux, ce qui eut pour résultat facile à prévoir de les brouiller avec les deux ensemble. Les Anglais commercent au Tonkin sans y fonder de comptoirs. Quant aux Français, après une première et infructueuse tentative, ils s'y établissent aussi en 1684. En 1686, ils sont à Poulo-Condore et, en 1749, par l'entremise de Pierre Poivre dont M. Edmond Pilon a célébré les aventures, s'ouvrent les premières relations entre Hué et la France. Les missionnaires apparaissent en 1625 en Cochinchine et en 1626 au Tonkin. D'abord bien accueillis, car les Annamites attendaient d'eux aide et argent, ils furent bientôt persécutés et martyrisés.

Au cours de la seconde période de la lutte entre les Nguyen et les Trinh de 1774 à 1802, les Trinh ont d'abord l'avantage : ils arrivent jusqu'à Hué et occupent tout le Quang-nam jusqu'à ce que la révolte dite des Tay-son les arrête. Les Tay-son ont pour chef Nguyen van nhac : celui-ci devenu maître du moyen et du Bas-Annam, se considère comme débarrassé des seigneurs de Cochinchine, le jour où il a mis à mort Hue Vuong et Duong et pris Saïgon, et il se proclame empereur (1778). Mais, Chung, neveu de Hué Vuong, et qu'on nomme généralement Nguyen Anh, a échappé au massacre général des siens. La Basse-Cochinchine et Saïgon sont perdues pour lui. Mais, grâce à l'aide d'un missionnaire français, Pierre Pigneau de Béhaine, évêque d'Adran, il a pu se sauver dans l'île de Phu-quoc. L'évêque d'Adran, voyant que Nguyen-Anh n'avait obtenu des Siamois que des secours dérisoires, emmène avec lui son fils Canh à Pondichéry avec l'intention d'appeler la France au secours de Nguyen-Anh.

Pendant ce temps, les Trinh ayant attaqué les Tay-son, sont vaincus par eux et à demi-exterminés. Le Tonkin leur est enlevé et la Chine reconnaît elle-même l'état de choses qui consacre la dynastie née de la révolte des deux frères, chefs des Tay-son. Mais, à peine ont-ils triomphé, ces deux frères commencent à se quereller et à se faire la guerre, cependant que Nguyen-Anh, réfugié à Bangkok, prépare sur eux sa revanche. A ce moment (1788), Pigneau de Béhaine, qui a emmené Canh à la cour de Versailles, revient de France avec la *Dryade*, la *Garonne*, le *Capitaine Cook*, le *Moyse* et la *Méduse* qui portent les subsides français : mille fusils, quelques canons, des munitions, des provisions de toutes sortes, et, pour former des marins et des soldats, une poignée de hardis officiers de marine : Dayot, Lebrun, Vannier, Forsans, de Guillon, Chaigneau, de Guilloux, Magon de Médine, de Barisy. C'était peu et c'était beaucoup si l'on considère la médiocrité et le mauvais armement des troupes des Tay-son. Ceux-ci virent leur flotte détruite en 1792 par Vannier et Dayot. Après une longue lutte, Nguyen-Anh rentra en possession de la plus grande partie de ses États. Quinhon, cependant, capitale des usurpateurs, demeurait imprenable. Elle capitula enfin en 1799 quelques jours après la mort de l'évêque d'Adran qui avait dirigé toutes les opérations du siège ayant à ses côtés son élève Canh, héritier présomptif du trône d'Annam reconstitué. Nguyen-Anh et son fils Canh ordonnèrent de magnifiques funérailles en honneur de Pigneau de Béhaine. Vers 1802, la victoire de Nguyen-Anh est devenue définitive. La Chine elle-même la sanctionne et il devient empereur sous le nom de Gialong.

Ainsi Nguyen-Anh fonda la dynastie des Nguyen. Il régna jusqu'en 1819. Très intelligent, actif, bien conseillé par ses amis européens, il fut un souverain remarquable. Il pacifia tout l'Annam et fit reconnaître son autorité au Tonkin où le souvenir des Lê et des Trinh était encore très vivace. Il étendit son administration à tout son empire, réorganisa les finances et la justice, entreprit de nombreux travaux publics et il entreprit de restaurer intellectuellement l'Annam non seulement en fondant des écoles mais encore en ordonnant la fixation de l'histoire générale et de la géographie du pays.

Au dehors, vis-à-vis de la Chine, il se montra vassal fidèle ; vis-à-vis du Cambodge, il s'efforça de maintenir sa suzeraineté sur les Khmers malgré les prétentions du Siam avec lequel il demeura en bons rapports tout en se tenant sur ses gardes. Vis-à-vis de ses amis français, enfin, il sut être reconnaissant : ne leur devait-il pas en partie ses victoires, son armée, sa flotte ? Il ouvrit ses portes au commerce avec la France. Son petit-fils *Ming-mang* qui régna de 1820 à 1840, fut, par contre, méfiant et ingrat à notre égard. Il refusa l'alliance que lui avait fait proposer Louis XVIII et promulgua un « édit contre la religion perverse des Européens ». Il rompit même définitivement avec la France en 1826. Sa tyrannie provoqua deux grandes révoltes qu'il ne put réprimer qu'avec peine. Son fils Thientoi (1841-1847), ayant poursuivi la même politique antifrançaise, vit sa flotte démolie par la nôtre à Tourane en 1847. Il avait consenti à partager avec le Siam la suzeraineté sur le Cambodge.

Tu Duc, son successeur, qui régna de 1848 à 1882, monta sur le trône à dix-neuf ans. Il était cultivé et intelligent, mais de tempérament despote. Il recommença à persécuter les Européens et ses sujets chrétiens. A la suite du meurtre de deux missionnaires espagnols, une flotte franco-espagnole commandée par Rigault de Genouilly prend Tourane en septembre 1858 et Saïgon, le 18 février 1859. Tu Duc signe alors un traité d'amitié et de paix (1862) et nous cède la partie orientale de la Basse-Cochinchine, Poulo Condore, nous verse une grosse indemnité et s'engage à ne céder aucune partie de son territoire à une puissance européenne sans notre approbation. Le traité est à peine signé qu'il le viole. Nos amiraux annexent alors la Cochinchine. Tu Duc, pour se venger, nous moleste au Tonkin. C'est maintenant l'épopée de Francis Garnier, en un mot, l'histoire merveilleuse de notre installation en Indochine sur laquelle je n'ai pas à revenir.

*
* *

Telle fut dans ses grandes lignes l'histoire ancienne de l'Indochine. Qu'on m'excuse si ce résumé succinct ne donne pas du Passé millénaire la puissante reconstitution qu'il mériterait assurément. Ceux de mes lecteurs qu'il aura mis en goût de le mieux approfondir trouveront dans les travaux des érudits français, des Cadière, des Maspéro, des Maybon, des Finot, des Cabaton et de nombreux autres, tous les détails sur cette histoire, une des plus compliquées, mais aussi une des plus intéressantes et des plus dramatiques qui se puissent imaginer. Un admirable livre d'Albert de Pouvourville, *l'Annam sanglant*, a montré le parti que la littérature mi-historique, mi-imaginative pourrait tirer de ces événements d'antan, notamment de la lutte soutenue par Nguyen-Anh, le futur Gialong en vue de recouvrer son trône. Je ne prétends pas que ce serait la voie unique à suivre, — il faut, en effet, réserver sa place au travail d'investigation purement histo-rique, — mais ce serait certainement une des voies profitables à adopter en vue de l'évocation et de la reconstitution fidè-lement vivante de ces périodes où la légende le dispute à l'histoire.

En effet, comme le nota Alfred de Vigny dans sa célèbre préface de *Cinq-Mars*, « l'idée est tout. Le nom propre n'est rien que l'exemple et la preuve de l'idée. Tant mieux pour la mémoire de ceux que l'on choisit pour représenter des idées philosophiques ou morales ; mais, encore une fois, la question n'est pas là : l'imagination fait d'aussi belles choses sans eux ; elle est une puissance toute créatrice ; les êtres fabuleux qu'elle anime sont doués de vie autant que les êtres réels qu'elle ranime. Nous croyons à Othello comme à Richard III dont le monument est à Westminster ; à Lovelace et à Clarisse autant qu'à Paul et Virginie dont les tombes sont à l'Ile de France. C'est du même œil qu'il faut voir jouer ces personnages et ne demander à la muse que sa vérité plus belle que le vrai ; soit que, rassemblant les traits d'un caractère épars dans mille individus complets, elle en compose un type dont le nom seul est imaginaire ; soit qu'elle aille choisir sous leur tombe et toucher de sa chaîne galvanique les morts dont on sait de grandes choses, les force à se lever encore et les traîne, tout éblouis, au grand jour, où, dans le cercle qu'a tracé cette fée, ils reprennent à regret leurs passions d'autrefois et recommencent par devant leurs neveux, le triste drame de la vie ! »

Ceci, c'est la conception du poète et, au point de vue de la restitution du Passé, elle a une indéniable valeur. Mais, il convient aussi, pratiquement, de la compléter par la conception moderne que M. Benedetto Croce a si ingénieusement développée en affirmant que « l'histoire, comme l'esprit, est une matière vivante s'imposant au philosophe, qui s'identifie avec la philosophie. L'historien ne s'occupe-t-il pas d'interpréter l'activité et l'activité présente de l'esprit. Toute vraie histoire est *contemporaine* ! » Pour M. Benedetto Croce, l'histoire n'est point un cimetière, le souvenir, le reste d'un passé sans retour. Voyons ce qui se produit en nous-mêmes. A tout instant, notre vie passée ne se mêle-t-elle pas à notre vie actuelle et ne crée-t-elle pas une vie nouvelle ? Notre histoire, si elle ne se fait pas présente en nous, n'a aucune valeur et appartient à un passé mort pour toujours. Sans le reflux de tout ce passé dans le présent, ce dernier est un instant vide, abstrait et sans vitalité. Mais, en même temps, nous devons dire que ce passé n'existe et ne vit que dans ce présent et l'éclaire à son tour de sa lumière. L'histoire morte revit et l'histoire passée se refait présente à mesure que le développement de la vie le demande. Ainsi, l'histoire se fond avec la vie et n'en est pas un simple reflet.

Cette conception qui procède de Vico lequel inspira également à Michelet son mot fameux : « l'histoire est une résurrection », n'est point dépourvue d'intérêt si l'on s'attache à rechercher dans le passé millénaire un enseignement *pour le présent*, si l'on s'attache également aux similitudes nombreuses que présentent les histoires des divers peuples qu'ils aient vécu et vivent encore en Occident ou en Orient. Là s'affirme la valeur de la conception nietzschéenne de l'éternel retour, de celle aussi de Schopenhauer affirmant : *cadem, sed aliter*. A cet égard, il est curieux de noter comme la tragique histoire de l'Annam et du Cambodge nous rappelle sur beaucoup de points, celle de notre propre époque féodale, et combien, surtout, elle coïncide étrangement avec celle du peuple russe. Ces suites de dynasties despotiques autant que faibles qui régnèrent à Hué ou à Angkor n'évoquent-elles point la sanglante histoire des tzars aux temps d'Ivan le Terrible ? Comme celles-ci ne sont-elles point traversées à tout moment par l'intrusion d'usurpateurs ? Si les Nguyen et les Trinh, font penser à nos maires du palais, combien d'autres aventuriers annamites ou chams refont, et à peu près dans le même temps, les gestes des faux Dimitri ! Simple rapprochement, dira-t-on. Mais, ce que nous devons surtout considérer, forts des considérations qui précèdent, c'est que le passé millénaire de l'Annam et du Cambodge nous livre à nu dans toute sa faiblesse et sa versalité, comme aussi dans ses héroïsmes momentanés, l'âme indochinoise. Ce qui ressort nettement de cette histoire mouvementée et tragique, c'est l'incapacité foncière de ces races indochinoises, toujours vouées à la domination du dehors, qu'elle soit chinoise, siamoise ou européenne, à se gouverner elles-mêmes. Cela c'est le passé ; mais, répétons-le avec M. Benedetto Croce, c'est aussi le présent. Ce passé représente bien le rêve, long, pesant et confus d'une humanité qui souffre et qui peine. Ce ne sont que luttes intestines, drames et pillages et carnages. L'admirable civilisation d'Angkor s'effondre et ses palais deviennent la proie d'une nature toute puissante qui prend sa revanche sur l'homme et couvre de ses ramures vivaces la face des bouddhas de pierre. C'est alors que nous intervenons, véritables dieux sauveurs, et que nous apportons à tous ces malheureux en proie à la géhenne, le repos et la paix, la paix française, admirable réalité.

L'étude du passé de l'Indochine paraît bien nous autoriser à douter de la solidité du sentiment national chez ces peuples. Deux mille ans d'histoire l'attestent suffisamment. Est-ce à dire que ce sentiment ne naîtra jamais ? Ne viendra-t-il point même un jour où il fleurira brusquement à l'aube tutélaire précisément de la paix française ? S'épanouira-t-il avec nous ou contre nous ? Ce sont là questions de demain mais dont la réalisation ne doit point nous effrayer. Le génie français saura y faire face.

Quoiqu'il en soit, le passé est là. Ce nous est un devoir de le creuser, de l'approfondir afin d'y puiser des éléments de décision, de connaissance pour l'avenir. L'admirable institution qu'est l'*Ecole française d'Extrême-Orient* a poursuivi et poursuit encore cette tâche avec fruit. Au reste, ainsi que l'a remarqué M. Finot, l'archéologie indochinoise est d'origine relativement récente. Elle remonte aux missions de Doudart de Lagrée et de Francis Garnier. Après le passage de ces pionniers, les principaux édifices, Ang-kor, Beng Mealea,

Prahi-Vihar, étaient connus. Restait à faire le relevé de cette poussière de ruines éparpillée sur tout le sol du Cambodge. C'est à M. Aymonier que revient l'honneur d'avoir entrepris cette tâche si difficile qu'il mena à bien de 1879 à 1885. Son exploration comporta ce résultat considérable de mettre à la disposition des savants tous les trésors de l'épigraphie cambodgienne. Quand Bergaigne et Barthe eurent déchiffré ces inscriptions sanscrites que personne, au Cambodge, ne savait plus lire, une chaîne de faits authentiques se révéla dans ce lointain passé qu'obscurcissait auparavant une brume de légendes. En même temps, les inscriptions estampées par M. Aymonier dans le sud de l'Annam permettaient de tracer dans ses grandes lignes l'histoire de l'ancien royaume du Champa. Cette mission interrompue en 1885 marque le point culminant des recherches archéologiques en Indochine qui furent pratiquement délaissées de 1885 à 1898. L'impression générale était qu'un résultat sérieux ne pourrait être atteint tant qu'on n'aurait pas réussi à organiser sur place un travail méthodique de recherches sous une direction compétente. Ce résultat fut atteint par M. le gouverneur général Paul Doumer, en créant le 15 décembre 1898 l'École française d'Extrême-Orient qui a brillamment réalisé les espoirs placés sur elle ainsi qu'on peut s'en convaincre en consultant ses publications et son Bulletin.

Les religions du Cambodge et du Champa faisaient à leurs fidèles un devoir d'acquérir des mérites spirituels au moyen de fondations pieuses : de là, une quantité prodigieuse de temples élevés un peu partout par la dévotion intéressée des souverains et de leurs feudataires. Ces édifices sont presque tous intéressants et quelques-uns représentent d'admirables œuvres d'art. La première tâche de l'École française d'Extrême-Orient, décida son directeur, M. Finot, devait être de les conserver et de les étudier. Le 9 mars 1900, le gouverneur général Doumer prenait un arrêté relatif à la conservation des monuments présentant un intérêt historique ou artistique. Un an plus tard, deux cent cinquante monuments étaient répertoriés et placés par un arrêté du 6 février 1901 sous la protection de la loi.

Ceci fait, il convenait de procéder à une étude plus complète de l'archéologie indochinoise. Le problème ne se présentait pas de même pour le Champa et le Cambodge. Ce dernier pays renferme une foule d'édifices dispersés sur de vastes espaces dont la plupart répétaient à l'infini les mêmes formes. Quant aux grands monuments, ils avaient fait déjà l'objet de descriptions et de reproductions assez précises. Pour les uns comme pour les autres, un inventaire sommaire devait suffire.

Il n'en allait point de même en Annam sur le territoire de l'ancien Champa. Ici, les monuments étaient facilement accessibles et peu nombreux ; mais, loin d'offrir l'uniformité des petits temples cambodgiens, ils se caractérisaient par une variété témoignant d'un évolution artistique continue dont chacun marquait quelque phase nouvelle ou quelque aspect particulier. Un inventaire détaillé s'imposait donc qui fut confié à MM. Lumet de la Jonquière et Parmentier.

M. Lumet de la Jonquière, dans son « Inventaire descriptif des monuments du Cambodge » publié en 1902, a décrit et catalogué sous 290 numéros les édifices variés qui recouvrent le Cambodge ; 196 planches, plans, dessins et photographies éclairent les descriptions. Un second ouvrage, « l'Atlas archéologique de l'Indochine », localise l'emplacement de tous les monuments du Cambodge et du Champa.

Le commandant Lumet de la Jonquière avait exploré tout le Cambodge à l'exception des provinces de Battambang, de

Siem-réap et de Sisophon. D'autre part, M. Henri Dufour, de 1901 à 1904, dégageait les sculptures ensevelies du Bayon à Angkor-thom et dressait un plan du monument. Durant ce temps, l'inventaire archéologique du Champa s'élaborait par les soins de M. Parmentier, et un relevé complet des monuments fut établi. Les observations faites au cours de cette reconnaissance fournirent la matière d'un mémoire sur « les caractères généraux de l'architecture chame » qui fut comme la révélation de cet art si curieux et si mal connu. Puis s'ouvrit l'ère des fouilles intéressant les monuments de la province de Quang-nam. Elles visèrent notamment les ruines situées à Bong-duong sur l'emplacement de l'ancienne ville d'Indrapura, capitale probable du Champa au IXe siècle. Ces ruines, qui sont celles d'un monastère bouddhique, sont l'unique spécimen authentiquement attesté de ce genre de construction et il a une valeur exceptionnelle au point de vue archéologique. Les fouilles ont révélé le plan d'ensemble et mis à jour de curieuses sculptures. Plus importantes encore sont les ruines de Mi-sor qui était une agglomération de temples. Soixante-huit bâtiments en briques ont subsisté, dont la construction s'échelonne du Ve au XIIe siècle. L'invasion annamite détruisit Mi-sor. Les sanctuaires furent pillés, les statues renversées, les inscriptions soigneusement martelées ou brisées en menus fragments qu'on enterra ensuite dans des endroits distants afin que la trace en fût à jamais perdue. Les fouilles de l'École française d'Extrême-Orient ont rendu cette merveille à la lumière : le cirque où se trouvait Mi-sor a été débroussaillé, les monticules de terre ont livré les ruines qu'ils recélaient ; de belles statues sont sorties de terre ; environ vingt inscriptions nouvelles ont surgi éclairant des siècles d'histoire jusque là obscurs !

De tout ce qui précède, il ressort bien, ainsi que l'a constaté

en de fort belles pages M. Henri Gourdon, que « le cadre
majestueux et pittoresque qu'a tracé la nature sur la terre
privilégiée de l'Indochine a été dignement rempli par les races
qui l'ont peuplée. Des civilisations florissantes s'y sont épa-
nouies, fondées par des peuples conquérants venus de l'Inde
ou de la Chine et qui ont chassé devant eux les peuplades
aborigènes vers les forêts de la chaîne annamitique où le
touriste, amateur d'ethnographie, peut étudier encore leurs
types et leurs mœurs. De ces civilisations, l'une a péri, détruite par d'autres invasions : l'empire cham dont la science
française a retrouvé et déblayé les capitales enfouies sous le
sable et la brousse, à My-sor et à Po-Nagar, avec leurs tours
délicates, leurs temples et leurs palais faits de briques sculp-
tées comme du marbre, leurs trésors de bijoux sacrés aux incom-
parables ciselures. Une autre, celle des Khmers, après une
brillante période qui nous a valu les monuments d'Angkor,
a connu les tristesses du déclin et aurait disparu sans doute
à son tour sans la tutélaire intervention de la France. La
dernière, enfin, celle des Annamites, après deux mille ans
d'existence, offre au voyageur le spectacle de ses monuments
intacts, de son antique capitale et de ses cités populeuses... »

Angkor, c'est le nom prestigieux qu'un admirable livre de
Loti a rendu familier à l'élite française, mais qui demeure
encore mal connu du plus grand nombre. Je ne dirai pas
ici toutes les splendeurs de la cité grandiose. Au reste, un
volume ne suffirait point à en exprimer la beauté. Dans son
ouvrage intitulé *A l'ombre d'Angkor*, le délicat artiste qu'est
M. George Groslier a pu remarquer « qu'au même moment
dans l'Inde d'où venaient littérature et religion et au Cambodge, les premiers monuments en pierre furent édifiés, en
raison probablement des rapports constants qui joignaient
les deux pays et mêlaient, de longue date, leurs intelligences.

Mais, ce qu'il y a de tout à fait remarquable, c'est que le synchronisme des deux peuples s'arrête là et leurs arts, leurs conceptions architecturales deviennent différents.

Ce fut au Cambodge quelque chose de particulier, de personnel, qui se manifesta désormais. L'Indou et le Khmer, quoique de races séparées, avaient allumé leurs torches au même foyer, au même moment, puis, partirent chacun de son côté. Il est incontestable que le sauvage la porta plus haut que l'antique civilisé dont il était tributaire. Quel bel exemple de génie, de foi et d'enthousiasme, lequel, si on tient aux rapprochements un peu arbitraires mais qui, cependant, éclairent un peu les choses, rappelle l'extraordinaire floraison de nos cathédrales gothiques aux heures les plus sombres de notre Moyen Age occidental !

« Chacun, conclut M. Groslier, chacun, habile ou maladroit, apportait son ciseau. Ni mesure, ni méthode, mais du génie et de la pratique. Cet art est un miel fait par toutes sortes d'abeilles. Il est comme une rumeur confuse. Et, si la beauté peut se passer de règle et de méthode ; si elle est la manifestation essentielle de l'âme et du cœur des hommes ; si elle doit, sans que rien puisse la retenir ou la maîtriser, fleurir jusqu'à son dernier bourgeon, elle a trouvé au Cambodge le principe vital, l'air généreux, le soleil et les mains ferventes qui lui étaient indispensables et qu'aucun pays n'a possédés peut-être dans une telle mesure ! »

Le passé millénaire de notre Indochine représente donc, — qu'il s'agisse du royaume khmer amoindri mais en renaissance, de l'ancien Champa aboli ou de l'Annam qui demeure, une admirable source de richesses dans l'ordre artistique et intellectuel. Sa somptuosité révolue atteste des possibilités infinies d'épanouissement et de résurrection pour demain. Je formule un vœu, c'est qu'un jour vienne où selon la méthode préconisée par Vigny et qui est celle des grands créateurs, un ou plusieurs artistes issus des races antiques qui peuplèrent l'Indochine, mettant à profit les travaux poursuivis par les savants français, nous restituent l'âme et les pensées de leurs grands ancêtres. Ainsi s'affirmerait la valeur des conceptions historiques de Vico et de Benedetto Croce et le passé millénaire deviendrait « le passé vivant ! »

L'INTERPRÉTATION
OCCIDENTALE

J'AI dit l'œuvre miraculeuse accomplie par la France en Indochine désirant dans cet ouvrage dont le plan, au premier abcrd, peut surprendre, m'appuyer, au départ, selon une méthode qui m'est chère, sur *le fait*, sur une réalité solide et vivante, savoir, l'Indochine française. Puis, j'ai montré la situation de notre grande colonie dans son milieu asiatique et j'ai exposé les raisons multiples d'ordre tant géographique qu'économique et politique pour lesquelles ce riche pays fait nôtre par l'or et par le sang abondamment

versés, devait demeurer Français sous peine pour la France,
suivant l'expression chinoise, de « perdre la face ». Enfin,
j'ai rapidement étudié le terroir indochinois, les races qui
l'ont peuplé et leur passé millénaire.

En présence de ce fait aussi éclatant que certain, quelle a
été l'attitude spirituelle des Français colonisateurs et civilisateurs, quelle fut, en un mot, notre *interprétation occidentale*,
voilà ce que je voudrais maintenant mettre en lumière.

Peut-être le lecteur sera-t-il surpris de voir qu'avant d'exposer comment nous avons conquis moralement l'Indochine,
comment nous y avons fait régner « la paix française » et
comment nous l'avons dirigée « vers plus de richesse » dans la
voie matérielle du progrès moderne, j'aie le souci du jugement
et de la traduction des écrivains. L'ordre que j'ai adopté et
suivi me paraît cependant valable. Sans vouloir reprendre,
dans son expression trop absolue, le brillant et fameux paradoxe
d'Oscar Wilde, il n'est pas douteux que la littérature modèle
la vie et que l'influence des idées domine le monde .Si vous
voulez bien connaître l'Indochine, avanceront certains,
feuilletez ses budgets, ses comptes et ses rapports administratifs. C'est exact. Mais, on n'obtiendra ainsi qu'une appréciation de quantité, et d'ordre tout à fait matériel et limité,
et les proses administratives abondamment répandues dans
le public depuis un certain nombre d'années ont certainement
« milité » moins heureusement pour l'Indochine que quelques
simples pages de Boissière ou de Loti. A la vérité, l'interprétation littéraire doit s'ajouter à la documentation administrative et venir la compléter et l'illustrer en fournissant une
atmosphère à ce qui n'est que chiffres et matière.

Ici, cependant, je me heurte à une difficulté qu'il m'est
un devoir de ne point dissimuler : c'est l'impuissance relative
jusqu'à présent, le manque d'objectivité de notre littérature

coloniale. A quoi bon alors, dira-t-on, s'en inquiéter et lui marquer une telle prédilection ? Je m'explique d'abord sur ce sujet auquel, en collaboration avec Louis Cario, j'ai consacré une longue étude. L'apport dont la littérature de la France est redevable à l'exotisme est considérable. Mais cet apport indiscutable, si l'on se reporte à toutes les œuvres qu'il a inspirées du XVIIIe siècle à nos jours, est-il assez caractérisé pour qu'on soit autorisé à conclure à l'existence en France d'une littérature coloniale ? M. Pierre Mille, oubliant modestement qu'il est le père de *Barnavaux*, s'est posé la question et l'a résolue négativement. « Une œuvre de littérature coloniale, écrivit-il, serait celle qui eût été produite dans un pays où les Européens sont transplantés depuis un certain temps par un de ces Européens qui y serait né ou, tout au moins, y aurait vécu les seules années où l'on possède une sensibilité, où on pénètre dans leur essence la nature et les hommes : je veux dire celles de l'adolescence et de la première jeunesse. Plus tard, on se contente du pittoresque et de l'utilité. Et voilà pourquoi il y a vraiment une littérature coloniale de langue anglaise : Kipling était un anglo-indien. Son père était professeur de dessin dans je ne sais plus quelle ville de l'Inde. Lui-même a vécu tout enfant avec des *ayahs* hindoues, des *chaprassis* du Bengale ; il savait bien que ce n'étaient que des domestiques et des hommes ou des femmes qui n'étaient pas de sa race, des sujets, des inférieurs ; mais, ils lui faisaient toucher le sens réel des choses tel qu'ils l'apercevaient, et les Européens, les maîtres du pays, ne parlaient point devant lui comme des Anglais, avec la mentalité, la moralité, les qualités, les défauts, les vices, les vertus de leurs compatriotes d'Angleterre, mais avec la mentalité, la moralité, les qualités, les défauts, les vices et les vertus de chefs qui ne se sentent plus surveillés par une démocratie religieuse et jalouse et qui ont, avec d'autres devoirs, des principes à la fois plus généreux et plus relâchés. Ainsi vint à Kipling plus que l'intelligence, la sensation profonde, *interne*, pour ainsi dire, du milieu dont il a parlé, si différent du milieu anglais, — à tel point que beaucoup de ses premières œuvres, l'*Histoire des Gadsby*, par exemple, où une jeune fille prend un amant à sa mère pour s'en faire un mari, paraissent effroyablement choquantes aux lecteurs de la métropole... »

Après avoir cité les principaux livres de tourisme colonial depuis le xviiie siècle, œuvres peut-être encore plus romantiques que coloniales, Pierre Mille continue : « C'est d'ailleurs, on peut le croire, parce que nos études de mœurs coloniales ont toujours été l'œuvre de touristes coloniaux que nos coloniaux (les vrais, ceux des colonies) ne veulent pas, en général, s'y reconnaître. Et ils ont très souvent raison : ils ne partagent peut-être pas une seule de nos préoccupations esthétiques, morales ou politiques. Les indigènes nous semblent intéressants, touchants, pittoresques : ils leur paraissent dangereux. Nous pouvons consacrer des heures de notre vie à des complications sentimentales ; eux, il faut qu'ils vivent ou, seulement, qu'ils ne meurent pas ! Ils n'y arrivent pas toujours... Nous sommes dans une société à la fois très fortement hiérarchisée et démocratique ; ils se considèrent comme tous égaux et tous aristocrates, la couleur de leur peau étant ici le plus sûr, le moins contestable des titres de noblesse : la vraie noblesse, celle qui donne droit à des privilèges ! Et, pour le moment, ils ont, en général, autre chose à faire que d'écrire... »

Plus tard, Pierre Mille, précisa encore sa pensée, déjà très nette, en ces termes : « J'estime que la France n'a pas et n'a jamais eu de littérature coloniale. Ceci est ce que les Anglais appellent *a sweeping assertion*... Voyez, par exemple, Leconte de Lisle. Quelques rares pièces comme *Le Manchy* n'auraient pu être écrites par un autre que par un créole. Tout le reste de son œuvre eût pu être le fait de n'importe quel Français, à condition, du reste, qu'il ait du génie. Il est vrai qu'on y rencontre des condors et des jaguars ! Mais, il n'a pu les fréquenter qu'au jardin des Plantes. Les mornes de la vieille île Bourbon n'abritèrent jamais ces bêtes-là... Je supplie qu'on me cite un seul ouvrage écrit par un Français, né dans une colonie française ou y ayant si longtemps vécu qu'il se soit identifié avec elle, qu'il en reflète la mentalité originale, les conceptions morales particulières, la façon spéciale de juger les rapports entre les sexes, ou entre la race conquise et la race conquérante... Je voudrais aussi exprimer mon opinion, hérétique et révoltante, sur les romans où il est traité de l'âme indigène. On commence par établir que « l'âme indigène est impénétrable ». Après quoi, on écrit trois cents pages sur cette âme impénétrable. C'est comme si un disciple d'Herbert Spencer, après avoir déclaré que Dieu est inconnaissable, écrivait un traité de théologie... »

Le réquisitoire est catégorique. Mme Myriam Harry, écrivain colonial, a tenté une explication : « Le Français, dit-elle, part aux colonies en exilé, en expatrié et son influence éphémère restera, pour ainsi dire, une influence d'exportation. Il est, selon une définition britannique, « un monsieur qui demande du pain blanc sous toutes les latitudes et qui ignore le premier mot de la géographie coloniale ». Il ne s'acclimate pas, il vit avec un torticolis vers le passé et le cœur malade de la nostalgie du sol natal. Il ne respire que les jours de courrier, et, à chaque instant, parle de « partir pour France » (il omet intentionnellement l'article) comme un enfant dirait « aller chez maman ». Systématiquement réfractaire au pays qu'il colonise, volontairement ignorant de sa langue, de ses mœurs, de sa religion et de son code, ostensiblement dédaigneux de tout ce qu'il ne connaît pas, *ce n'est pas lui qui peut écrire le roman colonial.* »

A ceci, le grand écrivain qu'est M. Louis Bertrand, répond : « Le vocable de *coloniale* accolé à celui de *littérature* ne m'a jamais agréé. Il exhale je ne sais quel vague parfum d'épicerie, de denrée alimentaire. Je ne l'aime pas et je crains bien que la chose ne vaille pas mieux que le nom... D'ailleurs, à mesure que nous avancerons, je suis persuadé que les générations nouvelles comprendront de moins en moins ce que l'on entendait autrefois par exotisme ou couleur locale. Il n'y a plus d'exotisme depuis que le premier venu peut parcourir la planète en paquebots et en chemins de fer et que les mœurs et les usages tendent à se rapprocher partout. D'un bout du monde à l'autre, il n'y a plus que des hommes qui sont aux prises avec les mêmes difficultés intérieures ou extérieures que nous. Les mêmes problèmes économiques, nationaux, sociaux, se posent au Japon, en France, en Angleterre. Le temps est passé de décrire les grands sabres des samouraïs et les vestiaires des mousmés... »

C'est là un point de vue intéressant encore que paradoxal. Ce qui demeure de toutes les accusations portées contre la littérature coloniale, c'est que le Français, — c'est un don inné, un don de race, — possède une personnalité telle en général qu'il ne saurait à aucun moment s'en débarrasser. Il répugne à l'effort de « sortir de soi » pour comprendre les âmes étrangères. Il les peint à sa guise, comme il les voit, en esquisse rapide et spirituelle. Ceci explique tout l'exotisme du xviiie siècle. C'est dans cet esprit que Boucher utilisera tel dessin chinois pour composer un panneau de tapisserie où il représentera un fils du Céleste Empire errant, parasol en main, dans un jardin à la française, avec jets d'eau et petits amours sculptés. C'est la même âme ennuyée et personnelle que Loti promènera de Tahiti en Afrique, du Maroc à Jérusalem, de Jérusalem à la côte d'Annam. *Propos d'exil !* Qu'on note ce titre qui donne quelque peu raison à Mme Myriam Harry ! Ceci, pour la littérature, et il en sera de même en sculpture, en peinture.

En somme, l'exotisme, en France, a été trop souvent *un jeu,* amusement d'un instant pour rompre avec la monotonie des choses trop vues et trop sues. Et M. Ernest Babut, auteur d'un excellent *Essai sur la littérature indochinoise,* paru en 1887, a pu constater : « Passé certaines latitudes, le vieux romantisme reconquiert sur nous tout son prestige déchu. Il revit magnifiquement dans les livres de Mme Judith Gautier où les Roméos portent tantôt les deux sabres du samouraï, tantôt le bouton de cristal du mandarin, et où les Juliettes ont des pieds minuscules de poupées et gardent leurs ongles longs comme des glaives dans des étuis d'or. Puis, c'est Fatou-Gaye, noire amoureuse de la lignée sentimentale des Coras et des Atalas. Enfin, ce n'est qu'hier que les boulets de Port-Arthur ont crevé le fragile paravent de papier de soie où M. Loti nous avait peint en couleurs d'aquarelles des exquises et mièvres mais artificielles japoneries. En vérité, la littérature exotique n'a encore été jusqu'à présent qu'une foire aux mirages. Les auteurs y sont une sorte de montreurs de lanterne magique et qui auraient hérité de la verve lyrique des anciens troubadours. La foule qui conserve toujours un fond de puérilité, achalande, de préférence, les tréteaux de ceux dont les tableaux lui rappellent le plus cet exotisme pailleté d'or et empourpré de sang qui émerveilla sa jeunesse dans les récits fabuleux des *Aventures extraordinaires du capitaine Corcoran.* Sans doute, l'art n'est pas absent de ces exhibitions ; mais la vérité ne s'y impose pas davantage pour cela et à

peine y est-elle accessoire. Aussi, arrive-t-il que le peintre
le plus véridique n'est pas toujours celui qui a vu les pays
qu'il décrit. Les spectateurs n'en éprouvent, d'ailleurs,
aucune gène, alors qu'au contraire, beaucoup soupireraient
peut-être s'il leur fallait brusquement renoncer à ces visions
de contes bleus... »

Ainsi, et c'est là la base la plus solide du réquisitoire pro-
noncé, l'exotisme s'est offert trop souvent dans notre littérature comme une manifestation attardée de ce romantisme
dont il est devenu de mode de faire le procès. Du romantisme,
il a gardé le caractère superficiel, le goût du clinquant, et,
surtout, le pitoyable amour des longues descriptions hérité
en droite ligne de Bernardin de Saint-Pierre et alourdi de
déclamations sentimentales. C'est un exotisme purement
conventionnel et qui a plu, tel, aux Français du xixe siècle
que satisfaisaient pleinement les développements lyriques
d'un Chateaubriand. Dans la plupart des cas il échouait
dans la compréhension et dans l'interprétation de l'âme des
races nouvellement conquises.

Pour être juste, il faut reconnaître qu'en Indochine,
depuis un certain nombre d'années, s'est développé un mouvement littéraire original qui atténue singulièrement la portée
des critiques formulées en général contre la littérature coloniale. Toutefois si, ainsi que je vais le montrer, cette littérature indochinoise vaut par le nombre et la qualité et s'avère
de plus en plus intéressante, est-elle toujours près *du fait*
qui nous intéresse, c'est-à-dire, notre Indochine en pleine
évolution dans son milieu asiatique sous l'aiguillon de la
domination française ? Je n'oserais répondre affirmativement.
Je ne puis mieux faire pour en tracer le rapide tableau que
suivre les études de M. René Crayssac qui s'en est fait l'historien, historien toujours parfaitement informé, compré-

hensif et bienveillant... parfois même, trop bienveillant...

Le grand écrivain indochinois, jusqu'à présent encore inégalé, c'est Boissière, auteur de génie, qui écrivit, en 1896, *Fumeurs d'opium*, livre unique aux deux sens de l'épithète, propre et figuré, encore qu'on ait publié de lui deux recueils d'inédits sous ces titres : *Propos d'un intoxiqué* et l'*Indochine avec les Français*. «Boissière, écrit M. Crayssac, nous a versé l'enchanteresse liqueur d'or d'un style incomparable dans ces merveilleuses coupes de jade, — purs chefs-d'œuvre, — qui ont nom *Dans la forêt, Comédiens ambulants, Une âme, les Génies du mont Tan-vien*. Pages immortelles où l'originalité et la profondeur de l'idée, la richesse du vocabulaire, la vigueur de la facture se haussent à la perfection. Contes de songe et d'hallucination, de cauchemar et de fièvre où la rutilante orfèvrerie d'un Flaubert se mêle aux terreurs souveraines d'un Edgar Poë. Récits inoubliables, récits de visionnaire qui ouvrent soudain, toutes grandes, les fenêtres sur des horizons livides, projettent brusquement des clartés maladives sur le passé et l'avenir ! »

« Quel chef-d'œuvre ! s'écrie de son côté M. Alfred Droin. L'âme annamite est là tout entière, soit dans le décor de la brousse, des rizières, des plages ou de la forêt, soit parmi les étoffes alourdies de pépites, les chimères de cuivre rouge portant un soleil dans la gueule, les panneaux laqués et les caractères chinois qui proposent à la méditation les préceptes des sages. Il est presque inconnu en France, mais, comme dit Vigny, « sur la pierre des morts, croît l'arbre de grandeur ». Boissière aura sa revanche !... »

Pierre Loti, qui écrivit *Propos d'Exil* et *le Pélerin d'Angkor*, fait figure d'isolé. Ces deux ouvrages, comme tous ceux qu'il a produits, sont des joyaux égoïstement ciselés. Il écrit pour soi : aucune préoccupation humanitaire, aucune tendance sociologique. Il est l'homme qui ose ce titre paradoxal lequel constitue, à lui seul, tout un programme : *L'Inde sans les Anglais*. L'exotisme n'est point pour lui un prétexte à littérature. Il exprime son *moi* dans un décor exotique, comme il l'eût exprimé dans tout autre cadre. Nulle objectivité : tout ici est interprétation et ne vaut que comme interprétation. Le monde est vraiment la représentation de l'auteur, rien d'autre. Aussi bien n'a-t-il point fait école. Il n'apporte ni une doctrine, ni une méthode, ni un procédé. Il est, je le répète, un splendide isolé !

Paul Bonnetain, « venu au Tonkin au moment de la conquête comme correspondant militaire du *Figaro*, écrit M. Victor Le Lan, put, au hasard des marches et des contre-marches, de la vie des postes et de la brousse, tenir un carnet de notes dont, plus tard, dans un roman presque toujours exact et toujours vigoureux, mais souvent un peu touffu, il sut faire une série de tableaux attrayants et vrais... Tout le monde a lu l'*Opium*. J'y retrouve comme des photographies du vieil Hanoï, au temps que la rue Paul-Bert, mal dégagée, se nommait la rue des Incrusteurs. J'y vois passer, circuler et vivre des types que nous avons tous connus, nous, les anciens, et dont beaucoup, trop nombreux, sont allés rejoindre l'écrivain dans cette terre indochinoise à laquelle, comme Boissière, il a laissé sa cendre, après lui avoir donné le meilleur de son âme... »

Albert de Pouvourville ou Mat-Gioi est près de Boissière et sans conteste, remarque M. Crayssac, un des maîtres de la littérature indochinoise. Il a publié une trentaine de volumes d'inspiration asiatique, parmi lesquels *l'Annam sanglant*, *le Maître des sentences*, *le Cinquième bonheur*, et, dernier en date, un admirable roman, *la Greffe*, qui pose dans toute son ampleur le problème des réactions réciproques de l'âme indigène et de l'âme européenne. *L'Annam sanglant*, c'est l'époque de la conquête vue « de l'autre côté du mur » par un Asiatique qui aurait ensuite traduit ses impressions en langue française. « Ce livre, a déclaré M. Alfred Droin, a ceci de particulier qu'écrit par un Européen, il pourrait être signé par un mandarin lettré indigène. C'est l'histoire de la conquête vue du côté annamite. Tout au long du récit, on est grisé par des odeurs d'opium et de frangipaniers ; on est ébloui par les couleurs violentes des étendards et des costumes, tandis que résonnent sur les plaines ensanglantées les tambours et les gongs dominant les cris de guerre. Au point de vue de la forme littéraire, rien de plus parfait. Albert de Pouvourville cisèle ses périodes comme José Maria de Hérédia ses sonnets. »

Jean Ajalbert, voyageur intrépide, excellent observateur, parfait artiste, avant d'écrire son *Rafin-su-su*, un petit chef-d'œuvre, trop peu connu, rapporta du Laos un livre exquis, *Sao-van-di*. M. Le Lan, faisant allusion à quelques jolies pages écrites sur ce pays par A. Raquez, déclare : « C'est un Laos non moins captivant, non moins poétique, mais autre, auquel Ajalbert nous a initiés, au pays presque nouveau qu'il nous a fait entrevoir ; en somme, c'est une note nouvelle qu'il a donnée dans la littérature indochinoise... C'est surtout un poème idyllique par les chants qui l'emplissent, qui débordent dans le récit. Il y a des scènes charmantes où garçons et filles alternant les strophes, chantent comme le chœur du drame antique, où les amoureux, échangeant les couplets, dialoguent comme les personnages de Virgile et de Théocrite... » Jean Ajalbert a publié également les *Destinées de l'Indochine* et *les Nuages sur l'Indochine*, œuvres d'économie politique générale et de grande valeur, encore que passionnées ou peut-être, parce que passionnées...

Claude Farrère, comme œuvre de début, publia *Fumées*

d'opium, prose agréable qui contient d'heureuses descriptions. *Les Civilisés* qui valurent à son auteur le prix Goncourt et la notoriété sont une œuvre moins bien venue : « Les héros de ce livre, constata Jean Ajalbert, sont bien spéciaux et leur mentalité n'est guère représentative des Français d'Indochine et de Cochinchine. Ce sont des personnages littéraires surtout qui pourraient être les mêmes partout ailleurs qu'en Cochinchine : des femmes qui se vendent, des maris complaisants, des noceurs et des escrocs... »

Paul Claudel qui vécut longtemps en Chine est surtout un philosophe et, mieux encore qu'un philosophe, un admirable poète. Chez lui, pas de description inutile, mais seulement les traits nécessaires pour encadrer une pensée profonde, une intuition. Toute la *Connaissance de l'Est* est un superbe poème. Avec celles laissées par Victor Segalen et celles de Pouvourville, ce sont les pages les plus compréhensives, peut-être, qui existent sur la mystique d'Extrême-Orient.

Que de noms encore, que d'œuvres à citer ! Pierre Mille avec son célèbre *Barnavaux*, Henry Daguerches auteur de *Consolata, fille du soleil* et du *Kilomètre* 83, livre d'inspiration plus strictement asiatique ; J. Marquet, auteur *De la rizière à la montagne* et *Du village à la cité* ; Henry Reboul (Jacques Altar) et ses *Croisières ensoleillées* ; Jean d'Estray qui a écrit *Thi-sen* et Émile Nolly (capitaine Détanger, tué pendant la guerre) qui nous donna *Hiên le Maboul* et cette *Barque annamite*, « œuvre solide, exacte, définitive, qui a pour thème le *culte des ancêtres* et nous révèle l'âme annamite jugée insondable, note sévèrement M. Crayssac, par tant de nigauds impuissants à l'exprimer. »

A la suite de M. Crayssac, j'énumérerai encore : les *Croquis tonkinois* de Yann (lieutenant Lassalle), les *Tonkinades* de Jean Star (colonel Lubanski), les *Types tonkinois* de Bonnafont ; la *Cochinchine humoristique* de Georges Marx ; les *Silhouettes tonkinoises* de Louis Peytral ; l'*Aile brisée* de Mme Jeanne Leuba, romancier et poète du plus beau talent ; *Thiba* de M. Jean d'Esme ; l'*Annam d'autrefois* (Paris, 1907) de Pierre Pasquier ; *Dans le golfe de Siam* (Plon, 1907) de Pierre Rey (capitaine Regnier) ; *Sao-Tiampa* (Grasset, 1912) d'Antonin Baudenne ; *En colonne, Contes et croquis tonkinois, trois années de Poste, Au temps des Embuscades, etc...* de Henri Laumonier ; *Hors des chemins battus* de Péroz ; *Du fond des abîmes* et *Demi-Blanc* d'Olivier Diraison Saylor ; *La Terre du dragon* (Sansot, 1907) de Jean Ricquebourg ; *Hors de sa race* (Figuière, 1912) de Mlle Alix de Villemagne ; *Petites épouses, l'Ile de volupté* et *La Pagode d'Amour* par Mme Myriam Harry ; *Tokia* de Jean Box ; *Les Derniers Oiseaux* (Lemerre) de Maurice Olivaint ; *La race ennemie, la Sorcière* et *le Petit Mandarin* de Richard Bourdet ; *Le Journal de Thi-Ca* de Louis Bounat ; *Notes d'un Tonkinois* de J. Bonnafont ; *Sur les routes d'Annam* de J.-B. Saumont ; *Lettres d'un colon et nouvelles lettres d'un colon* de Constant Morice ; *Suvarnahong dans les jardins* de Léon Dédebat ; *Le sourire aux yeux fermés* de Jacques de Fersen-Adelsward ; les *A la manière de... Indochinois* de Mat-Giang (pseudonyme de M. René Crayssac) ; *Une idylle au pays Khmer* (Paris, 1913) de Maurice Thouvenot ; *Petits Quarts d'heure amoureux d'Extrême-Orient* et *Pastels d'Asie* (Bauche, éditeur) de J. d'Estray, déjà nommé ; *Binh-Yên* (Hanoï, 1919) de Maurice Dufresne ; *Jean Klein, légionnaire* (Grasset, 1912) de François Labeur ; *Contes et légendes d'Annam* (Challamel, 1917) de Cl. Chivas-Baron ; *La vie européenne au Tonkin* d'Eugène Jung ; *Orient, amour, poison* et *rêve* et *violette* d'Émilien Soït (Blanchet) ; *Nocturnes tonkinois et contes chez le Mandarin* de F. Granier ; *La chasse aux pirates* (Grasset,

1913) de Louis Carpeaux ; *Mirages d'Exil* (1914) de Jean Renaud ; *Le volontaire* d'Alexandre Huré ; *Contes de Cochinchine* d'Alfred Schreiner ; etc., etc...

Tous ceux-là et bien d'autres encore, qu'involontairement je puis oublier, sont des prosateurs dont la simple énumération démontre amplement la richesse en prose de l'interprétation occidentale. Les poètes ne sont pas moins nombreux. Ils sont légion et je dois me borner sans plus ample commentaire à les citer, comme en un palmarès dépourvu de fleurs, mais riche cependant de lauriers. C'est d'abord Mat Gioi, *alias* Albert de Pouvourville, auteur de *Rimes d'Asie*. « Il faut, dit M. Crayssac, proclamer hautement la captivante beauté de ce merveilleux assemblage de pierres rares, la magnificence de ces sonnets impeccables dont chaque hexamètre est comme un pleur cristallisé aux reflets d'opale ou d'aigue-marine... » Alfred Drouin compose *La Jonque victorieuse* et *le Collier d'émeraude* : « Il coule, dit M. Le Lan, dans le moule que nous aurions voulu façonner les idées et les sensations que nous avons eues et éprouvées ici, comme lui, aux mêmes heures, dans des circonstances pareilles ou analogues ; nous lui sommes reconnaissants de savoir traduire pour nous en phrases heureusement scandées et en rimes sonores, les mots que nous avons balbutiés, les sentiments que nous avons confusément éprouvés, dans la splendeur des splendeurs qui nous environnent, qui se renouvellent chaque jour pour nous, que nous goûtons encore obscurément et que nous ne savons plus exprimer... »

Stéphane Moreau est l'auteur des *Jardins de l'Orient* (Lemerre, 1904), poète maladif mais génial qui adressa à l'*Opium* cette admirable incantation :

O roi splendide et las des heures taciturnes,
Père des visions troublantes, spectre noir,
Salut, hôte effrayant de mes rêves nocturnes,
Ami de ma douleur et de mon désespoir !

O prince ! Verse-moi le poison goutte à goutte ;
Étends sur moi ta main pesante, et, dédaigneux
De la blessure d'où mon cœur ouvert dégoutte,
Verse-moi le poison trouble et délicieux !

Répands sur moi le philtre où l'esprit meurt et sombre,
Le philtre où ta bonté mit un relent amer.
Je veux que mon cerveau s'engloutisse dans l'ombre
Ainsi qu'un grand vaisseau qui descend dans la mer.

Les gouffres de la nuit m'entr'ouvriront leurs voiles,
Dans l'abîme béant, je descendrai sans peur,
Et je m'endormirai sous un ciel sans étoiles,
Dans le lourd bercement d'un infini d'horreur.

Et toi, dans mon sommeil que nul espoir ne hante,
Au murmure alangui de très lointaines voix,
Tu me ramèneras la vision charmante
Pour qui mon cœur saigna pour la première fois.

De l'ombre, encore, encore !... Et de la nuit !... O père,
Endors mon triste cœur de ton parfum subtil,
Ouvre-moi le néant que ma fatigue espère,
Et qu'en tes bras divins, je meure ! Ainsi soit-il !

La note féminine qui manquait à la poésie indochinoise
est tendrement et lyriquement donnée par Mme Jeanne
Leuba avec la *Tristesse du soleil*. Puis, voici des titres, des
titres encore avec les noms des poètes qui les élurent : *Les
Pleurs du Mékong* de Maurice Olivaint ; l'*Étoile intermittente*
de M. Albert Puech (Rouveirolle) ; *Les Khênes* de M. Léon
Dédebat (poésies posthumes) ; les *Poèmes de Lon Té Sseu*
d'Émile Lutz ; les *Poésies* de Jacques Altar, de Boissière,
aussi bon poète que génial prosateur, d'Ivan Helcoff (com-

mandant le Floch) ; *Le chemin de Palipala* de Daguerches ; *Tristesses d'Orient* et *Pastels chinois* de Delétrie ; *Accords mineurs* de Soït ; *Laques et Bronzes* de Chevallier ; *Gongs et cloches* de Christ.

M. René Crayssac cite encore trois sonnettistes auteurs de tableautins alertement enlevés, d'un beau coloris et d'une facture impeccable : ce sont Henri Brenier, Augustin Alquier, auteur de *Mes compagnes de route* et Pierre Rey qui écrivit *La terre de Bouddah* ; puis Mme Mary Gerny-Marchal qui a chanté les splendeurs des ruines d'Angkor dans ses *Rimes khmères* et Mme Alice Maupetit qui a célébré « la volupté des belles nuits du Laos, la pénétrante odeur des fleurs des pagodes, la vie heureuse, ardente et libre sous les grands bambous verts et les manguiers argentés. »

A noter enfin, en suivant toujours M. Crayssac comme guide : *De profundis clamavi* d'Alfred Blanchet ; les *Aubes* de Gaston Gagnaire ; *Au Hasard des rêves* de Charles Patris ; *Les Coupes de Porphyre, les Lotus, l'Encens et le Riz* de Jean Ricquebourg ; *Mes heures perdues* de Nguyên van xiêm ; *Les flamboyants* d'Yvonne et René le Dentu ; *La baie d'Along* de Pierre d'Yscu ; *Sous les Flamboyants* de Mat-Giang, et puis çà et là, épars dans les revues de l'Indochine des vers de Victor Le Lan, d'Armand Lafrique, de J.-B. Saumont, de A. Puech, de Lêam Si (Ismaïl Crayssac), de Tanvet, de Jacques de Fersen-Adelsward, d'Hector Ponsot, de Borelli, de Pujarnisire, de Grand, de Métaireau, de l'amiral de Jonquières, de Noël Luce, de Louis Peytral, de Pierre Larmat, de Paul Munier, etc., etc.

D'une excellente étude sur les sources d'inspiration de la poésie indochinoise qui a paru dans la *Revue indochinoise* en 1919, il ressort que ces poètes ont presque tous été impressionnés par la nature hostile du pays, si différente de celle de France, et qu'ils ne l'ont pas célébrée avec la tendance d'un Leconte de Lisle ou d'un Léon Dierx. Mat-Gioi s'écrie :

Sol qué je hais et que pour ta haine j'adore !

Le sentiment dominant chez eux « c'est celui du contraste avec la nature de France, contraste si violent, si sensible qu'il nous fait mieux aimer le pays où nous sommes nés et qu'il appelle naturellement des comparaisons non exemptes de quelque tristesse. C'est chez les femmes surtout que se trouve cette évocation constante des coins chers où nous avons fait nos premiers pas, éprouvé nos premières sensations et nulle n'a été plus heureuse dans cette évocation que Mme Jeanne Leuba ».

Et l'auteur de cet excellent article qui est à citer tout entier, continue : « Si, pour nos poètes, la nature n'a pas été une inspiration de paix et de sérénité, ce n'est pas non plus la poésie et la pensée annamite qui ont eu sur eux une plus grande influence. Ils ignorent la première et la seconde leur est complètement étrangère ou à peu près. C'est qu'en effet la pensée annamite est si loin de la nôtre, si parfaitement insaisissable ! Elle fuit devant notre analyse comme le regard des indigènes devant le nôtre !

Quant à l'ignorance où nos poètes sont de la poésie locale, d'où provient-elle sinon de ce que, pour la plupart, ce sont des hommes d'action et non des lettrés, des hommes auxquels le repos n'est pas donné qui permet une étude longue et patiente. Aucun d'eux n'a possédé ni ne possède cette sorte de divination et de prescience qu'on se plaît à reconnaître en Judith Gautier et, seul, peut-être, Émile Nolly a-t-il eu, dans *la Barque annamite*, cet admirable poème en prose, quelque chose comme la révélation non pas de la pensée annamite tout entière mais de l'une de ses manifestations au demeurant les plus frappantes, même pour l'étranger, le culte des ancêtres. Et ceci nous amène à l'une des sources où nos poètes auraient pu puiser : je veux dire la philosophie et la religion indigènes. Elles paraissent d'ailleurs n'être comprises et traduites que dans leurs signes les plus extérieurs : l'un d'eux est précisément ce *culte des ancêtres*. C'est là, évidemment, le côté le plus visible, le plus sensible pour nous de la religion annamite auquel, parfois, s'ajoute, par un simple contraste avec nos religions occidentales, cette impassibilité bouddhique dont parlait déjà Leconte de Lisle, et qui, par ce contraste même, crée un conflit spirituel, thème souvent traité par nos auteurs, thème à effet, et, j'ajouterai, de facile exploitation que celui d'une antithèse où s'opposent notre désir impuissant de diriger le présent et de prévoir l'avenir et l'acceptation pure et simple d'un *fatum* pourtant rachetable à certains degrés. Et cette acceptation conduit à une conception morale toute spéciale, celle du bonheur, du bonheur fait de la satisfaction des désirs les plus immédiats, de ces désirs que la main peut atteindre et qui ne sont pas un rêve, désirs que nos poètes s'imaginent facilement demeurer au niveau de l'esprit qui les conçoit et dont ils trouvent volontiers l'accomplissement parfait chez le « lettré » comme Mat Gioi dans Ly-dong-than, admirable sonnet dédié à Maurice Barrès :

> Pacifique chercheur des plus subtils problèmes,
> Ly-dong-than est assis au seuil de sa maison.
> Dans les senteurs de l'air, parmi les chrysanthèmes
> Qu'à son toit le soleil pend en toute saison,
>
> Son esprit ne connaît des négateurs extrêmes
> Ni l'orgueilleux plaisir ni le mortel poison.
> Le livre où Laotseu parle de la raison
> Lui tient lieu de vertu, de règle et de systèmes.

Il aime seulement son jardin parfumé

Où le cache aux regards un rideau de platanes.
Il connaît le silence. Il sait que les arcanes
Veulent la solitude ; et, quand il a fumé,

Fier d'être sans désirs, heureux d'être sans gloire,
Sa main à l'ongle long, du geste accoutumé,
Prend la tasse de jade ou le pinceau d'ivoire.

« Le respect des rites a servi aussi de thème aux poètes de même que l'art et la vie annamites. L'art est, par son essence, si éloigné du nôtre, sa conception est, en quelque sorte, la traduction de pensées qui nous sont si étrangères, sa technique est si différente de celle qui nous régit, que, malgré l'étude que nous en avons faite et la connaissance que nous en avons acquise, il nous demeure sinon fermé, du moins difficile à pénétrer, mais toujours sympathique. Parmi ses manifestations, il en est quelques-unes dont l'esprit et la beauté ne nous échappent pas, telles la sculpture, la broderie qu'ont chantées nos poètes, ainsi que les inscrutations. Il en est de même de la musique. Mais, c'est surtout l'art architectural qui a inspiré les poètes. Ce sont les monuments élevés au temps de la puissance khmère, les ruines d'Angkor, merveilles qui confondent encore aujourd'hui nos imaginations, qui trouvèrent des chantres. Les scènes de la vie annamite actuelle, les types indigènes que nous rencontrons dans les villes et les campagnes ont aussi leurs interprètes. A tous ces personnages il faut prêter leurs sentiments, leurs croyances. De là toute une série de petits poèmes qui célèbrent la piété filiale, les légendes antiques et l'amour. Mais, cependant, rares sont ceux de nos poètes qui ont chanté la femme d'Asie, son charme et sa beauté. C'est qu'en vérité, elle est si différente de notre idéal que si nos poètes ont parfois célébré la petitesse de ses pieds et de ses mains, la finesse de ses attaches, la gracilité de son corps, elle est demeurée pour eux un être énigmatique, un gentil animal aux félines caresses, mais fait de passivité, de mystère et de danger.

« Écrasé par la nature, angoissé par l'absence, déçu par l'amour, le poète cherche donc les Paradis artificiels. Et celui qui peut les lui fournir, le magicien qui peut l'y transporter, c'est l'opium. Les poètes n'ont pas seulement demandé à l'opium la vision du beau, mais aussi le soulagement de leurs souffrances physiques et morales.

« De ce qui précède, ajoute l'auteur de l'article de la *Revue indochinoise*, on peut conclure qu'il existe une poésie franco-annamite de langue française qui est jeune et vivante, mais qui n'est pas encore, à proprement parler, une poésie indochinoise. Elle n'a saisi de notre colonie et des races qui la peuplent que les côtés extérieurs et, pour nombre d'entre eux, elle les a vus à travers son âme occidentale. De là, son objectivité : elle peint, elle décrit. Et, le plus souvent, de même que deux paysagistes n'interpréteront pas d'identique façon le même paysage, qu'ils lui prêteront un aspect qui ne vien pas des yeux mais du cœur, ainsi, nos poètes ont vu les homme et les choses de ce pays suivant le degré plus ou moins nos talgique de leur esprit.

« Sans doute, nous ne trouverons le littérateur indochinoi complet que dans un sang-mêlé comme Rudyard Kipling alors que notre longue occupation du pays, datant comm celle des Indes de plus d'un siècle, aura créé une race nouvelle à la fois indochinoise par son atavisme et la form de certaines de ses conceptions et française par le goût de beau occidental et la clarté de l'analyse... »

Je souscrirais volontiers à cette conclusion qui s'accord avec celle qu'avait formulée Pierre Mille pour l'ensembl de notre littérature coloniale non limitée à notre domaine asiatique. Elle coïncide aussi, en somme, avec le conseil qu'exprimait, il y a quelques années, Mat-Gioi :

« Nous avons et vous avez à mettre en langue française le mieux et le plus clairement qu'il se peut, tout le statut intellectuel jaune, tout ce que la plus formidable hérédité a uni dans l'âme collective annamite de conceptions, de mystères, de timidité, de tendresse et aussi d'impénétrable réserve et d'inconsciente férocité... »

Mais ici, — et c'est ce qui constitue l'intérêt majeur de ce chapitre, — ici surgit la question si redoutable de la similitude essentielle ou de la dissemblance essentielle des âmes, selon qu'on veut voir l'homme, même et identique partout, sous toutes les latitudes et dans tous les temps ou selon qu'on professe qu'il varie perpétuellement dans le temps et dans l'espace... Gobineau a écrit, dans la Préface de ses admirables *Nouvelles asiatiques* déj (i écs :

« Au nombre des non-valeurs que l'on doit aux moralistes, il n'en est pas de plus complète que cet axiome : « L'homme est partout le même ». Cet axiome va de pair avec la prétention de ces soi-disant penseurs de réformer les torts de l'humanité en faisant admettre à celle-ci leurs sages conseils. Ils ne se sont jamais demandé comment ils pourraient réussir à changer ce mécanisme humain qui crée, pousse, dirige, exalte les passions et détermine les torts et les vices, cause unique, en définitive, de ce qui se produit dans l'âme et dans le corps.

« Au rebours de ce qu'enseignent les moralistes, les hommes ne sont nulle part les mêmes. On s'aperçoit sans peine qu'un Chinois possède deux bras et deux jambes, deux yeux et un nez comme un Hottentot et un Bourgeois de Paris ; mais, il n'est pas nécessaire de causer une heure avec chacun de ces êtres pour s'apercevoir et conclure qu'aucun lien intellectuel et moral n'existe entre eux, si ce n'est la conviction qu'il faut manger quand on a faim et dormir quand le sommeil presse. Sur tous les autres sujets, la manière de colliger les idées, la nature de ces idées, l'accouplement de ces idées, leur éclosion, leur floraison, leurs couleurs, tout diffère. Pour le nègre de la contrée au sud du lac Tchad, il est raisonnable, indispensable, louable, pieux, de massacrer l'étranger aussitôt qu'on le peut saisir et, si on lui arrache le dernier souffle du corps au moyen d'une torture finement graduée, modulée et appliquée. tout n'en est que mieux et la conscience de l'opérateur s'en trouve à merveille. Laissez tomber le même étranger entre les mains d'un arabe d'Égypte, celui-ci n'aura ni paix ni trêve, ni repos, ni contentement que, de façon ou d'autre, il ne lui ait arraché son dernier sou et, s'il est possible, retiré jusqu'à sa chemise. Le Nègre et l'Arabe ne s'entendent assurément pas sur la manière de traiter l'humanité. Mais, supposez-les en conférence avec saint Vincent de Paul, quel sera le point commun entre ces trois natures ?... »

Laissons là Gobineau. Il lui est trop facile de démontrer, en vue d'établir sa thèse de *l'inégalité des races humaines*, la variété infinie des hommes *dans l'espace*. Mais, par ailleurs, il serait également aisé de démontrer, après Schopenhauer, l'identité de l'homme *dans le temps*, et sa soumission à cette loi de constance qui fait tous les êtres persévérer dans leur être...

J'aurai à reprendre cette question, à l'étudier, et à tirer de cette étude des conclusions lorsque je m'occuperai de la politique indigène suivie par la France en Indochine. Mais, comme je l'indiquerai à propos de la conduite des hommes, j'estime qu'en ce qui concerne l'interprétation de leurs pensées et de leurs sentiments, ce qui est tout le domaine de l'art et le point où l'esthétique se confond avec l'éthique, j'estime, selon l'admirable formule de Newton, pragmatiste bien avant William James, que *tout doit se passer comme si* l'âme annamite ne nous était pas impénétrable, comme si nous pouvions la comprendre et agir sur elle profondément. Toute conception contraire, aussi bien dans l'art que dans la politique, serait une conception néantiste, une conception de désespérance, qui nous enléverait tout motif et toute justification d'action.

En 1920, à Pnom Penh, à l'inauguration du musée Albert Sarraut, M. George Groslier constatait :

« L'art traduisant fatalement et étroitement la mentalité des individus, les asiatiques, pratiquant les mêmes motifs et de la même façon depuis des milliers d'années, révèlent eux-mêmes que leur mentalité n'a que bien peu varié. A cette immobilité que l'ethnographe et le philologue démontrent par ailleurs, comparez par exemple la prodigieuse évolution de la pensée française qui se traduisit aussitôt et en vertu des mêmes lois, par une transformation radicale de l'architecture, sensible, pourrait-on dire, d'année en année. Mettez la basilique romaine, point de départ d'une évolution d'architecture religieuse, à côté de la cathédrale d'Amiens et évaluez la différence. Aussi bien, du jour où la mentalité indigène changera l'insurmontable force qu'elle dégagera aussitôt imprimera à l'art une oscillation correspondante. L'inspiration future qui dirigera l'outil, nul ne peut la prévoir. Ce n'est pas l'école d'art qui la prépare, mais l'école primaire, le lycée. L'école d'art suit. Elle est la glaneuse. Elle est l'ouvrière qui apprend à produire, à chercher, à traduire, à exprimer. En toute chose, le métier suit la pensée et obéit. L'enfant naît. Laissez-le grandir librement et il n'aura pas besoin de vous pour se dresser et marcher, le moment venu, sur des jambes enfin formées et capables de le soutenir. Faites-le marcher avant l'heure, vous en faites un cagneux... »

Rien de plus judicieux que ces lignes quand on les applique à la solution du problème qui consiste à développer les virtualités artistiques des indigènes dans le sens propre de leur race sans chercher à les brimer par des directives étrangères à leur tempérament et à leur sensibilité. Passons de « l'autre côté du mur », du côté occidental. Il est bien évident que, dans l'appréciation de l'âme indigène choisie comme thème d'art ou de littérature, nous ne saurions dépouiller notre mentalité européenne sans risquer de perdre notre originalité et sans risquer également de ne rien acquérir en compensation qu'une imparfaite et superficielle connaissance de ce que Gobineau appelle « l'ennemi » ou « les autres ».

Il est non moins évident que nous n'aurons de sérieuses chances de tirer un sérieux profit du riche fonds de pensées et de sensations qui constitue le trésor de la civilisation indochinoise que si nous possédons sur cette civilisation les données les plus précises et les plus exactes. Ce que les hommes, ce que les êtres d'aujourd'hui nous cachent avec une réserve et une dissimulation que tous les Européens sont d'accord pour constater, tout ce qu'il y a de mystérieux dans l'âme annamite vivante, nous sera révélé par l'étude de leurs traditions, de leurs religions, de leurs inscriptions, en un mot de leur passé.

De là, l'intérêt qui s'attache à ce qu'il existe en Indochine, à côté de la création littéraire purement imaginative, à côté de l'interprétation documentée mais fatalement plus libre et parfois fantaisiste des prosateurs et des poètes, une activité intellectuelle d'ordre historique et scientifique. « Cette activité intellectuelle, note M. Henri Gourdon, s'imposa dès la conquête comme une immédiate nécessité. L'adminis-

tration qu'il fallait improviser au lendemain de l'expédition
avait à résoudre des problèmes singulièrement délicats. Il
ne s'agissait pas de gouverner des tribus nègres, mais de continuer à faire fonctionner, sans trop de heurts, la machine
administrative passablement compliquée d'une monarchie
orientale, aux millénaires institutions. Pour comble de difficulté, la langue administrative n'était point la langue même
du pays, mais le chinois. Quand nos officiers entrèrent dans
les bureaux des mandarins, abandonnés par ceux-ci sur
l'ordre impérial qui les rappelait à Hué, ils ne trouvèrent que
des textes et des dossiers couverts d'hiéroglyphes. Ils se
mirent courageusement à les déchiffrer. A la vérité, le pays
d'Annam ne nous était pas entièrement inconnu. Depuis le
xviie siècle surtout, les missionnaires et les commerçants
européens en avaient parcouru les régions les plus accessibles
et avaient publié des notes et des récits de voyages. Ce sont
deux Français, le Père Alexandre de Rhodes, auteur de la
première histoire du Tonkin et du premier dictionnaire de
la langue annamite, et le Père de Machault, éditeur de la
première histoire de la Cochinchine, qui inaugurent la longue
série des contributions à l'étude de l'Indochine où les noms
de nos missionnaires voisinent avec les noms de voyageurs
comme Tavernier, Poivre et Mouhot. Les archives des Affaires
étrangères et de la Marine renfermaient des rapports très
intéressants réunis pour servir à l'élaboration de traités comme
celui de 1787 ou pour documenter les projets de notre politique, de la Révolution à la Monarchie de Juillet, dans ce lointain domaine. Ce qui manquait, c'étaient les textes mêmes
qui régissaient la vie politique et administrative du pays.
Des officiers en entreprirent la traduction : Aubaret et Phi-
laste traduisirent les codes et les textes relatifs à l'organisation de la Cochinchine ; Luro rédigea pour le collège des

Stagiaires son *Cours d'administration annamite* qui devait être le bréviaire de nombreuses générations d'administrateurs. Dans le même temps, des missionnaires, des soldats et des fonctionnaires de la marine étudiaient les langues indigènes, décrivaient les mœurs et les coutumes, déchiffraient l'histoire locale et traduisaient la littérature populaire. Ce fut l'œuvre des Tabert, des Legrand de la Lyraie, des Génibrel, et celle des Lande, des Jeaneau et des Moura... »

Tandis que se poursuivait cette première étude, avaient lieu de grandes missions dont j'ai parlé à propos du Passé millénaire, celles de Doudart de Lagrée, de Francis Garnier, de Jean Dupuis et d'Aymonier. A ces noms célèbres, il faut ajouter ceux du Dr Harmand, de Dutreuil de Rheins, de M. Auguste Pavie, du commandant Delaporte, de Kern, de Dumontier et de Chéon qui étudièrent, le premier, l'organisation sociale et les croyances religieuses des Annamites, le second, la langue et la littérature populaires. L'activité de ces savants engendra une littérature considérable, consignée dans des ouvrages spéciaux ou éparse dans le bulletin de la *Société académique indochinoise* et dans la curieuse et rarissime collection des *Excursions et Reconnaissances*. En même temps, le botaniste Pierre élaborait cet admirable monument qu'est la *Flore forestière de la Cochinchine* quasi inconnu en France et célèbre dans le monde savant international, et Petitot effectuait ses premières recherches géologiques. L'heure était venue de l'investigation méthodique. « Ce sera le grand honneur de M. Paul Doumer, précise M. Henri Gourdon, d'avoir doté l'Indochine des institutions nécessaires à l'élaboration de l'inventaire scientifique de notre grande colonie asiatique. Un *service géographique* fut chargé de la triangulation de l'Indochine et de l'établissement de ses admirables cartes en voie d'achèvement. Un *service géologique* reçut la

mission de préparer la carte géologique de l'Indochine et
de préparer la tâche des prospecteurs ; ses *Annales* ont publié
les belles recherches des Lantenois et des Mansuy. Une
Mission scientifique permanente eut pour rôle l'étude de la
faune et de la flore utiles de la colonie ; sa brève activité
nous valut la publication des *Décades zoologiques* de M. le
professeur Boutan et suscita les travaux de MM. Eberhardt
et Krempf. Le *Service météorologique*, doté du magnifique
observatoire de Phu-lien, nous valut les études et les cartes
publiées par son savant directeur M. Le Cadet et permit les
travaux de M. Chassigneux sur la climatologie et le régime
du Tonkin. Enfin, la création de l'École française d'Extrême-
Orient donna une impulsion définitive aux études philolo-
giques et archéologiques... » J'ai dit déjà les travaux de cette
École et cité les noms de MM. Finot, Maspéro, Parmentier,
auxquels il convient d'ajouter ceux de MM. Foucher, Cœdès,
Chavannes, Hubert, Pelliot, Claude Maître et Noël Péri ;
puis, parallèlement, ceux de MM. Bonifacy, Odendhal, Henri
Maître, Cadière, Bauno, Vallot, Schreiner, Sombstay, d'Ory,
Dürwell, Adhémar Leclère, Faraut, Maybon, de Reinach,
Fourneraux, de Beylié, Nordemann et Cordier, tous auteurs
de travaux sur la philologie, l'histoire, l'épigraphie indochinoises, auxquels il faut adjoindre des Annamites tels que
Dotanh et Nguyen van Vinh, successeurs des Paulus Cua
et des Petrus Ky dans cette tâche si utile qui a pour objet
de faire connaître à la France la pensée littéraire de l'Annam.

Pour être complet, et dans l'ordre scientifique, des mentions
particulières doivent être accordées au *Bulletin économique
de l'Indochine*, remarquable publication scientifique qui
paraît depuis vingt-trois ans et qui renferme un nombre
considérable de monographies et d'études techniques de
toutes sortes, mine inépuisable des plus précieux renseigne-

ments, au *Bulletin de l'Institut scientifique* de Saïgon, au *Bulletin de la société médico-chirurgicale* de Hanoï.

Enfin, ajoute M. Henri Gourdon, dans l'étude si complète qu'il a consacrée à l'activité intellectuelle en Indochine, il ne faut pas oublier « les sociétés privées qui participent à l'esprit scientifique. *La Société des études indochinoises* de Saïgon a créé un musée ; elle publie depuis très longtemps un très intéressant bulletin. *La Société des amis du vieux Hué* s'occupe de l'histoire et de l'archéologie de l'Annam. Elle édite une revue qui fait le plus grand honneur à la science de ses rédacteurs, aussi bien qu'à l'habileté des typographes et des graveurs indigènes qui l'exécutent. Le numéro que MM. Cadière et Gras ont consacré à *l'Art à Hué* est un des plus beaux livres d'art publiés en français pendant ces dernières années. Il complète, avec le livre de Pouvourville sur *l'art indochinois* et les études de Groslier sur *l'art cambodgien*, notre documentation sur les arts indigènes de cette partie de l'Extrême-Orient.

« La bibliographie des périodiques de l'Indochine contient, d'ailleurs, en dehors des publications officielles, un nombre respectable de publications diverses ; la plus importante, la *Revue indochinoise*, fondée, il y a près de vingt-cinq ans, par l'éditeur F. H. Schneider et que dirige M. Boudet, l'éminent directeur du *Service des archives et des bibliothèques*, renferme dans ses cinquante volumes une masse considérable de documents dont le dépouillement s'impose à quiconque veut élucider une question se rapportant à notre empire indochinois. »

Cette énumération fatalement sèche et aride autorise, cependant, par le nombre et la valeur des noms cités et par l'importance des œuvres entreprises, à proclamer que le miracle opéré par la France en Asie n'est point seulement à apprécier dans l'ordre politique ou économique, mais aussi dans l'ordre intellectuel. Aussi est-ce à bon droit que M. Henri Gourdon a pu conclure : « Dans l'Indochine au travail, le cerveau ne chôme point. Le bon combat que mènent là-bas les travailleurs intellectuels a, d'ailleurs, ses périls et déjà son martyrologe où s'inscrivent les noms de Carpeaux, d'Henri Maître, d'Odendhal, de Paris, de Comaille, morts pour la science dans les ruines d'Angkor ou sous les flèches des sauvages du Sud-Annam. Tandis que nos explorateurs, nos soldats et nos colons conquéraient à la France un domaine lointain, nos savants et nos écrivains dotaient la culture française d'une province nouvelle : puisse-t-elle ne pas être ignorée de tous ceux que passionne l'expansion intellectuelle de notre pays !... »

Ainsi, l'œuvre scientifique, l'œuvre documentaire est venue heureusement compléter en Indochine l'œuvre littéraire, et l'étude des textes, des monuments et des institutions représente déjà une base considérable sur laquelle il est loisible aux cerveaux des prosateurs et des poètes de faire s'épanouir toutes les fleurs de l'imagination. Il est à souhaiter que ces deux ordres de productions s'aidant les unes les autres soient mieux connues en France et dans le reste du monde. Rien ne saurait mieux attester la puissance civilisatrice du génie français.

Actuellement, sévit en France, et à peu près de la même manière qu'au XVIIIᵉ siècle, le goût de l'exotisme littéraire. On attendit longtemps cette « résurrection du roman d'aventures », dont il sembla, un temps que le feuilleton eût consommé l'agonie sans gloire. Or, il paraît bien qu'il est ressuscité et comme le célèbre Rocambole, jadis, il exagère ! La littérature anglo-saxonne, — du moins, ce qu'au cours de ces dernières années, quelques traductions trop rares permirent d'en connaître au public français que Kipling avait mis en goût, — cette littérature indiquait assez lumineusement le chemin qu'il eût été souhaitable de voir prendre à la nôtre. Avec Stevenson, Conrad, Jack London, White, O. Henry, c'est de la circulation de la vie, du mouvement perpétuel au large des horizons coutumiers, mais évoluant toujours dans un cadre connu de ces « coureurs de monde » que procède l'*aventure*.

Elle n'est point le produit d'une fantaisie stérile ou d'une imagination à réminiscences livresques, mais de la connaissance, au sens où l'entendit Claudel, de l'amour éperdu du « vaste monde », de ses figures les plus pittoresquement singulières, de ses décors les plus âpres ou les plus attachants. Stevenson, promenant à travers les mers du sud parmi les insulaires de l'archipel océanien le charme de son visage pâle, de ses longs cheveux, de sa parole lasse, de ses gestes doux, de son air d'évangéliste poitrinaire ; Conrad, successivement polonais, français, anglais, américain, dilettante devenu capitaine de vaisseau à quarante ans, qui erre de la mer de Chine aux îles du Pacifique ; Jack London suivant à travers les steppes désolées dans les neiges de l'Alaska, sur « la piste des soleils » les dernières traces de l'être humain aux abois ; O. Henry, renouvelant les récits colorés de Bret Harte sur les plaines du Far-West et du Texas, tous ces écrivains ramènent de « la vie de voyages » le plus riche butin, la précieuse matière d'une œuvre où se cinématographie l'Univers. Le *Reflux*, l'*Ile du Trésor* de Stevenson ; le *Nègre du Narcisse*, le *Typhon* de Conrad dont André Gide a donné une traduction qui vaut une création ; *L'amour de la vie, L'appel de la Forêt* de Jack London ; *Terre de silence* de White ; *Au cœur de l'Ouest* de O. Henry, donnent la mesure des forces neuves qui ont imprimé leur marque à la littérature anglo-saxonne.

Si nous avions attendu de l'influence saxonne sur nos littérateurs métropolitains ambitieux de composer un « livre d'aventures » qu'elle leur imposât ses qualités fortes et profondes, son sens, pourrait-on dire, *cosmique* de la vie, qu'elle leur suggérât une œuvre nouvelle, diverse et vivante, nous serions obligés d'avouer notre déception. Il semble que les meilleures de leurs tentatives n'aient pu passer le cap fatal de « l'esprit français » que leur meilleure volonté soit restée prisonnière d'un éternel voyage autour de la chambre et des livres. Confinées, empruntant timidement ou... outrageusement un cadre conventionnel, exigu ou déformé aux plein air, pleine mer et plein ciel entrevus dans le livre étranger ou les relations de voyages, empêtrées d'un fatras d'érudition baroque ou entravées d'un humour bon marché, elles demeurent aussi éloignées du roman d'aventures' de Stevenson, de Conrad ou de London que peuvent l'être du *Colonel Jack* de Daniel de Foë, par exemple, le *Cyrus* de Scudéry ou le *Zadig* de Voltaire. Il semble que nos auteurs à la mode, fascinés au mirage d'un exotisme réverbéré, aient tâté sans fruit d'un jeu où, mystifiant leurs lecteurs, ils se soient dupés eux-mêmes, au surplus, sur leurs propres moyens.

Il y a mieux à faire, semble-t-il, et puisque mode il y a de la littérature exotique, que ceux qui, sincèrement, volontairement, la désirent exploiter, se reportent à la documentation si somptueuse que leur offrent nos colonies en général et la belle Indochine en particulier. Aucune loi, aucun décret arbitraires n'ont limité le nombre de ceux à qui il appartient de développer et de pousser l'Interprétation occidentale. A côté de tous ceux que j'ai cités, romanciers, poètes et savants qui se sont courageusement attelés à mettre en lumière les richesses de notre joyau extrême-oriental, à côté de tous ceux-là, il y a place pour tous les créateurs de bonne volonté. Qu'ils méditent la provocation du *Bateau ivre* d'Arthur Rimbaud, qu'ils consultent les voyageurs évoqués par Baudelaire dans *le Voyage* :

> Étonnants voyageurs ! Quelles nobles histoires
> Nous lisons dans vos yeux profonds comme des mers !
> Montrez-nous les écrins de vos riches mémoires,
> Ces bijoux merveilleux faits d'astres et d'éthers !

Qu'ils lisent enfin la somptueuse randonnée de *la Jonque victorieuse* d'Alfred Droin :

> J'aime le Fleuve aussi ! car, les hommes, souvent,
> Fatigués de danser sur un gouffre mouvant,
> Vers la terre tournaient leur désir et ma proue !
> ·J'ai vu le Fleuve et j'ai triomphé de son cours,
> Tandis que sous mes flancs, des flots rouges et lourds
> Vertigineusement, roulaient comme une roue !
>
> Au long des quais, j'ai vu les sampans, bord à bord,
> Arrondir au soleil leur dos d'alligator.
> De l'odeur des cités je me suis assouvie,
> Et toujours mes rameurs me poussaient en avant
> Vers les plaines qu'emplit un tumulte vivant !
> De tous mes avirons, j'ai ramé vers la vie !
>
> Sans m'arrêter, j'ai vu se faire la moisson
> Des riz qui suspendaient de l'or sur l'horizon :
> J'allais toujours plus loin vers des splendeurs nouvelles.
> Mais tant d'élan parfois m'enivrait que mes mâts
> Dans l'azur tentateur s'ouvrant comme des bras
> Paraissaient récolter d'invisibles javelles !
>
> Le Fleuve m'a portée au fond de l'Inconnu
> Et là, sa source vierge a fait sur mon bois nu
> Chanter son clair cristal et couler son mystère !
> Or, si l'œil du Dragon, à ma proue, est éteint,
> Qu'importe ! Ma carène est lourde du butin :
> J'ai vu la Mer, le Fleuve, et le Ciel et la Terre !

Que, se libérant de l'exotisme de pacotille, tous ceux qu'étreint le désir, en présence de l'épuisement des vieux thèmes occidentaux, de renouveler les psychologies et les décors, prennent connaissance de l'intéressante documentation que leur offre déjà la littérature indochinoise. Ce ne serait pas un des moins profitables résultats de notre conquête asiatique si les formes littéraires qui s'y sont créées et développées réagissaient ensuite sur la métropole et l'enrichissaient d'un apport nouveau de concepts et d'images.

Les images, les nobles concepts abondent dans notre admirable Indochine. Il y a bien longtemps, j'ai extrait ce passage d'une lettre qu'adressait une femme annamite à son mari, le Dé-doc-tich, ancien chef de pirates assez redoutable du Tonkin, qu'on avait interné à Batna en Algérie :

« ... Depuis notre séparation, je pense sans cesse à toi, et, chaque fois que je vois des nuages voler dans les airs, je regrette vivement de ne pas avoir des ailes pour les rejoindre... Voici l'arbre qui a deux branches reliées ensemble et l'oiseau qui a aussi deux ailes reliées ensemble, tandis que nous, au contraire, nous sommes éloignés l'un de l'autre...

Comprends-tu cela ?... »

Quelqu'un s'avisa jadis de faire une anthologie des plus belles lettres d'amour : celle-ci ne mériterait-elle pas d'y être insérée ? Ceci n'est qu'un exemple, mais que d'autres fleurs à cueillir dans le champs de la culture indochinoise où tant de sillons encore, en dépit de tous les noms et de toutes les œuvres que j'ai cités, restent à défricher !

Il ne conviendrait point, d'ailleurs, que l'effort d'interprétation de nos écrivains et de nos poètes se limitât strictement à la recherche du pittoresque et à cette sorte d'impressionnisme littéraire auquel beaucoup trop jusqu'à présent se sont complu. La méthode de l'art pour l'art peut donner, de temps à autre, un grand chef-d'œuvre. Mais c'est là un résultat accidentel et exceptionnel. A l'époque où nous vivons, aussi bien en Orient qu'en Occident, la complexité des phénomènes économiques et sociaux devient telle qu'elle ne permet plus l'attitude extatique du lettré contemplant son nombril ou les volutes de la fumée de sa pipe d'opium. L'œuvre belle doit en même temps répondre à une utilité humaine, — et qui dit humain dit divin ! — N'est vraiment beau que le vase dont la forme est parfaite mais permet d'y boire à longs traits la liqueur qu'il contient. De même ne seront vraiment de beaux et de bons livres, de sains et nobles travaux artistiques que ceux qui interprèteront le mieux le terroir indochinois, qui permettront d'approcher le plus près possible l'âme des races et qui faciliteront ainsi aux dominateurs que nous sommes, cette *conquête des esprits et des cœurs* sans la réalisation de laquelle notre domination, les jeux de la force et de la pensée seraient illusoires...

LA CONQUÊTE
DES ESPRITS ET DES CŒURS

A y bien réfléchir, il n'est point de problème plus grave et plus difficile à résoudre que celui qui concerne les rapports des dominateurs et des sujets, il n'en est point de plus angoissant dans le plan de la conscience, il n'en est pas de plus gros de conséquences sur le plan de la réalité. Quelles que soient l'opinion philosophique qu'on professe ou les préférences sentimentales qu'on affiche sur la question de l'inégalité des races humaines, le temps n'est plus où problème et question pouvaient être simplement tranchés par la voie de l'autorité. M. Albert Sarraut, dans son discours au Conseil

de gouvernement de l'Indochine en 1913, les a parfaitement
délimités : « La souveraineté française, a-t-il déclaré, est
l'intangible principe. Nul ne saurait le contester. Nul de
ceux qui gouvernent ne saurait en permettre la discussion,
mais, précisément, à cause de son caractère et de son essence
et non pas seulement parce qu'elle est un fait. Car elle n'est
point le droit de la force. Elle est avant tout le droit du progrès. Elle n'efface pas des patries : elle les protège et les
grandit. Voilà ce qu'il faut redire bien haut pour répondre à
ceux qui ne savent parler que de la Force. Dans les domaines
lointains où la France va porter son drapeau, elle n'asservit
point une race meurtrie au joug d'un conquérant rapace.
Ce n'est pas vrai ! Elle n'en aurait pas le droit. Elle ne serait
plus la France. Elle n'opprime pas. Elle relève fraternellement, au contraire, vers les clartés une humanité obscure
et courbée. Si elle va demander des débouchés pour les fruits
de son activité féconde, elle donne en retour, sans compter,
du Progrès, du bienfait humain. Toute la grandeur de sa
politique coloniale est là et doit rester là. A d'autres conquérants, elle laisse l'âme et les gestes du négrier, car c'est elle
qui brisa les chaînes des ergastules. Pour elle, quelle que soit
la couleur de leur visage, les hommes sont des hommes, des
consciences, des âmes. Elle ne les conduit pas au bâton vers
la besogne écrasante qui exprimera toute la sève de leur
force, vers le chantier d'exploitation où un bétail servile,
avili chaque jour davantage, s'exténuera comme aux temps
passés, à grossir les douaires des grandes « Compagnies des
Indes ». Non. Elle guide par la main ses protégés vers le
bon labeur matériel et moral qui les fera plus dignes en
humanité, d'une valeur sociale et humaine plus grande,
accroissant sans cesse le patrimoine universel. Elle est tutrice
et non despote. Par là, son autorité est généreuse et intelli-

gente. Elle n'en reste pas moins, toujours, l'autorité. Le père ou le frère aîné est maître au foyer et chef dans la famille. Son développement supérieur et plus rapide confère ici à la France, au nom même du droit humain, le pouvoir de souveraineté. Elle vient mettre en valeur, pour le mieux de tous, un capital d'efforts et de biens qui, sans elle, demeurerait stérile. Cela suffirait à justifier sa présence et son pouvoir. Son droit est le plus noble de tous, puisque c'est le droit du fort à protéger le faible. Mais, comme si ce n'était pas assez, elle le justifie encore au prix de tant de sacrifices ! Qui dénombrera jamais tous ceux qui sont tombés en Indochine en travaillant pour la civilisation, — soldats qui chassaient les pirates, administrateurs qui créaient l'ordre et la justice, médecins qui combattaient les fléaux, ingénieurs qui ouvraient les déserts à la vie féconde, colons qui arrachaient du sol la broussaille et l'ivraie, fonctionnaires de tout ordre et de tout rang que cette terre a dévorés lorsqu'ils tâchaient de la faire plus sûre et plus prospère pour ses natifs ! Cette souveraineté, c'est à coup de sacrifices, et non à coups de rotin, que la France la possède et la garde, et, chaque année, des croix s'ajoutent à celles dont les tombes de ses fils jalonnent ici le chemin du progrès. Bienfaits et sacrifices, telles sont réellement les bases puissantes de la souveraineté française, et c'est pourquoi la France a le droit d'exiger que ses protégés la respectent. J'ai dit cela bien des fois et je l'ai dit après bien d'autres. Paul Bert, de Lanessan qui, le premier, prononça le mot de politique d'association, Paul Beau, d'autres encore, l'ont éloquemment répété. On a vainement dénaturé ma pensée comme la leur. L'Annamite doit avoir sa place, comme son droit aux bénéfices, à côté du protecteur français qui doit rester près de lui, l'associer à son œuvre. Mais, le Français est le tuteur, étant l'aîné et le plus expérimenté ; le pouvoir de tutelle reste intact, même si le Français donne, dans la gestion et l'administration de ce pays, une part croissante à la collaboration indigène, habilitée à cette tâche par le secours de notre instruction. Il n'est aucun Annamite de bon sens, élevé par nous, qui n'en convienne. Regardons la masse et non certaines castes ou des exemples isolés ! Pourquoi répéter sans cesse qu'ils ne peuvent nous aimer, qu'ils sont et resteront des ingrats ? Pourquoi les juger tous d'après quelques « évolués » trop tôt fourvoyés dans nos capitales métropolitaines et qui, dans nos journaux mêmes, hélas ! apprennent à nous mépriser ? Que ceux qui décrètent comme un dogme l'ingratitude annamite m'expliquent alors le culte dont reste ici entourée, depuis tant d'années, la mémoire de Paul Bert ?... »

Je ne saurais personnellement, — tant ce que j'ai écrit dans de multiples articles et dans certains ouvrages m'en fait un devoir de conscience, — je ne saurais personnellement, dis-je, souscrire sans réserve à la généreuse conception qui inspira l'éloquente déclaration qui précède. Elle part d'une opposition de principe entre le droit et la force qui appelle une inévitable discussion et Pascal, il y a bien longtemps, a établi définitivement que droit et force ne se comprenaient point séparés. Au surplus, la guerre mondiale de 1914 a démontré que la Force n'avait pas pu triompher du côté allemand faute de l'appui du droit, pas plus que le Droit de notre côté n'aurait pu l'emporter sans canons ni munitions. Quant au progrès, au progrès moral, s'entend, c'est une conception pragmatiste d'une incontestable utilité pratique, et c'est tout. Cependant, il faut reconnaître que M. Albert Sarraut a su trouver dans son cœur les meilleures raisons de justifier le maintien de notre domination en Indochine. « Bienfaits et sacrifices ! » La formule est parfaite et comprend tout, et elle suffit à prouver que le champ des possibilités morales est infini dans notre belle possession. Mais, comment l'exploiter ? Il serait trop facile de se borner à déclarer : « Soyons bons, soyons fermes, soyons justes ! » en un bel élan, d'ailleurs, bien français de générosité unilatérale, sans savoir, au vrai, à qui nous nous adressons et si quelqu'un nous écoute, nous entend, nous comprend et est prêt à nous répondre. Pour conquérir les esprits et les cœurs, il les faut bien connaître. Il y a des résistances, des réactions à prévoir. L'Indochine ne figure point, — et c'est d'ailleurs là, ce qui constitue son intérêt et sa valeur, — une table rase. Les gens qui l'habitent ne représentent pas une juxtaposition de peuplades sans culture ni traditions. J'ai dit l'ancienneté de leurs races, leur passé millénaire. Le peuple annamite possède d'antiques institutions nationales ou plutôt « raciales » dont il tire une légitime fierté. On ne peut agir sur lui adroitement et efficacement qu'en les ménageant et en les respectant. Mais, pour respecter, il faut savoir. Je sortirais du cadre volontairement limité de cet ouvrage en exposant en détail ce que sont les institutions annamites. Je dois cependant les rappeler rapidement, car c'est là *le fait*, la réalité bien vivante et concrète, sur lesquels notre action a à s'exercer, auxquels nos méthodes politiques ont à s'appliquer et à s'adapter, si l'on veut qu'action et méthodes comportent des résultats utiles et durables.

Alors qu'en France, l'intelligence et la foi opèrent dans des domaines séparés, en Annam, la culture se confond avec la religion ; alors que nous vivons politiquement sous le régime de la séparation des Églises et de l'État, l'Annamite confond le souverain avec la divinité ; alors que notre société civile se libère de plus en plus des manifestations collectives et de tendance symbolique, en Annam, prédomine l'importance des rites et du culte des morts ; enfin, alors que tout le droit public français depuis la Révolution est assis sur cette hypothèse, le contrat social, tout le droit public indochinois repose sur ce fait social constaté : la famille.

La société annamite est basée sur la famille. Son organisation, copiée sur celle de la famille chinoise, est minutieusement réglée par la loi et les mœurs. Le père de famille a la plus grande autorité sur tous ses enfants, qui lui doivent un respect absolu et dont les formes extérieures sont garanties par des sanctions pénales. Il peut avoir légalement plusieurs épouses, mais une seule d'entre elles a le rang de maîtresse de maison et de mère de famille ; elle commande aux épouses de rang inférieur et aux concubines qu'elle choisit souvent elle-même et dont les enfants sont légalement ses enfants au même titre que ceux du père de famille. M. Camille Briffaut, dans les remarquables ouvrages qu'il a consacrés à *la cité annamite*, a montré de quel mélange compliqué de conceptions et de tendances sociales relève la société sino-annamite : « Depuis le régime patriarcal (Koung-phu-tseu) jusqu'à la libre possession (Tsing-Si-Hoang-Ti) ; depuis le servage jusqu'à la théorie du maximum (Ouang-Mang), depuis le culte des ancêtres jusqu'au bouddhisme, en passant par les coutumes les plus inattendues et les superstitions les plus contradictoires, les principes juridiques économiques et religieux de toutes les époques évoluent au cours des siècles sans avoir le temps de se contrarier ni de se préciser jamais, comme si la race sino-annamite, éclose tout à coup sans traditions, ni histoire ni atavisme, puisait au jour le jour dans le spectacle des invasions incessantes, des régimes politiques instables, des religions perpétuellement en lutte, des lois agraires tour à tour spoliatrices ou bienfaisantes, un éclectisme moqueur et ennemi de toute règle et de tout obstacle légal, de toute exagération dans les systèmes et dans les méthodes... Aujourd'hui, l'esprit municipal, dont la vie sédentaire et agricole avait donné le soupçon aux premiers Giao-Chi et que l'accueil bienveillant des colons chinois avait développé au cœur des Sino-annamites, ce n'est plus seulement le principe créateur et l'ordre vivifiant de quelques cités privilégiées et autonomes ; il plane depuis plus de douze siècles au-dessus des constitutions politiques de l'Empire unitaire comme au-dessus des querelles de la loi agraire ; il a déterminé définitivement l'évolution du peuple vers une synthèse déjà très affirmée de la race et vers une conscience nationale ; il a provoqué selon les besoins de l'esprit nouveau un ordre public aux principes premiers duquel nul ne déroge qui ne soit décrété ennemi de la société, du bien et de la morale selon le code même de l'Empire, de telle sorte qu'aujourd'hui l'ancien ennemi des cités sédentaires est devenu l'ennemi public, le vagabond, le pirate ou, simplement, l'errant. Hung-no sans culture et sans culte, l'ancêtre Giao-chi lui-même serait renié par ses arrière-neveux... La diversité des origines ethniques du peuple nouveau, l'indiscipline des premiers colons, la plupart soldats enrôlés par force dans les armées lointaines, insubordonnés à l'ordre public, épaves des mutiples révolutions d'empire ; la faiblesse de la tutelle chinoise en Annam, — son protectorat nominal dura dix siècles et sa suprématie véritable, à peine quatre cents ans ! — enfin, les mille années durant lesquelles l'Empire de Hué, maître presque absolu de ses destinées, élabora la nationalisation de son peuple sous l'impulsion de ses éléments sédentaires et agricoles, la combinaison de toutes ces causes a donné au code municipal des Sino-annamites l'empreinte d'un caractère national et souvent original dans ses évolutions successives. En vérité, la Chine contemporaine était à la fin du xviiie siècle si loin des institutions de l'Empire annamite

que, le code de Gialong puisé en 1812 pour une grande part
aux sources les plus récentes de la pensée chinoise, parut
aux cités d'Annam comme un impossible et dernier effort
de l'Empire Céleste sur leurs destinées. D'ailleurs le Sino-
annamite, plus près de Koung-phu-tseu, que de Bouddha,
résiste de parti-pris à toute innovation ; pour lui, la vérité
n'est pas au delà, mais en deçà. Aux temps nébuleux de la
préhistoire... chinoise que Koung-phu-tseu regrettait déjà !
les tendances rétrogrades se rencontrent partout, dans les
coutumes, dans les mœurs, dans les lois : imiter les anciens
est une vertu ! Il semble que le Sino-annamite, comme le
pur Chinois d'antan vive pour encenser les morts !... Aujour-
d'hui, comme autrefois, la puissance sociale du type sino-
annamite réside dans les traits essentiels de son esprit municipal. Il y a près de deux mille ans que les données du problème n'ont point changé ; aujourd'hui comme autrefois,
le droit du Sino-annamite est le droit du nomade qui devient
sédentaire. Aujourd'hui comme autrefois, les familles munies
du brevet de fondation s'installent sur la terre vierge ou
ennemie ; le groupe entend demeurer exclusif maître du sol
dans l'étendue des limites de la cité embryonnaire ; le défri-
chement est entrepris dans un effort commun ; chaque famille
met en valeur une parcelle de terre... Désormais, commence la
vie sédentaire et agricole où chacun s'attache à la culture
des champs dans la conscience atavique ou réfléchie de
l'œuvre solidairement vécue et perpétuée. La famille est dite
honorable lorsqu'elle est fixée à la copossession immobilière ;
c'est l'organisme primaire qui semble répondre le mieux
à la mise en valeur rationnelle de vastes étendues agricoles,
association collective d'efforts soumise consciemment, en vue
du bénéfice commun, à la direction morale de la religion familiale et à l'impulsion unique du chef de tribu, chacun travail-

lant en tutelle à la prospérité du foyer et à sa glorification à travers les âges. C'est l'organisme essentiel et fécond des civilisations puissantes et durables. Grâce à l'exercice journalier de cette tutelle morale, originairement toute religieuse, dont chaque membre de la famille détient une parcelle, s'est développée la *responsabilité collective* de la famille ; et si la conscience de cette responsabilité apparaît comme le profond ressort de tout organisme familial, c'est grâce à elle assurément que la collectivité sino-annamite, basée sur les liens du sang et le souvenir des ancêtres communs, s'est maintenue indissolublement à travers les siècles aussi bien dans les principes qui régissent les devoirs et les droits réciproques des personnes que dans les règles qui président à la possession des richesses et du sol. Lao-tseu eut peu de répercussion sur l'âme des Chinois et des Sino-annamites ; il ne se préoccupait que de l'individu et restait muet sur les devoirs sociaux et familiaux. Le Sino-annamite doit vivre de la vie de famille... Le culte des ancêtres avec ses autels, ses tombes et ses champs n'est-il pas un des éléments de stabilité les plus certains de la famille communautaire ? N'a-t-il point développé au cœur de tous ceux qui l'ont pratiqué l'amour du travail et le solidarisme issu du labeur en commun à l'encontre de presque toutes les religions qui représentent le travail comme un châtiment et une malédiction ?... Mais, la famille n'est rien sans la Cité qui en est comme le complément nécessaire à ce stade de la vie sédentaire et agricole. La cité doit, pour être viable comme organisme secondaire, procéder des mêmes vertus et s'inspirer des mêmes principes d'économie politique. La cité n'est qu'une association de familles. Chez le Sino-annamite, point de famille, au sens légal et religieux du mot, sans cité. La cité a une sorte de conscience collective avec toutes les apparences d'un syndicat agricole fondé entre possesseurs fonciers... »

Conformément à ces principes excellemment exposés par M. Briffaut, le village (làng) est aussi minutieusement organisé que la famille et il jouit à l'égard du pouvoir central d'une autonomie et d'une indépendance presque absolues. Il est administré par les notables qui se subdivisent en notables majeurs parmi lesquels le « ly-truong » ou maire n'est que l'agent d'exécution et non le président et des notables mineurs chargés sous l'autorité du ly-truong de l'exécution des décisions des notables majeurs. Le pouvoir central n'intervient pas, en principe, dans l'administration intérieure du village ; les impôts directs même sont perçus en bloc et leur montant se fixe d'après le nombre des *inscrits*, c'est-à-dire des propriétaires et des artisans, leur répartition et leur perception sont faites par les notables. Le village, en raison des traditions millénaires rappelées par M. Briffaut, est toujours propriétaire d'un certain nombre de champs dont une partie est réservée obligatoirement à ses indigents et à ses soldats. Cette organisation qui, théoriquement, supprime le paupérisme est tout à l'honneur des Annamites qui, d'ailleurs, sont, en général, charitables, et chez lesquels les œuvres d'assistance et de mutualité sont très fréquentes.

Le canton *(tông)*, la sous-préfecture et la préfecture *(huyên* et *phu)* et même la province *(tinh)* ne sont guère que des cadres administratifs. Au-dessus du village, la seule organisation sociale est l'État. L'État annamite se concentre tout entier en l'Empereur *(vua)* qui est, à la fois, monarque et juge suprême et qui n'a ni constitution, ni parlement, ni noblesse héréditaire pour affaiblir ou contrôler son autorité. Pour l'administration de l'État, l'Empereur est assisté d'un corps de fonctionnaires ou mandarins répartis en deux catégories, les mandarins civils et les mandarins militaires. Les premiers sont recrutés au concours, alors que les mandarins militaires des grades inférieurs n'ont à justifier que de leurs aptitudes physiques, ce qui explique la priorité et le prestige dont jouissent les mandarins civils. Tous les offices de mandarins sont minutieusement classés selon neuf degrés, chaque degré de mandarin étant lui-même subdivisé en deux classes. Il n'y a que neuf mandarins dans la première classe du premier degré. Ce sont les quatre « colonnes de l'Empire » et cinq maréchaux.

Les six présidents de ministère et les gouverneurs de grandes provinces *(tông dôc)* font partie de la première classe du second degré. Les préfets *(quan-phu)* sont de la deuxième classe du cinquième degré et les sous-préfets *(quan-huyên)* de la deuxième classe du sixième degré. Le recrutement des mandarins est parfaitement démocratique. Il se fait parmi les lettrés, jeunes ou vieux, qui ont subi avec succès les concours littéraires. Les concours varient d'importance et de solennité selon qu'il s'agit de décerner les grades de bachelier, de licencié ou de docteur. Les examens de doctorat n'ont lieu que tous les trois ans à Hué. Ils durent plusieurs semaines et sont présidés solennellement par les plus hauts fonctionnaires de la cour. Les nouveaux docteurs peuvent être directement nommés selon leur rang de classement quan-huyen, quan-phu ou même quan-an (grand juge provincial). Les questions d'examen sont exclusivement philosophiques et littéraires : ce sont des dissertations, des poésies, même des bouts-rimés. Depuis quelques années, l'intervention du protectorat français a amené l'introduction dans les programmes de questions plus en rapport avec l'organisation actuelle. Chez un peuple où les honneurs et les charges publiques ne vont qu'à ceux qui s'en sont montrés dignes par leur science et leur intelligence, on conçoit le respect dont sont entourés ceux qui savent et ceux qui enseignent. Dans chaque village, le maître d'école jouit de la déférence générale et le professeur passe, dans la hiérarchie du respect, immédiatement après le père de famille.

Pour compléter ces brèves données que j'emprunte à une excellente étude publiée en 1912 par M. d'Ardenne de Tizac, j'ajoute qu'au point de vue religieux, les Annamites ont deux catégories de cultes : le Confucianisme, culte officiel de l'Empire, dont les fonctionnaires de tous grades sont les officiants et les religions proprement dites, telles que le Bouddhisme et le Taoïsme qui se juxtaposent au culte officiel. La base du Confucianisme est le culte des ancêtres et, par extension, celui des Sages et des Génies. Il ignore, à part cela, toute espèce de divinité. Le culte des ancêtres est réglé dans chaque famille d'une façon très minutieuse. Il incombe au chef de famille qui, en aucun cas, ne peut être une femme, et est assuré par le revenu d'une espèce de majorat inaliénable. Le culte des grands hommes et des génies est célébré par l'Empereur et ses fonctionnaires. Les Annamites croient que les âmes des défunts souffrent si elles ne font pas l'objet du culte familial : elles apparaissent aux vivants et les tourmentent sous forme de « *ma qui* ». C'est pourquoi tout Annamite tient par-dessus tout à laisser une postérité mâle, et, s'il n'en a pas, se l'assure par adoption. Le Bouddhisme des Annamites diffère peu de celui qui a été adopté en Chine au VIIe siècle et qui s'est obligatoirement adapté au Confucianisme. Ses partisans sont disséminés sur tout le territoire. Il existe en dehors de ces deux religions et du Taoïsme, fondé par Laotseu, simple doctrine philosophique, au début, qui a dégénéré en un ensemble de pratiques de sorcellerie et de spiritisme, il existe un certain nombre de sectes qui participent à la fois du Confucianisme et du Taoïsme et qui réunissent chacune quelques centaines de milliers d'adeptes : ce sont surtout le daô-tien, le dao-dông-côt et le dao-nôi. Peu d'individus pratiquent exclusivement l'une de ces religions dans sa pureté et se rendent exactement compte de leurs différences. Les Annamites, en général, empruntent à chacune d'elles, avec plus ou moins de discernement, des pratiques diverses qu'ils amalgament en un tissu de superstitions souvent contradictoires.

Tel est le milieu complexe, où les questions politiques, sociales, économiques et religieuses sont étroitement associées et confondues, sur lequel a eu et a encore à s'exercer l'autorité française, tels sont aussi les individus dont il s'agissait de conquérir les esprits et les cœurs afin d'exercer au mieux la solution du problème délicat qui est celui de toute la colonisation, savoir, le règlement des rapports entre les dominateurs et les sujets, entre les indigènes et les Européens. Si on envisage, d'une manière générale, les procédés qu'ont employés dans les divers pays les peuples colonisateurs à cet égard, on s'aperçoit qu'ils ont recouru selon les temps et selon leurs tempéraments respectifs à divers systèmes : les deux premiers, assez radicaux et simplistes, l'extermination et le refoulement, et les deux autres plus humains : l'assimilation, correspondant à l'administration directe et l'association, correspondant au protectorat, encore, comme je l'indiquerai plus loin, que ces deux expressions générales ne représentent point des systèmes absolus séparés par une cloison étanche et constituent plutôt des expressions commodes, plutôt que des réalités tranchées et absolument antinomiques.

Les deux premiers systèmes, l'extermination, en honneur parmi les tribus juives et le refoulement brutalement pratiqué par les Américains du Nord vis-à-vis des Indiens, sont immoraux et contraires à l'intérêt bien entendu de la colonisation. L'assimilation, elle, tend, si elle est pratiquée rigoureusement, à la suppression brusque, complète et violente, par tous les moyens dont dispose l'État, des caractères distinctifs de la cité indigène. Dans la plupart des cas, des résistances dangereuses pour l'action de la nation colonisatrice s'affirmeront contre cette violation de la conscience humaine ; si, au contraire, l'assimilation n'engendre pas de réactions, il en résultera ordinairement des troubles sociaux très graves dus à des phénomènes de carence morale se produisant dans le corps social ou chez les individus. Ces réactions ou ces défaillances seront d'autant plus accentuées que les deux races seront plus éloignées l'une de l'autre. Cette doctrine qui, comme l'a remarqué M. Albert Sarraut, « déforme une race sans accroître ses qualités », paraît aujourd'hui définitivement abandonnée dans la théorie, et on arrive ainsi à lui préférer, en fait, le système de la conquête morale. Celle-ci consiste essentiellement dans le fait de convaincre, de persuader les esprits des indigènes de la supériorité de la civilisation européenne au point de vue de la culture intellectuelle et scientifique et à y amener progressivement l'élite, puis, la masse, de façon à ne pas provoquer des troubles graves en renversant brutalement les bases de la cité indigène. Cette conquête pacifique ne tend point à la suppression des caractères distinctifs de la race indigène dont elle cherche, au contraire, à développer les qualités par l'enseignement de sa culture et par l'application de ses disciplines morales. On comprend facilement l'intérêt qu'il y a à recourir à une semblable méthode dans un pays comme l'Indochine dont les habitants possèdent eux-mêmes une civilisation et des traditions millénaires et vivaces qu'il ne saurait être question de supprimer ou même de modifier brusquement.

Dans la théorie, dans les discours et dans les livres, on a été souvent porté à confondre l'assimilation et l'administration directe, d'une part, et la conquête morale et le protectorat d'autre part. Il convient de reconnaître qu'il y avait, en général, correspondance entre les deux formes envisagées parallèlement.

L'administration directe, souvent préférée parce qu'elle conserve le mieux à la métropole l'illusion de la force et de la domination, comporte un établissement complet avec toutes les conséquences de droit et de fait de la souveraineté du pays occupant. C'est, en somme, décorée d'une étiquette pour « sauver la face » la conquête et pas autre chose. Les autorités locales sont dépouillées de toutes leurs attributions et les indigènes sont des *sujets*, au sens étymologique du terme, *subjecti*. Les délégués de la métropole perçoivent les impôts après les avoir répartis à leur gré, disposent du sol, le concèdent et imposent à la population soumise les obligations qui leur paraissent nécessaires, tant au point de vue civil qu'au point de vue militaire.

Le protectorat, au contraire, respecte la souveraineté des chefs ou du monarque vaincus. L'action des vainqueurs se borne à un contrôle plus ou moins rigoureux des actes des autorités indigènes. La métropole est vis-à-vis du pays protégé dans la situation d'un suzerain du moyen-âge vis-à-vis de son vassal.

Ce sont là, en droit, deux systèmes nettement différenciés. Mais, en fait, les différences s'atténuent fort à l'usage. C'est ainsi qu'en Indochine, l'administration de la Cochinchine,

14

pays d'administration directe, diffère peu de celle du Tonkin, pays de protectorat, surtout depuis la suppression du *kinh-luoc*, délégué à Hanoï de l'Empereur de Hué. Les divers pays de l'Union indochinoise peuvent, en effet, au point de vue politique pur, paraître constituer les parties distinctes d'un tout. Mais, au point de vue financier et économique, l'union est bien réelle, les droits de douane perçus à l'entrée et à la sortie sont les mêmes, les charges fiscales identiques et la fiction des protectorats n'est qu'une apparence gardée au point de vue du droit international public en même temps qu'une commodité puisque le maintien des autorités indigènes permet une économie de personnel européen.

En présence de ce défaut de correspondance entre la division *politique* et la division *morale*, l'une traduisant les moyens administratifs et l'autre les hautes conceptions de direction, l'une s'arrêtant au fait économique et fiscal, l'autre envisageant l'avenir des âmes et des esprits, il a paru expédient de qualifier *d'association* une doctrine qui, en ne se limitant plus au seul point de vue administratif, s'attacherait surtout au développement humain et à l'éducation qui mettraient à même nos sujets d'évoluer dans leur propre milieu et conformément à leurs traditions. M. Albert Sarraut a heureusement dégagé dans son discours de 1913, les grandes lignes de cette doctrine : « Les indigènes, dit-il, étant des hommes comme nous, il faut les traiter en hommes comme nous, c'est-à-dire leur assurer les garanties primordiales de statut individuel, de droit personnel que nous réclamons pour nous-mêmes... Il faut les protéger contre les violences ou les dols dont leurs personnes, leur travail ou leurs biens peuvent être menacés. Et ceci implique, avec le souci de la sécurité générale de leur pays, le soin de leur garantir la sécurité personnelle qu'assure le fonctionnement d'une justice équitable et régulière aussi bien en matière de tribunaux indigènes que devant les juridictions françaises. Il faut ensuite accroître la valeur sociale et humaine que cette masse représente. Ceci appelle le développement de l'instruction publique. Il faut encore habiliter nos protégés à participer dans une mesure légitime et convenable à l'administration de leur propre pays. Ceci commande leur accession aux emplois publics et l'institution d'organismes représentatifs leur donnant les moyens d'exprimer leurs vœux. Il faut, d'autre part, les protéger contre les maladies qui les frappent, les déciment, et diminuent le rendement de cette vaste main-d'œuvre. Ce sera le rôle de l'assistance médicale. Il faut mesurer équitablement les charges qui leur sont imposées. Ce sera l'œuvre d'une bonne fiscalité, établie avec mesure, prévoyance et équité. Il faut enfin que la paisible et légitime jouissance du droit au sol qu'ils cultivent dans les parties qui leur appartiennent n'ait rien à redouter des spoliations accomplies par l'arbitraire ou l'erreur. Et la détermination d'un bon régime foncier doit, dès lors, s'imposer à l'attention du pouvoir protecteur... »

Voilà, bien délimité, le programme à réaliser. Ce sont là les moyens sur lesquels j'aurai à revenir. Mais, il y a une question plus haute et, en quelque sorte, préjudicielle à trancher, c'est celle de l'aptitude de la nation colonisatrice à les mettre en œuvre pour réaliser la conquête morale poursuivie. Très longtemps, en France, certains la réglaient ou croyaient l'avoir réglée, quand ils avaient parlé de notre *prestige*. Tout récemment, nous avons vu les Allemands fonder cette aptitude à la domination mieux que coloniale, mondiale, sur le fait qu'ils étaient *la race élue*. Pour *gobiniste*, — et, en fait, les Allemands ont beaucoup lu Gobineau, — pour gobiniste qu'elle soit, cette conception messianique n'est point

moderne. Elle a contre elle un siècle entier de civilisation et
de discussion. Pour qu'une race ait le droit d'en guider une
autre dans la voie d'un meilleur devenir matériel et moral,
il faut qu'elle en soit digne et par son passé et par son présent.
Quand un homme veut adopter un enfant, l'ancien droit romain
comme notre droit contemporain exigent de l'adoptant certaines garanties de moralité. La France est-elle fondée à
prétendre au rôle de guide ? La réponse ne saurait être dou-
teuse quand on considère son œuvre dans toutes ses colonies,
œuvre déjà réalisée, et ses promesses d'action pour l'avenir.
Principale héritière de la civilisation gréco-latine, notre
patrie possède la force d'attraction nécessaire pour orienter
vers elle les races indochinoises. Cette force émane de ses
œuvres littéraires, scientifiques et artistiques supérieures à
celles de la civilisation chinoise. Son élite intellectuelle, une
des gloires de l'humanité, est plus apte qu'aucune autre à
faire goûter ces chefs-d'œuvre et à diriger l'évolution des
nations soit attardées dans le sommeil de traditions millénaires qui maintiennent les esprits dans une gangue étouf-
fante, soit, non encore parvenues à la pleine possession de
leurs facultés. La grandeur et la beauté de son rôle historique
et, notamment, la part prépondérante qu'elle a prise dans la
dernière guerre, lui assurent le bénéfice d'un *primat* moral
incontestable, propre à séduire les cœurs : elle a toujours été
le soldat de l'idéal et les terribles revers qu'elle a subis mettent
mieux en lumière la gloire qu'elle s'est acquise par ses succès,
par sa puissance de reconstruction et par sa vitalité incom-
parables. La force d'attraction française est incontestable.
La valeur de sa culture occidentale ne l'est pas moins. Au
point de vue social, elle a, par des moyens plus respectueux
de la liberté et de la dignité humaines que ceux dont s'est
servie la civilisation chinoise, construit sur des bases aussi

solides l'édifice de la famille. Elle est parvenue à assurer la paix sociale d'une façon plus complète que les peuples extrême-orientaux qui, nous l'avons vu, en dépit d'une civilisation à maints égards raffinée, se sont toujours débattus au milieu des violences et des luttes intestines. Elle a créé un bien-être matériel plus considérable. Dans cet ordre, le progrès, expression dont on a souvent abusé, n'est point un vain mot. Ses œuvres d'assistance sociale représentent un effort dont l'Extrême-Orient, avant notre arrivée, ne s'était jamais soucié. Enfin, la France possède, tant en argent qu'en hommes, toutes les ressources nécessaires pour mener à bien sa tâche d'éducatrice. Sur ce point, donc, aucun doute. Par son passé, par son présent et par les garanties d'avenir qu'elle offre, la France est qualifiée pour la conquête des esprits et des cœurs en Indochine.

*
* *

Par quels moyens pratiques, maintenant, assurer cette conquête ? Le principal est assurément le développement de l'Enseignement, et on peut affirmer que, d'ores et déjà, tout ce qui pouvait être fait dans ce sens l'a été. Il ne s'agit plus aujourd'hui de créer ou d'entamer une œuvre, mais, simplement de poursuivre et de perfectionner celle qui existe déjà. Ce qu'est cette œuvre, M. Henri Brenier l'a admirablement exposé dans son *Atlas statistique de l'Indochine*, dans une notice lumineuse dont je ne puis mieux faire que donner ici le résumé.

Il faut distinguer en Indochine trois sortes d'enseignement, l'enseignement français, l'enseignement indigène traditionnel et l'enseignement franco-indigène auxquels correspondent des programmes, des sanctions et des personnels différents.

L'enseignement français est destiné, en principe, aux enfants français ou assimilés. Il comporte, à la base, des écoles mixtes primaires européennes sous la direction d'une institutrice dans les postes où la population d'âge scolaire est assez nombreuse pour admettre leur installation ; des écoles primaires de filles et de garçons à Hanoï, Haïphong et Saïgon ; des écoles primaires supérieures de filles à Hanoï (213 élèves) et à Saïgon (155 élèves) avec cours normaux préparant aux brevets de capacité ; des écoles primaires supérieures de garçons dans les mêmes villes. L'enseignement secondaire dispensé jusqu'en 1912 pour le premier cycle seulement, au collège Paul Bert à Hanoï, comporte depuis 1912 le second cycle. L'enseignement secondaire complet fonctionne depuis le 1er janvier 1914 et le lycée comprend plus de 170 élèves. En 1913, la population scolaire totale française était de 1.193 élèves. Les écoles primaires supérieures ont été ouvertes sous certaines conditions d'aptitude et dans certaines limites à l'élite indigène. Au point de vue des sanctions, les certificats d'études primaire, élémentaire et supérieur ; le brevet élémentaire et le brevet supérieur, le baccalauréat peuvent être délivrés dans la colonie et sont considérés comme valables en France.

Pour *l'enseignement traditionnel indigène*, il faut distinguer les pays annamites (Tonkin, Annam, Cochinchine) avec leurs écoles confucianistes, des pays du Cambodge et du Laos avec leur enseignement bouddhiste dans les pagodes. En ce qui concerne les premiers, une distinction s'impose, en outre, suivant qu'il s'agit de la Cochinchine ou bien de l'Annam et du Tonkin.

En Cochinchine, les anciennes écoles de village ont été transformées en écoles communales publiques. L'enseignement y est donné exclusivement en annamite, et, en 1913, il était dispensé à 22.512 élèves dans 493 écoles. Au Tonkin, l'administration française s'est abstenue de toute immixtion dans l'enseignement proprement indigène jusqu'en 1906. Les communes choisissaient librement leur maître d'école *(huong-su)*. L'enseignement était donné exclusivement en *caractères* et s'inspirait des livres et des méthodes chinoises. C'était un acheminement aux concours littéraires solennels pour le recrutement des mandarins dont j'ai parlé plus haut. A partir de 1906, sous l'influence du Conseil de perfectionnement de l'enseignement indigène créé par le gouverneur général Paul Beau, on a transformé progressivement, d'accord avec le gouvernement annamite, les anciens programmes et les méthodes. On a introduit l'étude de la langue annamite sous forme de la transcription en *quô-ngû* et quelques notions élémentaires d'histoire, de géographie et de sciences, enfin, aux degrés les plus élevés, des notions de français. On s'est occupé aussi, — tâche délicate, — de former des professeurs pour le recrutement desquels des cours normaux ont été fondés. Il y a actuellement, au Tonkin, plus de 1.200 écoles officielles dites du premier degré, recevant environ 22.000 élèves. Cette modernisation de l'enseignement traditionnel s'est continuée par la réforme des concours littéraires et du recrutement des mandarins.

En Annam, la réforme s'est opérée dans le même sens, mais avec plus de lenteur, ce qui se comprend à la fois par suite de notre action directe moindre et par la plus grande force de la tradition dans ce pays de ce fait même. Les écoles élémentaires indigènes (enseignement traditionnel du 1er degré) comptent environ 18.000 élèves inscrits pour 1.700 écoles entretenues par les particuliers ou à la charge des cantons. En 1913, l'enseignement traditionnel des 2e et 3e degrés était représenté par 77 écoles du 2e degré (6.413 élèves ins-

crits) et 15 écoles du 3e degré (1.546 élèves). Des cours de
français sont professés au chef-lieu de chaque province.
Il y a à Hué, une école spéciale pour les fils de mandarins et
une école d'apprentis mandarins (Hau-bo) qui comprenait,
en 1913, 28 élèves. Quant aux sanctions de cet enseignement
traditionnel annamite, elles consistent en examens divers
dont certains donnent accès à l'enseignement franco-annamite.

Au Cambodge et au Laos, c'est-à-dire dans la partie bouddhiste de l'Indochine, un enseignement rudimentaire de
lecture et d'écriture avec celui de quelques formules religieuses
se donnait traditionnellement par les bonzes dans les pagodes.
Il a été réglementé au Laos en 1911 et une école normale de
bonzes fonctionne à Vien-tiane. Au Cambodge, des mesures
plus complètes ont été prises. Des manuels d'arithmétique
et de leçons de choses élémentaires ont été distribués dans
plus de 2.000 pagodes, et un certificat d'études indigènes a
été créé en 1912.

L'enseignement franco-indigène, déjà ancien en Cochinchine
où il a été créé en 1879, n'a été organisé au Tonkin qu'en
1904, au Cambodge en 1905, en Annam et au Laos en 1906.
La caractéristique essentielle est que la langue française y
sert pour l'enseignement, mais les langues indigènes y sont
également étudiées et servent pour certaines matières et
dans les débuts. A la base ou, plus exactement peut-être,
comme transition entre l'étude indigène et l'école franco-
indigène, se trouve *l'école préparatoire*, dont le développement
est sensible en Cochinchine. Dans ce pays, les écoles cantonales
qui le dispensent, au nombre de 181, comptent 19.000 élèves.
L'enseignement y est donné en langue indigène avec des
notions de français usuel.

Les écoles *primaires* franco-indigènes comportent, suivant

les pays, de 3 à 4 années d'études. En pays annamite, l'enseignement a lieu, la première année, en quôc-ngû et comprend : l'instruction morale tirée des auteurs français et indigènes, la lecture et l'écriture, l'arithmétique, des notions de géométrie pratique et d'arpentage, la comptabilité, des éléments d'histoire générale, la géographie de l'Indochine, des éléments de dessin, des notions, sous forme de lectures, sur les sciences physiques et naturelles et leurs principales applications à l'agriculture, à l'hygiène et aux arts industriels. Au Tonkin et en Annam, s'y joignait l'étude des caractères chinois qui a été supprimée en 1913. Les études primaires sont couronnées par un certificat d'études de l'enseignement primaire franco-annamite décerné après un examen public.

Le troisième degré de l'enseignement franco-indigène (enseignement dit *complémentaire*) et constitué par des collèges situés dans les capitales de l'Union : quartier indigène du collège Chasseloup-Laubat à Saïgon, collège du Protectorat à Hanoï (grand collège), collège dit du Quoc-hoc à Hué, collège Sisowath à Pnom-Penh. Ces collèges préparent surtout des candidats aux emplois administratifs, et un diplôme d'études complémentaires franco-indigènes est décerné en fin d'études aux élèves qui l'ont mérité.

L'enseignement professionnel n'a peut-être pas encore pris en Indochine le développement qui s'impose, mais il y a lieu de reconnaître le côté pratique général de l'enseignement. Celui-ci comporte des écoles d'ordre assez différent : des sortes d'écoles d'arts et métiers, d'autres de caractère plus artistique : écoles des arts indigènes de Thudaumot (sculpture et broderie), de Bien-Hoa (cuivre), de Sadec (bijouterie), de céramique à Hanoï. A l'école de Hanoï, sous l'impulsion de la Chambre de Commerce dont elle dépend, fonctionnent des cours spéciaux pour les industries nouvelles en voie de création. La population scolaire des écoles techniques atteint environ un millier d'élèves.

Ces diverses institutions d'enseignement pouvaient paraître, à première vue, suffisantes pour étancher « la soif d'apprendre » qui se manifeste de plus en plus impérieuse chez les Annamites. Mais, ce n'était pas assez de préparer l'indigène à remplir dans l'ordre administratif son rôle d'associé à l'œuvre française : il fallait aussi lui donner les moyens de jouer un rôle dans la vie industrielle, commerciale, artistique du pays. Le gouverneur général Albert Sarraut a satisfait à cette nécessité en inaugurant le 28 avril 1918 en présence de l'Empereur d'Annam, l'*Université indochinoise* à Hanoï.

L'Université indochinoise est constituée actuellement par l'École de médecine et de pharmacie de Hanoï, transformée en École de plein exercice par un décret du 18 mai 1921, l'École vétérinaire, l'École de droit et d'administration, l'Ecole de pédagogie, l'Ecole d'agriculture et de sylviculture, l'Ecole des travaux publics, auxquelles viendront s'ajouter bientôt les écoles de commerce, d'électricité, de sciences appliquées, de pêche et de navigation.

Jusqu'à ce jour, notre organisation scolaire en Indochine avait limité à tel point le domaine des études ouvertes aux indigènes qu'il leur fallait aller quérir dans la métropole ou à l'Étranger, et surtout en matière technique, les perfectionnements nécessaires à une éducation qui veut être complète. Et cependant les surprenantes facultés d'adaptation et d'assimilation de nos protégés les prédisposent au plus sérieux enseignement scientifique. De même, les possibilités économiques de l'Indochine sont à la fois si vastes et si diverses qu'il fallait sans retard habiliter à leur mise en œuvre dans les domaines connexes du commerce, de l'industrie et de l'agriculture, des peuples à qui la nature avait si largement ouvert ses trésors. Il fallait, de plus, faire face à la diminution nécessaire du personnel européen et prévoir la substitution progressive à ce personnel d'agents indigènes sélectionnés.

Avant de créer l'Enseignement supérieur, M. Albert Sarraut réorganisa les divers enseignements qui en constituaient le vestibule. A l'enseignement primaire, ouvert à la masse du peuple des villes et des campagnes, furent donnés des programmes uniformes et une sanction identique dans toute l'Indochine. Aux élèves de ce premier cycle, désireux d'accroître leurs connaissances générales, l'enseignement complémentaire offre, nous l'avons vu, l'hospitalité des grandes écoles installées dans les capitales : on y prépare à la conquête du diplôme de fin d'études complémentaires, talisman nécessaire à quiconque veut accéder à l'enseignement supérieur sous ses modalités diverses qui correspondent à la multiplicité des carrières où s'exercera l'activité de nos protégés. L'institution d'un cycle spécial d'études secondaires, aboutissant à un baccalauréat local, perfectionne en deux ans les meilleurs diplômés des écoles complémentaires et leur permet de fixer plus nettement leur vocation vers la carrière de leur choix. L'enseignement supérieur n'a pas seulement donné plus de force aux enseignements primaire et secondaire, en attirant dans les écoles et les collèges un nombre plus considérable d'élèves tentés par le prestige d'une plus haute culture et les situations enviables qu'il leur est permis d'espérer ; il a, en outre, imposé une orientation précise aux enseignements purement locaux, puisque voyant en lui leur aboutissement naturel, étant devenus à la lettre les degrés qui conduisent aux portes de l'Université, ils feront converger leurs programmes vers ses programmes.

La création de l'Université indochinoise a été accueillie
avec faveur en Indochine et aussi dans tout l'Extrême-
Orient. Non seulement elle apparut comme une manifestation
décisive de notre volonté de dispenser aux indigènes toute
l'instruction qu'ils sont susceptibles de recevoir, mais elle
permit d'établir vis-à-vis des étrangers qui suspectaient notre
bonne foi, la sincérité de nos intentions à cet égard. Et c'est
à bon droit que M. Pierre Pasquier a pu écrire dans la *Revue
indochinoise* :

« Ainsi tous les États d'Extrême-Orient sont entrés dans la
voie de la réforme de l'Instruction publique. L'Asie, berceau
de la civilisation du monde antique, s'est ouverte, après de
longs siècles de recueillement, à la pensée venue de l'Ouest.
Un long frisson a parcouru le Vieux Continent. Le monde
jaune s'est réveillé au grand souffle des idées de notre xviiie siècle, et, de leur propre force, sont nées ces alliances qui se
sont groupées autour de nous pour la suprème lutte de la
liberté des nations hier encore hors du concert européen.
En parachevant l'œuvre de ses prédécesseurs, en ouvrant
une Université, M. Sarraut a tressé un nouveau feston à la
couronne de ces institutions libérales que la France offre à
tous ceux qu'abritent les plis de son drapeau. L'enseignement
qu'on y donne est semblable à celui que dispensent nos Uni-
versités métropolitaines. Aucune restriction, aucune censure
n'en entrave la libre distribution. La parole qui tombe du
haut d'une chaire française, quelle que soit la composition
de l'auditoire qui la reçoit, n'est jamais serve ni jugulée... »

Ainsi, la possibilité largement offerte aux Annamites
d'accéder à la culture occidentale apparaît bien comme la
manière la plus efficace de conquérir leurs esprits. Il est à
noter que cette organisation de l'enseignement à tous les
degrés en Indochine semble, à première vue, assez complexe.

Cette complexité provient de la variété raciale des individus auxquels il est destiné ; il provient également de la double préoccupation qui a inspiré ses organisateurs : savoir, donner aux indigènes les moyens d'apprendre notre langue et, par là, d'accéder à notre culture occidentale, et, en même temps, les instruire dans leur propre langue, et par là même, dans leur propre culture orientale.

Je ne saurais discuter le parallélisme, pour ne pas dire l'opposition des deux buts poursuivis. A cet égard, l'avenir fixera la vérité. Quoiqu'il en soit, s'il est un instrument indispensable pour la conquête des esprits, c'est bien la langue française. L'histoire prouve que tous les peuples colonisateurs ont imposé leur langue. L'idéal à poursuivre doit être l'enseignement du français à la masse annamite. Lorsque toute l'Indochine parlera français, sa conquête morale sera achevée, car parler français, ai-je déjà noté, c'est penser en Français. Mais, dira-t-on, n'est-ce point là revenir, par un détour, à l'assimilation ? Qu'importe ? La peur pas plus que l'amour d'une théorie ne doivent point arrêter dans la poursuite des résultats.

Cette conception, qu'on ne s'y trompe point, ne se heurte pas à celle qui a prévalu ces dernières années et qui, notamment, en vertu d'un décret du 8 octobre 1911, a imposé, comme condition *sine quà non* d'avancement, la connaissance des langues indigènes à certaines catégories de fonctionnaires, services civils, justice, garde indigène, etc., plus immédiatement en contact avec les populations. Il est certain qu'au premier stade de la domination, les quelques centaines d'Européens occupant un pays ont plus tôt fait de s'adapter aux coutumes ou aux idiomes indigènes que d'amener les indigènes à se soumettre d'emblée aux mœurs et à apprendre la langue du dominateur : dans cette volonté arbitraire et prématurée se trouvait l'erreur foncière des partisans de l'assimilation à tout prix. Ceci admis, il est non moins certain qu'avec le temps l'effort imposé aux Européens deviendra dénué d'objet. Si une heure, en effet, ne devait pas venir où la grande majorité des Annamites comprendront notre langue, ce serait à désespérer à jamais de leur conquête spirituelle et morale.

Mais cette conquête, nous n'avons point le droit d'en douter et rien, ni dans le passé, ni dans le présent, ne nous y autorise. Il est permis cependant d'indiquer quelques principes accessoires en vue de hâter sa réalisation définitive. Trop souvent, les Européens ont cru que leur *prestige* devait suffire à assurer leur autorité sur les indigènes. Le prestige, ce n'est qu'un mot, s'il n'existe que dans l'esprit de celui qui croit le posséder et s'il n'existe point dans le cœur et le cerveau de ceux à qui il doit s'imposer. Pour que le prestige européen demeure une réalité objective et non point une fiction subjective, il faut qu'il s'appuie sur de sérieuses qualités morales. Cette considération dicte les principes qui doivent présider au choix et à l'organisation des personnels administratifs européens. Il serait désirable que leurs cadres fussent peu nombreux — complétés qu'ils seraient le plus possible à la base par du personnel indigène, — mais constitués par des fonctionnaires d'élite largement rémunérés et jouissant de tout le confort nécessaire pour le maintien de leur vigueur physique et intellectuelle.

Remarquons-le, le développement de l'instruction indigène et la diminution du personnel administratif européen, ce sont là deux questions connexes. M. Albert Sarraut signala cette connexité au Sénat le 27 février 1920 dans les meilleurs termes :

« De même, Messieurs, déclara-t-il, — et je vous prie de

retenir cette considération au moment où l'augmentation des soldes des fonctionnaires va peser si lourdement sur tous nos budgets coloniaux, — c'est également grâce à l'instruction que nous pourrons obtenir un dégrèvement sensible de ces charges, puisque c'est par elle que nous formerons ces collaborateurs administratifs de tous ordres qui permettront de remplacer les agents européens et de réaliser progressivement cette réforme dont mon excellent ami M. Milliès-Lacroix, lorsqu'il était ministre des colonies, avait donné la formule : « Moins de fonctionnaires et beaucoup mieux payés !... » Cette instruction qui améliore ainsi la production et le produit, qui dégrève le budget, rend mieux aptes d'autre part à leur tâche les fonctionnaires indigènes... Et, par ailleurs, par les situations mêmes qu'elle procure aux indigènes, elle crée un peu partout une classe d'hommes conservateurs de notre autorité, de notre souveraineté et tout prêts à la défendre en toute occurrence où elle pourrait être menacée... »

Ainsi, dans cette œuvre si vaste de la colonisation, tout se tient, toutes les directives s'interpénètrent, et si elles sont bien conçues, doivent concourir à une harmonie finale. Aussi bien, les qualités morales sont-elles au moins aussi nécessaires chez le fonctionnaire européen que les qualités professionnelles. Celles-ci s'acquièrent aisément dans les écoles spéciales telles que l'École coloniale à l'entretien de laquelle, concourt d'ailleurs, très largement l'Indochine. Il n'en va point de même pour ces qualités morales, pour ce que les Anglais appellent le *character*, vertu innée et qui ne s'apprend point. En matière de psychologie, — et qui dit bonne administration présuppose une bonne psychologie et relève davantage de l'esprit de finesse que de l'esprit de géométrie, — en matière de psychologie, dis-je, ce ne sont point les principes ou les connaissances techniques seules

qui valent et qui soient générateurs de résultats. Il n'y a pas
de *règle*, il n'y a point de *mot* qui remplace l'exercice spontané
de l'intuition sans cesse en éveil. Le commandement, l'action
d'un être sur d'autres êtres, se ramène essentiellement à des
attitudes, à une discipline intelligente de soi-même dans les
rapports quotidiens avec autrui. Certes, le problème des
rapports des chefs européens et des sujets indigènes est
infiniment délicat, si on l'envisage du point de vue purement
administratif. Mais il le devient encore plus lorsque les facteurs moraux, lorsque les « impondérables » viennent compliquer les données matérielles du problème. La question
de la *naturalisation*, par exemple, réglée en Indochine par
un décret du 26 mai 1913, a fait couler des flots d'encre. Ce
n'est pas étonnant si l'on considère l'importance de cette
formalité au point de vue du développement de notre influence morale dans la colonie. Antérieurement au 26 mai 1913,
la naturalisation était réglementée : 1e en Cochinchine, pour
les *sujets* français, par un décret du 25 mai 1881. Aux termes
de cet acte, le Cochinchinois naturalisé acquérait la qualité
de citoyen français non seulement pour lui, mais pour sa
femme et ses descendants. Il suffisait pour pouvoir demander
la naturalisation que le Cochinchinois connût la langue française, mais sa demande était soumise au Conseil privé qui
avait toute liberté d'appréciation pour formuler un avis
favorable ou défavorable ; 2° en Annam et au Tonkin, pour
les *protégés* français, par un décret du 29 juillet 1887 qui
exigeait pour l'obtention de la naturalisation trois ans de
services dans l'armée ou dans l'administration française ;
en cas de services exceptionnels, le délai exigé était réduit
à un an. En ce qui concerne les autres pays de l'Union indochinoise, aucun texte ne déterminait les conditions dans lesquelles les indigènes pourraient obtenir la nationalité française.

Le décret du 26 mai 1913 qui a déterminé les conditions que doivent remplir les indigènes, sujets ou protégés de toute l'Indochine pour l'obtention de la qualité de Français, a spécifié que cette qualité serait accordée *à titre personnel* aux Indochinois qui se distingueraient par leurs services ou se rapprocheraient de nous par leur culture.

On a reproché à ce texte d'être entaché d'excès de pouvoir parce que les conditions d'obtention de la naturalisation ont déjà été réglées par le Code civil promulgué en Indochine, de détruire l'unité familiale, le père, la mère et les enfants pouvant se trouver régis par des législations différentes. Je n'entrerai pas dans le détail de ces discussions. Le principe posé par le décret de 1913 est juste : la naturalisation, en effet, doit être réservée à une élite, à des indigènes qui la méritent pleinement, donc, constituer une faveur indivi-duelle. Je dois, d'ailleurs, ajouter qu'à la suite de la guerre, un décret est intervenu le 4 septembre 1919 qui a prévu l'extension du bénéfice de la naturalisation aux indigènes ayant servi aux armées, et d'une manière plus générale, aux enfants mineurs des naturalisés.

Ne sont-ils pas en contradiction avec leurs propres principes les théoriciens imbus du respect de la mentalité indigène qui ne semblent pas comprendre qu'en souhai-tant la naturalisation en masse de nos sujets, ils rentrent dans le cycle de l'assimilation ? Qui est naturalisé français, en effet, étant donné que notre législation française n'est point l'allemande et ne comprend pas de disposition Del-brück, perd son statut personnel. Comment concilier cette amputation d'un statut si cher à des êtres aussi traditiona-listes que le sont les Annamites avec la préoccupation majeure déjà signalée de maintenir ou, du moins, de faire évoluer ceux-ci dans leur cadre, selon la formule de Waldeck-Rousseau ? C'est à ces contradictions fatales qu'on se heurte dès qu'on veut demeurer sur le terrain des théories. En réalité le problème de la naturalisation des Indochinois se réglera de lui-même avec le temps. Le jour où nos sujets seront conquis moralement, le jour où ils parleront notre langue, ils auront à tel point acquis en fait leurs lettres de grande naturalisation, que l'octroi de celle-ci, en droit, ne saurait plus se discuter. Ce ne sont point là, au reste, des arguties. En effet, ces discussions théoriques sur la politique indigène ont une profonde répercussion sur sa direction et son application pratiques. Ceci est tout à l'honneur de notre race qui répugne à un pragmatisme limité à l'utilité et prétend ne se déterminer que par des idéaux de haute moralité.

En somme si l'on interroge le passé et si l'on considère le présent, on est fondé à affirmer que la conquête des esprits et des cœurs en Indochine est en bonne voie de réalisation. Au premier stade du contact, nous connûmes la résistance, inévitable conséquence du premier choc de deux races. L'indifférence courtoise et résignée a succédé. Il semble bien, grâce aux efforts de notre administration, que nous ayons aujourd'hui atteint le troisième stade, celui du consentement, lequel ne sera parfait qu'à l'heure où ce sera vraiment le consentement joyeux et confiant, sans vaine crainte ni arrière-pensée. Ce consentement, nous devons l'obtenir, un jour, total, et la diffusion des œuvres d'enseignement y contribuera puissamment car la race annamite est intelligente, désire s'instruire et dispose même d'assez de ressources matérielles pour concourir largement aux frais de son éducation. Il se réalisera, d'ailleurs, d'autant plus rapidement que notre influence aura pénétré plus rapidement, grâce à la femme annamite, au foyer domestique.

Une femme de grand talent, Mme Odette Keun, a écrit dans une étude consacrée au monde musulman : « Je crois que l'islamisme ne pourra vivre que si la femme évolue. Je sais que, pour cela, il faut que sa gangue éclate et que cette gangue est faite d'une indicible grâce, d'une indicible majesté et d'une indicible nostalgie... Je sais que le monde aura perdu encore un peu de beauté quand les femmes musulmanes auront changé. Mais, *ce n'est plus la beauté qui justifie de vivre !...* » Cette conclusion est singulièrement chargée de sens et de nature à troubler ceux qui, admirant fervemment la civilisation annamite, se reporteront de la musulmane à celle-ci et s'interrogeront dans leur conscience sur la mesure exacte dans laquelle nous pouvons agir sur les esprits et sur les âmes de nos sujets indochinois. Avons-nous le droit de décréter pour un peuple *autre* la voie dans laquelle sera son vrai bonheur ? Mais, je réponds à ceci : laissons là cette préoccupation mystique. Respectons profondément et loyalement les traditions de nos sujets et protégés, mais ne nous interrogeons pas sans cesse sur les fins de notre action, sans quoi *nous n'agirions plus.* Qui donc, sans crainte de se tromper, pourrait hardiment imposer une autre vérité que sa propre vérité ? L'œuvre coloniale admirable de notre pays, œuvre qui a résisté à la dure épreuve de la guerre mondiale, démontre suffisamment que nos devanciers ont prudemment et utilement agi en ne cherchant point dans les pays nouveaux à allumer d'autres flambeaux que ceux qui avaient éclairé leur propre enfance. En réalité, nous nous sommes, toujours et partout, nous Français, imposés à nos sujets coloniaux parce que, quoiqu'en puissent penser nos détracteurs, — ceux du dedans comme ceux du dehors — nous sommes naturellement aimables et bons. La grâce et la bonté sont le meilleur des évangiles et leur action dépasse beaucoup en portée les idéaux abstraits, de quelque nom savant qu'on les qualifie, de quelque dogme qu'on les affuble. Assimilation, domination, association, qu'importe ! Un fait est certain et suffisant, un fait est là, patent et lumineux : la plus grande France, la plus grande France réalisée au prix de quelles abnégations, de quels héroïsmes individuels trop souvent méconnus, au prix, suivant la belle formule de M. Albert Sarraut, de quels « bienfaits et sacrifices ! » C'est là pour nous une tradition bien ancienne puisqu'on en trouve dans le *Pantagruel* de Rabelais (livre III, chapitre 1er) la définitive formule :

« Noterez donc icy, beuveurs, que la manière d'entretenir et retenir pays nouvellement conquestés, n'est (comme a été l'opinion erronée de certains esprits tyranniques à leur dam et déshonneur) les peuples pillant, forçant, anguriant, ruinant, mal vexant et régissant avec règle de fer ; brief, les peuples mangeant et dévorant, en la façon que Homère appelle le roy inique Démovore, c'est-à-dire, mangeur de peuples. Je ne vous allégueray à ce propos les histoires antiques ; seulement vous révoquerai en recordation de ce qu'en ont veu nos pères et nous-mêmes si trop jeunes n'estes. Comme enfant nouvellement né, les fault alaicter, bercer, esjouir. Comme arbre nouvellement planté, les fault appuyer, ascenser, défendre de toutes vimères, injures et calamités. Comme personne sauvée de longue et forte maladie et venant à convalescence, les fault choyer, espargner, restaurer, de sorte qu'ils conçoivent en soy cette opinion, n'estre au monde roy ne prince que moins voultissent ennemy, plus optassent amy. »

Nous pouvons donc ajouter, sur la foi de Rabelais, que la conquête morale des esprits et des cœurs en Indochine cessera d'être une belle formule pour devenir une vivante et rayonnante réalité, le jour où nos sujets, dûment instruits, ayant évolué d'eux-mêmes, sans contrainte ni regret, auront compris toute la valeur de notre culture occidentale. Ceci n'implique point fatalement le reniement du passé millénaire. Mais la nécessité de vivre pour durer comporte des concessions, et qui dit adaptation ne dit pas forcément trahison. On peut demeurer soi-même tout en évoluant. De plus, les êtres humains en Extrême-Orient comme en Occident ne sont point de purs esprits. Comment les Annamites ne seraient-ils point frappés et convaincus de l'excellence de nos intentions morales, à considérer la sécurité que nous leur avons assurée en les dotant des bienfaits de la *Paix française*, et de la prospérité à laquelle nous les conduisons en enrichissant chaque jour le terroir si cher à leurs âmes d'anciens errants, devenus sédentaires ?

LA PAIX FRANÇAISE

AVANT notre installation définitive en Indochine, les
Annamites non plus que les Cambodgiens, d'ailleurs,
— l'évocation de leur passé millénaire l'a suffisamment
démontré, — n'ont jamais connu, dans aucun temps de leur
histoire, les véritables bienfaits de la *paix publique*. Cela
s'explique par ce qu'était la vie politique de ces peuples avant
que nous leur eussions accordé notre vigilante protection.
« Cette vie politique, a remarqué M. Louis Salaün, rudimentaire pour les peuplades montagnardes de la péninsule, offrait
déjà un appréciable intérêt dans les principautés laotiennes.

Elle se compliquait au Cambodge en une organisation assez développée et atteignait enfin, avec le peuple annamite, un degré de dignité et de sagesse fort honorables. Ce qui distingue le peuple annamite, et lui donne une réelle préséance sur les autres peuples de l'Indochine, c'est que, seul, il a eu, dans son organisation gouvernementale, une conception exacte de l'État. La plupart des pays d'Asie, surtout, les pays de civilisation indienne, n'ont d'autre doctrine politique que celle du despotisme absolu, le monarque étant maître des richesses, des terres et des personnes de ses sujets, et ceux-ci lui devant tous les jours la conservation et l'amélioration de leur existence : Sir John Strachey a montré que les trésors fabuleusement légendaires du Grand Mogol portaient en eux-mêmes leur rançon, puisque ce prince avait continuellement tout son peuple à sa charge. Les pays de civilisation chinoise, au contraire, dont procède visiblement le peuple annamite, ont le sentiment très net du bien public qui préexiste aux diverses formes du gouvernement et qui les oblige. Il se peut que la recommandation sans cesse renouvelée aux fonctionnaires par les lois chinoises ne soit qu'un mot, mais, c'est déjà beaucoup, sur une terre orientale, qu'il y ait ce mot. Et, d'ailleurs, il y a mieux. Ce souci marqué de l'intérêt général se manifeste dans la vie annamite par des institutions ou, plus exactement, des commencements d'institutions que nous n'avons eu fréquemment qu'à reprendre et à développer. Il est vrai d'ajouter que, presque toujours, l'exécution y est demeurée fort inférieure à la conception et que, plus d'une fois, les Annamites, après avoir entrevu le but, paraissent avoir, au moment de l'atteindre, manqué de souffle. Ils ont pensé un instant conquérir toute l'Indochine, mais ils n'ont jamais pu réprimer complètement les tentatives d'indépendance de la basse Cochinchine et du

Tonkin. Ils ont un code de lois administratives très sages :
mais, de telles défaillances sont venues en obscurcir l'application que la distinction de l'intérêt public et de l'intérêt
privé, si exacte dans les textes, a toujours été des plus confuses dans l'esprit et... dans la poche des fonctionnaires.
Ils ont eu l'idée de la prévoyance d'État et l'institution des
greniers à riz était un moyen à la rigueur acceptable, encore
que bien enfantin, de corriger l'insuffisance des mauvaises
récoltes et de parer à la famine ; mais, en fait, et malgré tous
les règlements, les greniers à riz ont, le plus souvent, été vides.
Les Annamites ont même ébauché un programme de travaux
publics en construisant les digues tonkinoises et en reliant
les deux grands deltas par cette route mandarine dont notre
chemin de fer, en définitive, n'a guère fait qu'épouser le tracé.
Mais, les digues, mal établies, ont été trop souvent emportées
par les crues du Fleuve Rouge, et la route mandarine, interrompue par des rivières qu'on ne savait pas lui faire franchir,
était, sur tout son parcours, dans le plus fâcheux état à
notre arrivée. Ainsi, la plupart des efforts de ce peuple se
sont trouvés marqués, comme ceux d'une grande partie des
peuples asiatiques, de cette sorte d'impuissance à la réalisation
qui a rendu possible et fatale l'intervention européenne... »
L'Annam a cependant connu avec l'empereur Gialong son
heure de grandeur. Mais, de cette grandeur ne fut-il pas surtout redevable aux conseillers français qui en furent les remarquables artisans ?

Administrativement, les rouages par lesquels l'État essayait
d'exercer son autorité étaient infiniment compliqués. Nous
en avons encore aujourd'hui la preuve en Annam et au Tonkin
avec ce qui subsiste de l'administration indigène d'antan ;
moins, au Tonkin, d'ailleurs où, depuis, la suppression du
kinh-luoc ou vice-roi, en 1897, toute cette administration

indigène a été placée sous l'autorité immédiate du Résident supérieur, et réorganisée par l'ordonnance royale du 3 février 1912 qui a réglementé et simplifié le statut du personnel indigène. En Annam encore, l'organisation administrative indigène actuelle n'a pas entièrement dépouillé la complication d'autrefois. À la tête de la province se trouve pour les plus importantes un *tong-doc* ou gouverneur, ou quelquefois un *tuan-phu*, sorte de préfet supérieur. Ils sont assistés d'un *an-sat* dont les fonctions sont plus spécialement judiciaires. Ces divers mandarins forment treize classes ! Le personnel des bureaux des mandarins qui était jadis très nombreux et d'une hiérarchie extrêmement touffue, a été simplifié par cette ordonnance de 1912 qui a ramené de vingt à huit les titres et fonctions.

Au Cambodge, M. Aymonier a fort bien expliqué l'ancienne organisation du royaume, d'après laquelle les mandarins étaient divisés en deux catégories, ceux de l'intérieur (la capitale), et ceux de l'extérieur (les provinces). Très hiérarchisés, depuis « dix mille honneurs » jusqu'à « cinq cents honneurs » (maires des villages), ils portent le titre d'*okhna*. Les provinces étaient divisées entre la maison royale et trois autres maisons princières (1° roi ayant abdiqué ; 2° premier prince du sang ; 3° reine-mère) qui avaient chacune leur clientèle non seulement de mandarins, mais, même, parmi les hommes du peuple. La famille royale comprend tous les descendants de souche royale jusqu'à la 5e génération. Les institutions politiques n'étaient pas, à beaucoup près, comparables à celles de l'Annam. Le gouvernement, note M. Salaün, y consistait dans le despotisme absolu d'une sorte de rajah indien « maître de la terre, de l'eau, des biens et des existences ». Comme, en fait, il était surtout maître des emplois et dispensateur des largesses, que, d'autre part, sa

volonté pouvait révoquer ses dons et que ceux-ci n'étaient
pas héréditaires, il s'ensuit que la vie politique du Cambodge
se résumait à faire, tous les jours, au palais, le siège de la
faveur royale. L'histoire du royaume était celle du palais.
Celle-ci était la très peu intéressante histoire des rivalités
d'influence dans une cour asiatique, où les intrigues du harem
tenaient une part trop considérable. La toute-puissance du
souverain n'avait une sorte de contre-poids que dans une
sorte de pouvoir théocratique, celui des *bonzes*, dont le chef
résidait à Pnom-Penh et dans l'autorité morale que pouvait
donner à certains personnages l'importance de leur clientèle.
Pour être en posture plus favorable dans l'attente des largesses et en meilleure sécurité contre l'éventualité des dis-
grâces, tous les hommes libres, entraînant avec eux leurs
familles et leurs esclaves, au temps où il y avait des esclaves
au Cambodge, s'affiliaient à la suite d'un patron dont ils
escomptaient le crédit, se l'attachaient par d'honnêtes atten-
tions, et en recevaient, en retour, une protection appréciable.
Cette organisation vicieuse faisait donc vivre aux dépens
du pays une légion de parasites auxquels le roi et les grands
du royaume devaient tous les matins la « sportule ». On
imagine qu'avec un pareil régime il ne pouvait être question
d'intérêt général... » Notre protectorat y a mis ordre. Les
mandarins ne sont plus nommés par le roi selon son bon
plaisir. Une ordonnance royale du 27 janvier 1902 prise à
notre instigation, a institué des examens et imposé d'honnêtes règles à ce chaos évocateur du bas Empire romain.

Mais, c'est surtout dans le maintien de l'ordre que s'avérait
l'impuissance des gouvernements de l'Indochine. En Cochinchine, la cour de Hué avait grande peine à maintenir sa
domination et la plaine des Tombeaux, aux environs de
Hué, témoigne encore de la sanglante répression par laquelle

l'empereur Minh-Mang avait cru étouffer la rébellion cochinchinoise vingt-cinq ans seulement avant notre arrivée.

Le Tonkin était encore bien moins paisible et encore moins
dépendant de Hué quand nous y sommes intervenus. Il
servait, d'ailleurs, de séjour, ainsi que nous l'avons vu, à
une fraction dissidente de la population annamite et comptait
un certain nombre de partisans de la très ancienne dynastie
des Lê, que la dynastie des Nguyèn a supplantée avec l'empereur Gia-long. Surtout, il avait été, de tout temps, et serait
encore, sans doute, si nos soldats des territoires militaires n'y
faisaient bonne garde, la terre d'élection des envahisseurs.
Les débris refoulés de la grande insurrection des Taï-Ping
étaient venus s'y installer et les troupes du gouvernement
annamite ne parvenaient pas à les déloger, non plus qu'à déterminer les réguliers chinois du vice-roi des deux Kouangs,
dont elles avaient imprudemment sollicité le concours, à
prendre un congé définitif. La piraterie constituait pour le
Tonkin un effroyable fléau. De ce fléau, le maréchal Lyautey,
dans ses *Lettres du Tonkin*, a bien exactement marqué le
caractère : « ... Il faut bien s'en convaincre, il n'y a rien
d'insurrectionnel dans la piraterie. La piraterie est, ou bien
chinoise, ou bien le fait de quelques chefs de bandes, style
moyen-âge, pour qui elle est un moyen d'existence et nullement un acte de résistance contre l'étranger. Ceci a tout
son prix et persuadez-vous-en. Cette piraterie nous est très
antérieure et c'est sur le cultivateur indigène qu'elle s'exerce
le plus cruellement : elle ne nous attaque que parce que nous
sommes les policiers ; il en résulte que toute la population
autochtone, pressurée depuis des siècles par pirates et Chinois, est absolument avec nous et ce fut une idée géniale
que celle du colonel Pennequin et du colonel Galliéni le jour
où, l'ayant absolument reconnue, ils ont eu la conception

d'utiliser activement cette situation par l'institution de *villages armés*. A mesure que la ligne de blokhaus s'établit, que les chemins se tracent, les habitants reçoivent des fusils, — à eux de se défendre ! — et voici déjà quatre villages qui, se sentant soutenus par nos postes voisins, ont reçu les pirates à coups de fusil, et rien ne refroidit ces derniers comme cet accueil. Il y a ainsi plus de dix mille fusils distribués en 2e territoire ; ils sont matriculés, contrôlés, inspectés chaque trimestre, un à un, par les chefs de secteurs. Un seul a manqué jusqu'ici ; l'homme a eu deux ans de prison et cent coups de rotin, ce qui est très pénible. L'exemple a suffi. Que si l'on objecte qu'il y a dans cet armement de la population, un péril éventuel, il est facile de répondre. D'abord, l'expédient n'est que provisoire ; à mesure que la pacification sera définitive, absolue, les armes prêtées seront retirées et ce sera aisé grâce au contrôle préétabli. Et puis, il ne faut jamais perdre de vue que la grande haine de l'indigène, c'est contre le Chinois ou le pirate. Ici, nous sommes réellement les libérateurs, et, mon Dieu ! cela ressort bien clairement du bref discours que me tenait aujourd'hui le Huyen d'un canton voisin : « C'est depuis vingt ans *la première année* où les nha-qués (paysans) ont pu faire intégralement leur récolte ! » Certes, ils le haïssent le Chinois ; depuis des siècles, les mandarins mal payés ont lancé sur eux des bandes de malandrins qu'ils désavouaient, s'il était nécessaire, mais sur les opérations desquels ils ont toujours fermé les yeux, dont ils étaient les complices tacites et dont, surtout, ils partageaient les bénéfices. Le plus clair de nos difficultés avec la Chine vient, non pas de questions nationales, mais de la mauvaise volonté des mandarins dont nous tarissons les revenus... » Et le maréchal Lyautey de conclure : « En résumé, toute cette région du Haut-Tonkin était une « marche » abandonnée à la piraterie entre l'Annam en décadence, d'une part, dont la domination effective s'était, depuis un siècle et demi, peu à peu restreinte au delta et la Chine complice d'autre part... »

Notre première tâche en Indochine devait donc être de pacifier. L'œuvre de la pacification fut, d'ailleurs, aussi meurtrière et aussi onéreuse que la conquête, sinon davantage, et paralysa pendant dix ans les essais d'organisation des résidents et des gouverneurs généraux. La convention de 1895 dont j'ai déjà parlé, qui ferma notre frontière sino-tonkinoise, et le règlement qui lui était annexé pour le fonctionnement de la police frontière, en nous mettant enfin chez nous, nous permirent d'y régler seuls nos affaires. La soumission du Détham, et la répression de l'effervescence soulevée en décembre 1897, par « l'enfant miraculeux » ou *ky-dong*, marquèrent les dernières convulsions d'un régime de troubles perpétuels au Tonkin et l'ouverture d'une période nouvelle d'activité pacifique. Il y eut bien encore quelques réactions mais de caractère exceptionnel : les agissements de Gilbert Chieu en Cochinchine, l'attentat commis à Hanoï contre les commandants Chapuis et Mongrand en 1912, quelques troubles passagers en Cochinchine et au Cambodge, à l'occasion du recrutement de tirailleurs pendant la guerre, furent de cet ordre et, manifestations isolées, où la main et l'argent de conspirateurs étrangers s'étaient fait sentir, ne purent remettre en cause l'établissement définitif de la paix française. M. Albert Sarraut put s'écrier : « Les coupables seront punis mais la politique de la France ne changera pas ! » et il put ajouter sans être contredit par personne : « Il est des heures où chacun comprend combien certains reniements sont mortels pour l'honneur d'une race... La foule, la masse indigène s'est cabrée. Elle est venue spontanément vers le drapeau lumineux qu'un forfait avait taché de sang et qu'elle voyait, toujours droit et ferme, dans les mêmes mains. Le crime à tous est apparu sans raison et sans excuse. L'engin qui frappa nos soldats a brisé la conspiration. Sur les fauteurs qui ont expié, après le calme jugement d'une sentence équitable, la paix éternelle et le silence sont désormais descendus. Et pour ceux qui conçurent le crime et traînent leur honte errante aux bas-fonds de l'étranger en attendant l'heure où la justice immanente aura son tour, c'est la patrie annamite elle-même qui les répudie, disant à ces mauvais fils : « Vous n'entrerez plus ici ! »

Ainsi, la paix française en Indochine apparaît bien, à l'heure actuelle, comme une solide réalité. Elle repose, d'ailleurs, sur de solides fondements, à l'intérieur, sur une bonne législation appliquée par des tribunaux bien organisés ; à l'extérieur, sur une armée peu nombreuse mais bien encadrée et forte de ses traditions et d'un inégalable prestige.

Quand il s'agit d'étudier l'organisation judiciaire de l'Indo, chine, on retrouve, comme pour l'organisation administrative, le dualisme des deux organisations européennes et indigène. « L'histoire de la justice chez une nation, a écrit Odilon Barrot, est presque invariablement celle des différentes vicissitudes que la souveraineté y a subies. » L'organisation actuelle de la justice en Indochine procède d'une série de réformes échelonnées depuis le 25 juillet 1864, date à laquelle le premier décret d'organisation judiciaire fut appliqué à la Cochinchine, jusqu'au 16 février 1921, date du dernier acte qui a réuni en un texte unique les dispositions éparses constituant l'organisation judiciaire indochinoise.

L'histoire de cette organisation jalonne, en quelque sorte, les étapes de la domination française.

Ce fut par la Cochinchine, nous l'avons vu, que débuta la conquête de notre empire colonial d'Extrême-Orient. La

France n'étendit qu'ensuite son autorité sur les royaumes du Cambodge, de l'Annam, du Tonkin et du Laos. Tandis que la Cochinchine fut annexée au territoire national, les autres parties de l'Union indochinoise demeurèrent soumises à divers régimes de protectorat dont les modalités varient selon les traités intervenus et les divergences de milieux. *Le droit de justice*, attribut essentiel de la souveraineté, se trouve donc être pleinement et entièrement dévolu à la France sur l'ensemble des justiciables de la Cochinchine. Il est, au contraire, en partie *retenu* par les souverains protégés dans les limites de leurs royaumes respectifs. De l'application de ce principe découle une distinction fondamentale dans l'organisation judiciaire indochinoise.

En Cochinchine, la justice est rendue au nom du Peuple français par des juridictions composées de magistrats français, quelle que soit la nationalité du justiciable.

Dans les pays de protectorat, la justice est rendue aux indigènes par des juridictions indigènes ; elle est rendue aux français et aux étrangers par des juridictions françaises. Celles-ci sont également compétentes pour connaître des litiges dans lesquels sont intéressés des indigènes, d'une part, et des français ou des étrangers d'autre part. La prééminence de la puissance protectrice s'oppose, en effet, à ce que ses nationaux ou les sujets étrangers soient jugés par les juridictions indigènes. La juridiction française se trouve être ainsi le tribunal de droit commun en matière mixte. Tels sont les principes qui dominent l'organisation judiciaire de l'Indochine depuis l'origine de notre administration. L'organisation actuelle résulte de deux décrets en date des 19 mai 1919 et 16 février 1921. Le territoire de la colonie est divisé en deux ressorts d'appel. La Cochinchine toute entière, le royaume du Cambodge dans sa totalité, les provinces du sud de l'Annam et celles du sud du Laos forment l'ensemble de l'un des ressorts dont la cour siége à Saïgon. L'autre ressort comprend le Tonkin, le territoire de Quang-tchéou-wan, les provinces de l'Annam et du Laos non rattachées à la cour de Saïgon. Le siège de cette seconde cour d'appel est à Hanoï.

Afin de coordonner l'administration judiciaire des deux ressorts, il a été créé une Direction de la Justice en Indochine. Le directeur de la justice, dont les attributions sont exclusivement administratives, représente les intérêts du service et du personnel judiciaires auprès du gouverneur général ; c'est un agent de liaison entre les deux parquets généraux et le gouvernement de la colonie. Si l'institution de cet organisme centralisateur paraît, en soi, d'une utilité discutable, par le fait qu'elle pose un rouage administratif nouveau au-dessus des parquets généraux, il convient d'observer que l'exercice de l'action publique ne s'en trouve aucunement modifié, chacun des procureurs généraux en demeurant maître dans son ressort. Par contre, l'existence de la direction de la justice permit de dégager la magistrature assise de l'emprise des procureurs généraux qui étaient investis auparavant des fonctions de chef du service judiciaire. Désormais, les premiers présidents des deux cours jouissent des mêmes droits et prérogatives que leurs collègues de la métropole. Ils sont affranchis de toute dépendance au regard des parquets généraux ainsi que les magistrats du siège dont la discipline relève exclusivement de leur autorité.

Dans chacune des cours existent deux chambres. La première chambre de la cour de Saïgon, comme la première chambre de la cour de Hanoï, connaît en appel des jugements rendus dans le ressort par les juridictions françaises statuant en matière correctionnelle, civile française, commerciale ; elle connait, en outre, des appels formés contre les jugements rendus par nos tribunaux consulaires au Siam et en Chine, le Yunnan excepté. La proximité de cette province par rapport au Tonkin entraîne dévolution de la compétence au profit de la cour de Hanoï.

La deuxième chambre de la cour de Saïgon connait en appel des jugements rendus dans le ressort par les juridictions de première instance françaises statuant en matière indigène.

La deuxième chambre de la cour de Hanoï, dans la composition de laquelle entre un mandarin, connait des appels formés contre les jugements rendus par les juridictions indigènes statuant en matière civile, correctionnelle ou criminelle.

Il existe, en outre, près la cour d'appel de Saïgon, une chambre d'annulation dont la compétence s'étend sur les deux ressorts. Cette chambre d'annulation, composée du premier président et de quatre conseillers à la cour de Saïgon, connait des pourvois formés contre les jugements rendus en dernier ressort par les justices de paix ou les tribunaux statuant en matière de simple police. Elle connait également des pourvois formés contre les jugements rendus par ces mêmes tribunaux statuant en dernier ressort en matière civile indigène. Le rôle joué par cette chambre est important, surtout par les effets de sa compétence en matière civile indigène. Elle constitue une cour régulatrice de la jurisprudence indigène ; elle fixe, à travers les espèces, les principes généraux du droit annamite ; elle donne corps aux coutumes et détermine les lignes directrices d'une jurisprudence indigène établie. Son rôle est parallèle et coïncide avec celui rempli par les deuxièmes chambres des cours de Saïgon et de Hanoï.

Les appels des décisions prises par les juridictions indigènes de première instance qui fonctionnent dans les pays de protectorat autres que le Tonkin, suivent au Cambodge, en Annam et au Laos des procédures exclusivement indigènes, spéciales pour chacun des royaumes et exemptes de tout contrôle judiciaire français.

La répression des crimes est assurée par des cours criminelles qui se réunissent trimestriellement sous la présidence d'un conseiller à la cour dans les chefs-lieux d'assises déterminés pour chacun des deux ressorts. Ces cours criminelles sont composées de trois magistrats et quatre assesseurs français lorsque les accusés sont des Français ou des étrangers. Les quatre assesseurs français sont remplacés par deux assesseurs indigènes lorsque les accusés sont des indigènes. Magistrats et assesseurs prononcent en commun tant sur la culpabilité que sur l'application des peines. Les cours criminelles appelées à juger des Français siègent à Saïgon et à Hanoï. Celles appelées à juger des indigènes se réunissent à Saïgon, Cantho, Mytho, Pnomh-Penh et Vinh-long pour le ressort de la cour de Saïgon ; elles se réunissent à Hanoï pour le ressort de la cour de Hanoï. Les assesseurs indigènes à la cour criminelle de Pnom-Penh sont cambodgiens.

Dans les pays de protectorat, les criminels indigènes ne sont justiciables des cours criminelles ainsi constituées que dans le cas de crimes commis au préjudice de Français ou d'étrangers ou bien dans le cas de complicité avec des Français ou des étrangers. Les crimes commis au Siam et en Chine par des ressortissants français sont déférés à la cour de Saïgon, sauf en ce qui concerne le Yunnan pour lequel il est procédé ainsi qu'il a été exposé en ce qui concerne l'exercice du droit d'appel relatif aux jugements rendus par nos tribunaux consulaires.

En première instance, la justice est rendue par des tribunaux et des justices de paix à compétence étendue. Les tribunaux, au nombre de quinze, sont, d'après l'importance de leur rôle, répartis en trois classes. Saïgon, Hanoï et Haïphong sont les sièges de trois tribunaux de première classe ; cinq tribunaux de deuxième classe siègent à Cantho, Mytho, Tourane, Pnom-Penh et Vinh-long ; enfin, sept tribunaux de troisième classe siègent à Bac-lieu, Bentré, Chaudoc, Long-Xuyen, Rach-gia, Soctrang et Travinh.

L'effectif du personnel en service dans chaque tribunal se compose, en général, d'un président, d'un lieutenant de juge, d'un juge suppléant et d'un procureur de la République. Le lieutenant de juge remplit les fonctions de juge d'instruction. Le tribunal de Saïgon comporte, en outre, un vice-président, un juge, un substitut et plusieurs juges suppléants. Ceux de Hanoï et de Haïphong comportent plusieurs juges. Tous ces tribunaux fonctionnent comme juridiction à juge unique. Toutefois, en matière commerciale, dans les villes de Saïgon, Hanoï et Haïphong, le président du tribunal civil est assisté de juges consulaires élus parmi les commerçants de chacune de ces trois places.

Dans les arrondissements judiciaires non pourvus de tribunaux, la justice est rendue par des « justices de paix à compétence étendue ». Cette expression désigne une juridiction composée d'un seul magistrat entre les mains duquel sont réunies les fonctions du parquet, de l'instruction et du siège et dont la compétence est celle des tribunaux de première instance. En Cochinchine, les justices de paix à compétence étendue sont tenues par des magistrats de carrière assistés de juges suppléants à Baria, Bien-hoa, Sadec et Tayninh. Au Tonkin, en Annam, au Cambodge et au Laos, ce sont les administrateurs, résidents de France, qui, dans chaque province, remplissent les fonctions judiciaires des juges de paix à compétence étendue. Cependant, dans certains centres importants, Namdinh (Tonkin), Vinh (Annam), Fort-Bayard (Quang-tchéou-wan), Vientiane (Laos), les sièges sont pourvus de magistrats de carrière.

Tribunaux et justices de paix à compétence étendue ont plénitude de juridiction sur les Français, les indigènes de Cochinchine, les étrangers. Ils disent le droit en matière civile et commerciale ainsi qu'en matière mixte dans les pays de protectorat. Il est certain qu'une juridiction de première instance, composée d'un seul magistrat, constitue un organisme judiciaire ne présentant pas les garanties indispensables pour assurer une saine administration de la justice. Le seul mérite des justices de paix à compétence étendue réside dans leurs avantages budgétaires. Sans grever lourdement les finances locales on peut multiplier ces juridictions économiques. Mais, leur transformation en tribunaux complets doit être poursuivie. Le dernier décret n'en laisse subsister que quatre en Cochinchine dans les arrondissements judiciaires les moins chargés.

La *justice indigène* est distribuée dans les pays de protectorat par des juridictions qui varient suivant les pays.

Au Tonkin, une ordonnance royale de 1917 a refondu l'organisation antérieurement existante. Il existe deux catégories de tribunaux indigènes, les uns, du premier degré, présidés par un mandarin, les autres, du second degré, présidés par le résident de France, chef de province, ou par un magistrat de l'ordre judiciaire. Les jugements rendus par ces juridictions peuvent être déférés en appel devant la deuxième chambre de la cour d'appel de Hanoï.

En Annam, la justice indigène demeure distribuée par les mandarins en première instance comme en appel.

Au Cambodge, les gouverneurs cambodgiens assistés de deux juges *(sophéas)* rendent la justice : leurs jugements sont portés devant la cour d'appel indigène de Pnom-Penh ou devant celui de Battambang, suivant que le tribunal de première instance dont la décision est frappée d'appel, est situé dans l'ancien royaume du Cambodge ou dans le territoire des provinces rétrocédées en 1907 par le Siam (Battambang, Sisophon et Siem-réap).

Au Laos, la justice indigène est distribuée par les mandarins laotiens sous le contrôle administratif des résidents de France.

Il convient d'observer que les juridictions françaises appelées en Cochinchine à dire le droit aux indigènes n'appliquent point la loi française mais la loi ou les coutumes indigènes. Cette remarque s'impose d'autant plus que, dans les milieux les mieux avertis de la métropole, on incline parfois à prétendre, bien à tort, que nous soumettons les indigènes aux dispositions de notre code Napoléon. Or, même en matière pénale, les indigènes sont régis par un code spécial qui adapte aux nécessités locales les principes généraux d'ordre public et de liberté individuelle de notre droit criminel. Le droit français n'est appliqué qu'en matière française ou mixte. Il est, en effet, nécessaire que celui qui s'expatrie trouve dans la colonie les mêmes garanties que dans la métropole : la sûreté des engagements comme l'activité des transactions l'imposent.

La législation applicable aux indigènes réside dans divers textes et dans les coutumes. Le principal texte législatif est le *code annamite* : monument empreint des principes juridiques chinois, ce code est fort incomplet. Une réglementation minutieuse égare dans des détails souvent surannés les principes généraux du droit sino-annamite. Ce sont, en réalité, les tribunaux français statuant en matière indigène, qui ont élaboré tout un corps de doctrine du plus haut intérêt et fixé la jurisprudence. Une œuvre considérable fut ainsi poursuivie et réalisée durant ces cinquante dernières années. Il est grandement à l'honneur de la magistrature française d'avoir su adapter aux besoins d'une société en évolution les principes intacts de son antique et respectable civilisation. C'est d'après les données mêmes de cette jurisprudence que, déjà, ont été codifiées les lois de procédure civile et pénale au Tonkin. Un magistrat de la cour de Hanoï élabore un projet de code des lois et coutumes civiles annamites.

Au Cambodge, un code pénal et d'instruction criminelle cambodgien a été promulgué le 20 décembre 1911 et un code des lois civiles et de procédure civile a été publié en janvier 1921. Enfin, au Laos, un magistrat de la cour de Saïgon poursuit un travail analogue en ce qui concerne le droit laotien.

De cet examen d'ensemble de l'organisation judiciaire indochinoise se dégage nettement l'impression que la pensée française a suivi en Indochine les conquêtes de nos armes et contribué puissamment au rayonnement de notre souveraineté pacifique et généreuse. L'œuvre entreprise est belle. Il conviendrait que les jeunes générations de la métropole fussent davantage portées vers une carrière où l'on doit s'efforcer de jeter la bonne semence dans les sillons désormais tracés. Malheureusement, le service judiciaire de l'Indochine souffre d'une grande pénurie de magistrats. L'éloignement, le climat et, peut-être, surtout, la méconnaissance du rôle que remplit une profession trop souvent décriée injustement, détournent les candidats d'une carrière cependant intéressante et, dorénavant, bien rétribuée. Il est grandement à souhaiter que cette carence prenne fin.

L'œuvre de l'organisation de la justice en Indochine, déjà très avancée, doit être menée à mieux encore. Il y a là un élément d'action sur nos sujets dont l'importance est considérable. Cette importance, M. Albert Sarraut, l'a définitivement fixée, en déclarant dans son discours au Conseil de gouvernement d'octobre 1913 : « Que l'indigène soit profondément sensible à l'ambiance, à l'atmosphère de libéralisme de la politique d'association, cela est certain. Il y trouve un sentiment profond, inconnu avant le protectorat français, de quiétude, de protection, de sécurité. Mais, surtout, et cela est vraiment tout l'honneur de notre pays, il en retire une haute, une bienfaisante impression de justice. C'est là un sentiment à la persistance duquel il faut veiller, une croyance que nous ne devons pas laisser amoindrir. C'est la force souveraine de la France et son titre de gloire dans le monde d'avoir fondé la cité moderne sur le droit et sur l'équité. Et c'est sa magnifique servitude d'être obligée, partout où elle va, d'organiser la saine justice, d'en assurer la bonne distribution, de n'en confier le soin qu'à des organes intègres. Nous devons le faire et nous le faisons pour celle qui est rendue en Indochine par nos tribunaux et selon notre droit ; mais, nous devons le faire aussi, et surtout, pour celle qui est rendue dans les conjonctures où les traités de protectorat ont prévu le maintien des formes et des textes traditionnels de la juridiction autochtone, du droit indigène. Nous le devons et nous le pouvons. C'est un des attributs essentiels de notre droit de contrôle et de tutelle ; et nous ne devons pas hésiter, partout où l'instrument judiciaire est défectueux, à le réformer, partout où le verbe du droit est obscur, confus et barbare, à lui restituer la clarté et l'humanité qui, seules, rendent les jugements équitables... »

Mais en Extrême-Orient, comme en Occident, il ne suffit pas d'une bonne administration de la justice pour assurer l'ordre. A côté du tribunal qui rend des arrêts, il faut une police pour arrêter les délinquants et des gendarmes pour veiller à l'exécution de la loi. *L'armée*, veillant au maintien de l'ordre, c'est là le second élément de la paix française, armée, d'ailleurs, il convient de le reconnaître, à la louange de nos sujets annamites, plus indispensable encore pour lutter contre les éléments de trouble du dehors que contre ceux du dedans !

C'est le gouverneur général de l'Indochine, sous la haute autorité du Ministre des Colonies, qui est responsable de la défense extérieure et intérieure de notre possession. Il dispose, à cet effet, des forces de terre et de mer qui y sont stationnées. Il a l'organisation des territoires militaires et des milices. Il ne peut, toutefois, en vertu d'une mesure commune en France à toutes les autorités civiles disposant de la force armée, exercer le commandement direct des troupes. La conduite des opérations appartient à l'autorité militaire qui doit lui en rendre compte. Les dépenses militaires de l'Indochine sont incorporées au budget de l'État : notre possession qui payait sur son budget général les troupes indigènes, verse, en effet, aujourd'hui, en représentation de ce paiement direct, un contingent annuel qui dépasse dix millions, lequel s'est augmenté en ces dernières années du montant de l'abondement des soldes militaires. Cet abondement a atteint pour l'année 1920, en raison du cours élevé de la piastre, une somme de près de soixante millions de francs qui, normalement, eût dû demeurer à la charge de la métropole mais à laquelle l'Indochine, généreusement, a pu faire face.

Le gouverneur général est assisté pour les grandes questions intéressant la sécurité de l'Indochine par un conseil de défense dont le vice-président est le général commandant supérieur des troupes, nommé par décret, après entente entre les ministres de la guerre et des colonies. Une tradition venue des souvenirs de la conquête et de la piraterie et confirmée par la situation particulière faite à l'occupation militaire dans un pays où la défense doit être forte parce qu'il est convoité de toutes parts, donne au général commandant supérieur des troupes le second rang au conseil supérieur de l'Indochine.

« Les troupes régulièrement stationnées en Indochine, note M. Louis Salaün, appartiennent à l'armée coloniale que la loi du 7 juillet 1900 a constituée. Dans un état démocratique possédant des établissements extérieurs, la différenciation devait nécessairement s'imposer entre l'armée métropolitaine, ou, plus exactement, la nation elle-même, apprenant le métier des armes pour assurer la défense de son sol et ne devant pas être détournée de sa vie normale au delà du temps strictement nécessaire à cette instruction, — et, d'autre part, une armée de métier, engagée pour un service à long terme et spécialement commise, avec le concours de l'élément indigène, à l'occupation et à la défense des établissements extérieurs. On sait que le divorce de ces deux armées, au moins en ce qui concerne les troupes blanches, n'existe pas dans l'Inde anglaise et que des contingents européens empruntés directement aux effectifs de la métropole, d'ailleurs autrement recrutés et organisés que les nôtres, viennent prendre place dans la péninsule, à côté de la grande armée indienne, native, qui est, elle, autonome et très solidement organisée. Les troupes coloniales hollandaises, dans les possessions des îles de la Sonde, sont, au contraire, comme chez nous, entièrement séparées tant pour l'élément blanc, que pour l'élément natif, des troupes métropolitaines... »

L'armée coloniale ne comprend que des volontaires européens. La relève des troupes européennes en Indochine ne s'opère pas, comme pour les troupes de l'Inde anglaise, par unités constituées, chacune d'elles se transportant en bloc avec ses cadres et son effectif. La relève de notre armée coloniale est continue. Elle se fait, pour les hommes, par détachements composés suivant les listes de tour de départ tenues dans les bureaux de la direction des troupes coloniales au Ministère de la Guerre. La durée du séjour en Indochine pour les soldats coloniaux est déterminée par la date de leur libération sans que cette durée puisse jamais dépasser trois ans. Elle est de deux ans, en principe, pour les officiers et sous-officiers qui sont, en général, moins jeunes et qui, de plus, font toute leur carrière aux colonies. Toutefois, les très grands progrès réalisés dans l'habitabilité du pays ayant rendu fréquemment possible le prolongement du séjour jusqu'à une troisième année, on a fait état de cette faculté pour combiner d'ingénieuses dispositions tendant à spécialiser une partie des cadres et à constituer, en Indochine, sinon en droit, du moins en fait, un utile état-major d'officiers asiatiques.

C'est une nécessité pour une armée coloniale, note encore M. Salaün, de faire appel aux contingents natifs, et cet appel fait par la puissance protectrice est, dans les pays qu'elle protège, l'une des formes les plus significatives de l'impôt.

En France, la loi du 9 mars 1831 autorisa, pour la première fois, la formation de corps militaires composés d'indigènes et d'étrangers hors du territoire de la métropole. La formation de ces corps est, dans ses grandes lignes, calquée d'ordinaire sur les organisations militaires indigènes déjà existantes, et, partant, depuis longtemps acceptées. La modification porte à peu près uniquement sur l'armement et, surtout, l'instruction à l'européenne des troupes natives. C'est ainsi qu'on a respecté en Indochine tout ce qui pouvait être maintenu des institutions et traditions locales et, en particulier, l'ancien mode de recrutement annamite. Le village continue à présenter le nombre de recrues demandé par l'autorité militaire et à en demeurer responsable. Ce sont ses notables qui paient les amendes en cas de fraude et qui remplacent l'homme disparu en cas de désertion. C'est encore le village qui, au Tonkin, accorde à ses tirailleurs une part de rizière destinée à subvenir, pendant qu'ils sont au service, à l'entretien de leur famille. Avant la guerre de 1914, en Cochinchine, le recrutement des indigènes s'opérait, d'abord, par voie d'appel, après désignation par le sort et subsidiairement, par voie d'engagements volontaires. Le contingent annuel était fixé par arrêté du gouverneur général ; la répartition entre les provinces était faite par arrêté du gouverneur de la Cochinchine d'après les rôles d'impôt personnel et la répartition entre les communes d'une province par l'administrateur au prorata de leurs inscrits. Le contingent communal était prélevé parmi les jeunes gens inscrits dans la commune ayant atteint l'âge de 22 ans (21 ans en réalité, car l'Annamite a un an au jour de sa naissance) avant le 1er janvier de l'année de l'appel. Des commissions de recrutement procédaient, au chef-lieu de chaque commune, au choix définitif des recrues.

Au Tonkin et en Annam, le recrutement des militaires de

race annamite par voie d'appel se faisait suivant la coutume annamite complétée par des actes réglementaires des autorités françaises. Un arrêté du gouverneur général fixait le contingent à recruter. Le contingent était ensuite réparti comme en Indochine entre les provinces par le chef de l'administration locale, et par les chefs de province entre les villages. Ceux-ci fournissaient, en les prélevant parmi les inscrits de 22 à 28 ans (âge annamite), un nombre de conscrits double ou triple de celui qui leur était demandé, parmi lesquels choisissait la commission de revision. Le recrutement s'opérait également par voie d'engagement volontaire.

Avec la guerre et la nécessité qui s'imposa de recourir largement en Indochine comme en Afrique occidentale, au concours des troupes indigènes, non plus seulement sur place, mais aussi dans la métropole sur le front occidental, des mesures générales furent prises, dans le détail desquelles je n'entrerai d'ailleurs pas, en vue d'intensifier le recrutement. Elles consistaient essentiellement en hautes paies, primes de recrutement, de rengagement, allocations, tous avantages concédés en vue de faire accepter par la population indigène le plus long temps de service et l'expatriation vers l'Occident. Le dernier contingent avant 1914 avait été fixé en Cochinchine à 1.350 indigènes, et au Tonkin à 786. Or, il en fallait maintenant recruter des dizaines de milliers d'hommes ! J'ai dit ce qu'avaient été les soldats et les travailleurs annamites en France et j'y reviendrai encore à propos de la main-d'œuvre dans un autre chapitre. En 1900, le commandant Chabrol, dans son livre sur les opérations militaires au Tonkin, écrivait : « L'Annamite est, au physique, peu vigoureux, d'aspect chétif et efféminé. Mais, toutes ces causes d'infériorité militaire sont, en partie, rachetées par ses merveilleuses qualités de souplesse et de docilité. grâce auxquelles on fait tout ce qu'on veut de l'Annamite, même un soldat, surtout si l'on tire convenablement parti de la confiance qu'il a pour son grand frère d'armes, l'Européen ! » Cette appréciation, les services rendus par les Annamites pendant la guerre, en ont démontré le bien-fondé.

Mais, il pouvait être à redouter, ainsi que je l'ai noté déjà, que le séjour en Occident eût inculqué de mauvaises habitudes aux soldats ou travailleurs expatriés ou « déracinés » pour mieux dire. Comment se ferait ensuite leur réadaptation au milieu d'origine ? Celle-ci s'est opérée dans les meilleures conditions. En Cochinchine et au Tonkin, d'ailleurs, les autorités locales eurent l'heureuse idée d'organiser, à peu près sur les mêmes bases, un service de surveillance spéciale des indigènes mobilisés à titre divers, renvoyés dans leurs foyers. En Cochinchine d'abord, l'influence des mobilisés sur leur entourage à leur retour ne fut pas importante. Cela s'explique d'abord par le rang social très inférieur et le manque d'instruction de la masse des recrues. Elles ne pouvaient, au retour, rencontrer auprès de leurs concitoyens restés au pays, une considération dont elles ne jouissaient pas au départ. Quant à la réintégration dans leur existence sociale antérieure, de ces éléments brusquement arrachés, quelques années auparavant, au milieu ancestral et à la terre cochinchinoise, elle s'est effectuée sans aucune des difficultés qu'on croyait avoir à appréhender. La très grande majorité du contingent était, en effet, composée de cultivateurs qui s'empressèrent de retourner à leur rizière. Quelques rengagements dans le corps de troupes de la colonie ; d'assez nombreuses incorporations dans la garde civile, des admissions dans les fonctions subalternes des services publics et des communes ; la reprise de leur ancien métier pour les artisans, permirent d'assurer une situation à tous ceux qui n'appartenaient pas à la catégorie des agriculteurs. En reprenant leur ancien métier, les rapatriés semblent avoir complètement retrouvé leur ancien état d'esprit. A cet égard, les chefs de province de la Cochinchine s'accordent unanimement, déclare dans son intéressant rapport sur la question M. l'inspecteur général des colonies Rheinhart, à reconnaître que leur tenue est bonne. Ils ont, d'ailleurs, été particulièrement satisfaits de voir que, pendant trois mois après leur débarquement dans la colonie, les allocations militaires continuaient d'être payées à leurs familles et qu'eux-mêmes devaient toucher la prime de démobilisation, tout comme les soldats français. Ainsi, peu à peu et assez promptement, les « retour de France » ont été repris par l'ambiance sans que, nulle part, l'ordre ait été troublé ni que la mentalité de leurs compatriotes en ait subi la moindre répercussion.

Le recrutement indigène au Tonkin y compris le Nord-Annam, d'après le dénombrement qui en a été fait, avant l'embarquement aux divers dépôts d'Haïphong, a fourni un contingent total de 64.524 hommes tant tirailleurs que travailleurs. A l'époque où l'inspecteur général Rheinhart effectua sa mission, 42.400 hommes étaient rapatriés. Or, il put, dès ce moment (fin 1920), constater que ceux-ci manifestaient un excellent état d'esprit. Ils aimaient à parler avec leurs compatriotes de leur séjour en France, de l'accueil excellent et des bons traitements qu'ils y avaient rencontrés. La propagande faite par eux permit même de constater parmi la population une certaine tendance à moins de sournoiserie et à plus de confiance vis-à-vis des Français. Les rapatriés reviennent facilement à la terre. Ils ont une attitude généralement déférente vis-à-vis des autorités françaises et correcte vis-à-vis des autorités indigènes avec, toutefois, moins de souplesse à l'égard de ces dernières et moins de facilité que leurs autres concitoyens à se laisser exploiter par les notables. Mieux encore, sachant à peu près tous parler, plus ou moins bien, notre langue, ils accompagnent volontiers leurs parents et amis qui ont des requêtes à présenter à l'autorité résidentielle et leur servent de truchement, tendant ainsi, — ce qui est peut-être un bien, — à les affranchir de l'obligation d'utiliser les services des interprètes officiels.

Le gouverneur général de l'Indochine, M. Maurice Long, consulté sur les résultats du retour dans la colonie des rapatriés, déclara : « Si on peut estimer, à la lumière des constatations déjà faites, que les répercussions sociales immédiates de l'envoi d'un si grand nombre d'indigènes en Europe seront faibles, il me paraît préférable de ne rien conclure encore en ce qui touche les répercussions d'ordre purement politique, qui sont à plus longue portée. Il faut attendre, pour en juger, après le retour de certains éléments de catégorie supérieure, gradés et ouvriers spécialisés, appartenant à une classe d'indigènes évolués, dont l'esprit a été sollicité en France par les idées et les doctrines les plus avancées de la société européenne moderne. Ils forment une minorité, il est vrai, mais cela sera une minorité agissante. Nul ne saurait dire quelle influence ils prendront sur leurs compatriotes dans l'avenir. Je n'admets, d'ailleurs, pas *à priori,* comme le font d'incorrigibles pessimistes, que cette influence doive être nécessairement pernicieuse aux intérêts de la souveraineté française. Il y a de fortes raisons, au contraire, pour estimer que, le gouvernement persévérant dans la politique réaliste et généreuse si opportunément pratiquée par M. Albert Sarraut, l'intervention de la plupart de ces individualités nouvelles dans la vie des collectivités indigènes, pourra avoir pour heureux effet de seconder et de hâter l'évolution normale de celle-ci dans le sens même où nous la dirigeons... »

Cette constatation a son intérêt, au point de vue de l'évolution générale de notre possession d'abord, et, ensuite, à considérer la nécessité de poursuivre en Indochine comme en Afrique occidentale française des opérations de recrutement pour l'avenir. Il ne s'agit plus ici seulement de la sécurité de l'Indochine, mais bien de celle de la métropole à laquelle la mauvaise foi apportée par les Allemands à l'exécution du traité de Versailles impose le lourd devoir de monter la garde sur le Rhin. Le souci d'alléger les charges militaires de la métropole sans diminuer sensiblement la puissance militaire du pays a amené le gouvernement à envisager une utilisation plus complète pour l'avenir des ressources en indigènes que les colonies en général et l'Indochine en particulier sont en état de fournir. Une commission interministérielle présidée par le général Mangin a fait à ce sujet d'intéressants travaux.

A y bien réfléchir, rien de plus impressionnant et de plus caractéristique que cette aide des colonies à la mère-patrie survivant à la grande guerre et maintenant entre les fils de la France et ceux de ses possessions lointaines, la continuité des sacrifices accomplis en commun. Si l'on cherchait une illustration à ce que peut être, à ce que doit être la politique d'association, quel plus magnifique exemple trouver ?

A l'organisation militaire, il convient de rattacher, encore qu'elles dépendent de l'autorité civile, les forces de police de la gendarmerie et de la garde indigène.

La gendarmerie, originairement, a été constituée en une compagnie commandée par un chef d'escadron. Un décret du 25 août 1913 l'a réorganisée : la compagnie a été scindée

en deux détachements autonomes (2 officiers et 140 hommes
de troupes en Annam-Tonkin ; 2 officiers et 100 hommes de
troupe en Cochinchine et au Cambodge). Un chef d'escadron
de gendarmerie hors cadre est chargé de l'inspection permanente des détachements et peut être aussi chargé de celle de
la garde indigène, inspection non seulement technique, mais
aussi de liaison, de contrôle et d'information.

Quant à la garde civile de l'Indochine, qui ne s'etend
d'ailleurs pas à la Cochinchine où les administrateurs disposent seulement de quelques agents subalternes, elle a le
même recrutement, pour ainsi dire, et la même organisation
que les autres corps militaires puisque ses miliciens sont,
le plus souvent, d'anciens tirailleurs et que ses cadres européens sont fournis par d'anciens officiers et sous-officiers de
l'armée qui portent le nom d'inspecteurs et de gardes principaux. Mais la destination en est différente. La garde indigène
est la force de police, par excellence, à la disposition des
administrateurs et qui, comme telle, dans les diverses parties
de l'Union indochinoise, a souvent travaillé avec peu de bruit
et à peu de frais, à la difficile et parfois périlleuse besogne de
la pacification. Elle a même fait la police hors de l'Indochine,
et en Chine, lors des troubles « boxeurs », elle assura à Shanghaï la sécurité de la concession française.

La défense de l'Indochine se complète par la défense de
ses frontières terrestres et maritimes. J'ai dit que la partie
de notre frontière qui va du Fleuve Rouge au Mékong n'a
fini d'être abornée qu'en 1895. Bien que le traité de paix eût
été signé avec la Chine dix ans plus tôt, cette puissance continua, pendant dix ans, d'écouler en terre indochinoise les
routiers pillards qui l'incommodaient elle-même et de leur
offrir un sûr asile contre la poursuite de nos soldats. La piraterie, dans ces conditions, n'eût jamais connu de fin, si la

convention du 20 juin 1895, habilement négociée par MM. Hanotaux et Gérard, n'eût marqué la reconnaissance de notre établissement sur le Fleuve Rouge en fermant une bonne fois notre frontière contre les insultes du dehors. Un règlement annexe joint à la convention établit un système fort ingénieux de *police mixte* qui fonctionne toujours et qui a donné d'excellents résultats. Des commissaires français et chinois installés à Moncay et Tong-hing pour la frontière du Kouang-toung, à Lang-son et à P'ing-siang pour celle du Kouang-Si, à Laokay et Hokéou pour celle du Yunnan, ont sous leurs ordres un certain nombre de postes militaires doubles placés de part et d'autre sur la même voie de pénétration, qui se renseignent mutuellement, délivrent et contrôlent les passeports et concertent, au besoin, leurs dispositions pour une action commune. Cette organisation a permis d'en finir avec la piraterie et d'en finir par les moyens pacifiques, alors que la répression avait été jadis meurtrière, coûteuse et souvent inutile. A cette œuvre s'attachent les noms de Galliéni et du général Pennequin qui ont peu à peu, et sans coup férir, reconduit les perturbateurs jusqu'à la frontière en les y faisant même enrôler parfois parmi les réguliers, comme défenseurs d'une sécurité qu'ils avaient trop longtemps compromise.

L'importance de cette organisation est considérable pour la sécurité de l'Indochine. C'est, en effet, de la Chine toujours troublée, toujours en proie à l'anarchie, que viennent les menaces les plus fréquentes de troubles. La police mixte veille sur la frontière, jouant le rôle d'un guetteur vigilant qui renseigne exactement les autorités sur les mouvements en préparation et permet ainsi de les prévenir ou de les combattre opportunément.

Quant à la défense maritime de notre possession, actuellement, au lieu de l'escadre à trois divisions qui existait en 1905, les services de la marine de guerre sont uniquement constitués par la division navale de l'Indochine et les établissements de terre de Saïgon, le tout placé sous le commandement d'un capitaine de vaisseau. Les effectifs sont maigres, le pavillon n'est plus représenté en Extrême-Orient que par quelques navires, deux croiseurs, un contre-torpilleur et quelques canonnières pour le service en Chine. Des torpilleurs assurent la défense du point d'appui. L'arsenal de Saïgon dirigé par un ingénieur principal des constructions navales comprend une superficie de 15 hectares. Pendant la guerre, on y travailla à la construction de la flotte indochinoise. Mais il y aurait beaucoup plus et mieux à faire à cet égard, et il faut espérer que, dans les temps à venir, Saïgon verra également bien représentées marine de commerce et marine de guerre. L'arrière-pays offre des ressources en vivres et en charbon pour ainsi dire illimitées et le développement des voies ferrées permet les concentrations rapides. Il offre également des ressources en personnel. Une école de navigation vient d'être créée : elle permettra la formation de nombreux marins et vaincra la répugnance instructive des pêcheurs annamites à s'éloigner de leurs côtes. L'Indochine, sentinelle avancée de la France en Extrême-Orient, doit devenir une puissance maritime autonome toujours prête à appuyer l'action de la métropole aux rivages du Pacifique.

Ainsi, la *paix française* règne en Indochine et, il faut le proclamer bien haut, car c'est tout à l'honneur de notre œuvre colonisatrice, elle règne avec le minimum de moyens. Il est d'ailleurs juste et humain, il est conforme à nos traditions qu'il en soit ainsi. Le 27 février 1920, M. Albert Sarraut, ministre des colonies, déclarait à la tribune du Sénat : « ... Il est une chose que nous devons donner à ces hommes et à ces capitaux qui s'expatrient, que nous avons l'obligation de leur assurer : c'est la sécurité, c'est la garantie de l'avenir, la paix et la tranquillité ambiante, la confiance nécessaire pour œuvrer et construire solidement sans crainte, dans des pays qui, ne pouvant pas, pour la plupart, être des pays de peuplement, obligent le labeur français à agir et entreprendre, au milieu de millions d'êtres humains d'autres races qui, non seulement, doivent consentir à la grande œuvre entamée par nous, mais encore doivent y collaborer de leurs bras, de leur travail, d'une aide matérielle et morale sans laquelle les réalisations entrevues seraient impossibles.

« Or, cette sécurité, cette paix, ce concours indispensable des populations, vous ne comptez pas, j'imagine, les assurer au moyen de l'État-gendarme, par la contrainte et la force, la coercition, le concours de la troupe, en établissant des cordons militaires autour des chantiers où s'évertuera l'entreprise française, — ce qui risquerait à tout le moins de coûter beaucoup plus que l'entreprise ne rapporterait. On ne saurait compter avec le seul moyen de la force armée garder en paix et discipliner, à travers près de dix millions de kilomètres carrés, plus de quarante millions d'êtres humains !

« Il y faut une autre autorité plus sûre, plus ample, plus forte. Et sa formule a été donnée dans la sage parole que prononçait M. le Myre de Vilers en 1901, dans son rapport sur le budget des colonies : « La défense des colonies est beaucoup plus une question d'administration et de politique indigène qu'une question militaire. » Vérité éclatante, toujours d'actualité, autant que la parole profonde de Seeley :

« Dans l'état actuel du monde, une « dépendance » maintenue par la force militaire peut aisément ressembler à une meule attachée au cou d'une nation. »

« Nous n'avons pas besoin, nous ne devons pas avoir besoin
de la force matérielle, alors qu'une autre force, beaucoup
plus sûre est entre nos mains : la force morale de notre doctrine de colonisation et de la politique indigène, par laquelle
cette doctrine bâtit solidement notre avenir colonial sur la
confiance, l'affectueux respect, l'intérêt et la gratitude des
masses humaines protégées par nous... »

Cette vue lyrique des choses et qui atténue à dessein la
force matérielle de notre domination, qui est cependant une
réalité, pour en mettre surtout en valeur la puissance morale,
traduit exactement le côté remarquable et, on peut dire,
miraculeux de la pérennité de notre action en Indochine,
et de ce qu'on peut appeler *la paix française*.

« Notre pays, pouvait s'écrier à Lyon, en janvier 1921,
le gouverneur général Maurice Long, notre pays jouit d'un
grand prestige non seulement en Indochine, mais jusqu'au
Japon. Alors que l'anarchie règne depuis les steppes de
Russie jusqu'au Caucase, que le Japon est troublé par les
mouvements de la Corée, pendant ce temps, l'Indochine,
reflet du moral de la France, donne là-bas l'exemple de
l'ordre français. Cet ordre règne presque sans troupes françaises, par notre seul prestige, parce que tous savent que la
France est une nation généreuse et bienveillante, une nation
douce, dont ils reconnaissent la domination nécessaire pendant encore une longue période d'années. Nous envisageons
ce pays comme indissolublement lié aux destinées de la
France parce que tous disent que c'est la France qui a vaincu
l'Allemagne. Contre cette Allemagne qui paraissait imbat-
table, intangible, c'est la France qui a eu la victoire ! Toute
cette population annamite en est fière et c'est à cela que
j'attribue la grande unité qui règne dans ce pays !... »

L'ordre, donc, règne et semble devoir longtemps encore

régner en Indochine, et non pas comme il régna jadis à Varsovie par la force des baïonnettes et par l'effusion du sang, mais par le sentiment que possèdent les Annamites de la bonté et *de l'utilité* de notre domination. La Rome antique s'enorgueillit dans les temps passés de ce que Pline l'ancien qualifiait « l'immense majesté de la paix romaine » *immensa romanæ pacis majestas.* A la vérité, et sans méconnaître le prestige de ce que dut être jadis la force de clarté spirituelle et efficace qui se concrétisa dans ce prodigieux monument qu'est le droit romain, à la vérité, la paix romaine fut surtout une paix de domination brutale assise sur la force des légions.

La paix française, pour parler comme Guglielmo Ferrero, est de meilleure *qualité,* et d'une plus haute valeur humaine et morale. Partant, elle devra être plus durable et moins difficile à maintenir. C'est qu'en effet, tout en poursuivant, conformément à la tradition de notre race, des fins *idéales,* elle ne s'éloigne cependant point des faits et si la politique de la France est généreuse, elle est aussi *réaliste.* « Si l'on analyse, constate M. Albert Sarraut dans l'exposé des motifs de son projet de loi pour la mise en valeur des colonies, si l'on analyse tels éléments essentiels qui composent ce que l'on appelle notre *politique indigène,* par exemple, l'assistance médicale et l'instruction, on est frappé de la traduction essentiellement *utilitaire* de chacun d'eux. Dans chacun, juxtaposition étroite de notre intérêt et de notre devoir, dépendance rigoureuse de l'un et de l'autre, comme la moisson dépend de la semence, — et certes la comparaison n'a jamais été plus exacte... » Cette utilité, au reste, n'est pas unilatérale, elle ne s'exerce pas à notre profit seulement. L'assistance médicale conserve la race, l'instruction largement répandue lui permet d'évoluer. Dominateurs et sujets y trouvent exactement leur compte. Ainsi se crée la meilleure des solidarités et la paix française apparaît ainsi non plus seulement comme une formule générale et commode, mais comme l'expression d'une solide réalité assise sur les intérêts étroitement associés de la mère-patrie et de sa radieuse fille lointaine, l'Indochine.

VERS PLUS DE RICHESSES...

O cives, cives, quærenda pecunia primum
est !

HORACE.

ENRICHISSEZ-VOUS ! conseilla, un jour, M. Guizot, à ses concitoyens de France qui lui paraissaient se préoccuper avec excès d'idéalisme politique. Certains reprochèrent au ministre de Louis-Philippe cette parole qu'on taxa de cynisme mercantile. On ne saurait limiter, en effet, la vie des habitants d'un grand pays à la recherche exclusive des biens matériels. Mais, il faut bien reconnaître que, si l'argent ne fait pas le bonheur, il y contribue, du moins, fortement et que, comme le constata un humoriste, si l'or est une chimère, l'argent, lui, n'en est pas une. Il est non moins évident que le bien-être matériel conditionne le mieux-être moral et que l'absence des préoccupations terre-à-terre qui constituent le triste avantage de la pauvreté, facilite singulièrement la tranquillité des consciences et la paix des âmes. La prospérité d'une grande colonie comme l'Indochine apparaît ainsi comme le substratum indispensable de son évolution intellectuelle et morale et notre responsabilité de civilisateurs nous fait un devoir impérieux de consacrer tous nos efforts à son accroissement. La colonisation se résume en un fait fécond en ses multiples conséquences et ce fait, c'est le développement économique de ces terres lointaines où une nation supérieure par sa culture depuis longtemps acquise, cherche à faire œuvre civilisatrice. C'est en mettant en œuvre un sol improductif jusqu'alors ou insuffisamment cultivé, c'est en utilisant les ressources jusqu'ici ignorées du sous-sol, les forces hydrauliques, et en apprenant aux indigènes à travailler, que la nation *conquérante* devient nation *bienfaisante*.

Par la force des choses, l'élément indigène évolue à notre contact, le développement économique des régions de son habitat l'enrichit et, s'il lui donne des besoins nouveaux, il lui fournit en même temps les moyens de les satisfaire. Le niveau social s'élève et permet une « association » de plus en plus étendue entre les indigènes et la nation éducatrice. Ainsi, la colonisation revêt bien ce double caractère de mise en valeur d'un territoire lointain, d'une part, et d'éducation sociale, d'autre part.

La mise en valeur est conditionnée par plusieurs facteurs : la main-d'œuvre, le capital, les ressources du sol et du sous-sol, l'industrie, les moyens de transport, les organes destinés à donner l'impulsion économique. C'est un problème infiniment complexe et de longue haleine qui exige des capitaux

considérables et l'union intime et fraternelle des deux races
en collaboration.

Le procédé initial pour se procurer de la main-d'œuvre,
en l'absence de volontaires, a été, dans la plupart des pays,
celui de la corvée. En Indochine, le gouvernement annamite
y recourait pour creuser et entretenir les canaux. C'est par
ce procédé que Gialong, pendant la dernière année de son
règne (1820), fit creuser trois grands canaux. Mais ces travaux
dont l'utilité apparaissait aux indigènes étaient exceptionnels. Les travailleurs étaient, d'ailleurs, bien payés et, quand
on n'avait pas besoin d'eux, ce qui arrivait le plus souvent,
on les laissait en paix. Un décret de Minh-Mang avait donné
aux corvéables des garanties précieuses en fixant à 48 par
année le nombre maximum des journées de corvée dues par
chaque inscrit et en décidant que, sous aucun prétexte, les
corvéables ne pourraient être employés à plus de cinq kilomètres de leur village. Les autorités françaises de Cochinchine,
au contraire, usèrent au début de la corvée sans ménagement,
d'où de graves mécontentements. Puis, en 1871, on la déclara
rachetable, mesure fiscale qui souleva aussi de vives récri-
minations. Enfin, M. le Myre de Vilers provoqua le décret
du 10 mai 1881 portant abolition de la corvée en Cochinchine.
Dans les autres parties de l'Indochine, le rachat de la corvée
introduit d'abord à titre facultatif a été ensuite rendu obli-
gatoire et, finalement, à la suite des réformes fiscales opérées
en 1897 et 1898, la corvée a disparu fondue dans l'impôt
personnel. On a seulement maintenu les prestations pour les
travaux d'intérêt local et les dix journées dues aux villages
pour l'entretien des petites voies de navigation et, particulièrement, des digues.

La réglementation de la main-d'œuvre indigène en Indochine a donné lieu à de nombreuses discussions. Divers

projets ont été discutés et la question reste jusqu'à nouvel ordre réglée par des arrêtés du gouverneur général. Ce sont, pour le Tonkin, les arrêtés du 1ᵉʳ octobre 1885 qui a institué le livret d'ouvrier, du 17 août 1896 sur la main-d'œuvre agricole et du 26 août 1899 étendu au Cambodge en 1902. La difficulté est de trouver une législation qui, sans léser les droits des indigènes, garantisse cependant aux colons la fidélité des engagements pris et le moyen de faire sanctionner rapidement les multiples infractions dont l'indigène se rend journellement coupable vis-à-vis de son engagiste.

Les colons indochinois se sont toujours plaints de la réglementation de la main-d'œuvre et prétendent que ces arrêtés n'ont rien fait pour eux dans le sens utile, en particulier, pour remédier aux vols fréquents dont ils sont victimes et que la complication de notre appareil judiciaire ne parvient pas à réprimer. C'est pour leur donner satisfaction qu'a été pris un décret du 20 janvier 1910 qui assimile aux détournements prévus par l'article 408 du code pénal les détournements d'avances ou salaires, effets, marchandises, instruments agricoles, bétail, etc. commis en n'exécutant pas le travail en vue duquel étaient faites ces avances. Mais ce décret lui-même est considéré par les colons comme insuffisant. En réalité, la question est fort complexe et touche de près à la politique indigène. Il est certain que là où les textes demeurent impuissants, le temps et le progrès des mœurs donneront d'utiles améliorations.

L'Indochine, encore que seuls les deux deltas soient véritablement peuplés, est une colonie privilégiée au point de vue de la main-d'œuvre indigène. A cette main-d'œuvre indigène, colons et industriels peuvent, d'ailleurs, ajouter celle à provenir de l'immigration asiatique dont j'ai indiqué plus haut le fonctionnement et l'organisation. Ajoutons que le rendement de cette main-d'œuvre ne pourra que s'accroître dans l'avenir, grâce à sa protection par la législation du travail, et voir son rendement augmenter par l'instruction professionnelle. A cet égard, il convient de constater au passage un des rares bienfaits de la guerre : les nombreux travailleurs indochinois envoyés en France pendant la guerre s'y perfectionnèrent rapidement. Si, dans les débuts, certains employeurs trouvèrent cette main-d'œuvre coûteuse et de faible rendement, ils ne tardèrent pas à revenir sur cette première impression et à apprécier vivement la bonne volonté de nos indigènes, leur adresse, leur facilité d'assimilation, le soin et la régularité qu'ils apportaient dans leur travail. Les rapports du contrôleur général Guesde font foi à cet égard.

M. Guesde, résident supérieur d'Indochine, après de brillants services aux armées, prit en 1918 la direction en France du « contrôle des tirailleurs et travailleurs indochinois » avec l'assistance de quelques administrateurs de carrière et d'un mandarin annamite. Les contrôleurs furent accrédités par les ministres de la guerre et de l'armement et par le général commandant en chef pour pouvoir pénétrer dans tous les ateliers, hôpitaux et formations militaires de l'intérieur et de la zône des armées. Leur rôle consistait essentiellement, au cours de visites fréquentes dans les divers groupements, à veiller à l'observation des règlements concernant les travailleurs coloniaux, à vérifier les conditions d'hygiène générale, de logement, d'alimentation, de couchage et d'habillement ; à se rendre compte du rendement au travail et à proposer toutes mesures susceptibles de l'améliorer. Ils se maintenaient en contact avec les Indochinois de manière à connaître leur état d'esprit. Ils les soutenaient et les aidaient moralement par des conseils et des avertissements, écoutaient leurs doléances et s'efforçaient d'empêcher les malentendus qui, nés souvent d'un incident futile, auraient pu entraîner des conflits.

Enfin, les contrôleurs avaient pour mission de suivre attentivement l'évolution mentale des exotiques dans leurs nouvelles conditions d'existence et d'étudier les mesures permettant de les réadapter à leur milieu d'origine.

En octobre 1918, le gouverneur général de l'Indochine manifesta le désir de profiter du séjour des travailleurs indigènes en France pour faire perfectionner dans les ateliers de la métropole une sélection de techniciens susceptibles de constituer de bons cadres pour la main-d'œuvre en Indochine. Le gouverneur général fixait leur nombre à 1.250 et indiquait particulièrement les spécialités suivantes : métallurgistes, maîtres-mineurs, électriciens, mécaniciens, spécialistes en constructions navales, fabrication du caoutchouc, du papier et du verre.

Après de multiples démarches, tant auprès du ministère du commerce (écoles professionnelles) que directement auprès des ministères de la marine (arsenaux) et de la reconstitution industrielle (centres miniers), il fut possible au contrôleur Guesde de réaliser le placement de près d'un millier de spécialistes se répartissant comme suit :

Papeteries Bergès à Lancey (Isère)	39
École des Arts et Métiers d'Angers	25
Verrerie Puy Guillaume (Société de Vichy)	54
Société parisienne du caoutchouc	100
École professionnelle de Dijon	20
École Livet à Nantes	52
École professionnelle de papeterie de Grenoble	10
Fonderies de Ruelle	120
Arsenaux de Rochefort	60

Constructions navales de Toulon..................... 215
Centres miniers de la région d'Alais.................. 25
Mines de Blanzy (Montceau-les-Mines).............. 15
Mines de Saint-Étienne.......................... 60
Fabrication de semelles de jute à Talence (Gironde).. 15

La durée du stage varia, suivant les spécialistes, de six mois à un an. Des fiches individuelles de renseignements très complètes, dressées par les chefs d'ateliers en fin de stage, et permettant aux industriels de la colonie d'apprécier exactement la valeur professionnelle de chaque indigène, furent transmises par les soins du contrôle dirigé par le résident supérieur Guesde au gouverneur général de l'Indochine. De cette façon, les stagiaires, dès leur retour dans la colonie, purent être répartis dans les divers centres industriels suivant leurs capacités. C'était là la meilleure école qu'on pût imaginer, et ce procédé se développant et se perfectionnant dans l'avenir assurera à la main-d'œuvre locale qui vaut déjà par la quantité, *la qualité*.

J'ai dit, dans un chapitre antérieur, l'importance approximative des *capitaux* investis en Indochine, capitaux qui constituent, avec la main-d'œuvre, un des éléments essentiels de la mise en valeur et de l'enrichissement d'une colonie. Encore que le seul capital de la Banque de l'Indochine représente à lui seul 72 millions qui lui permettent un mouvement d'affaires de près de deux milliards, il s'en faut que l'Indochine ait toujours trouvé dans la métropole les capitaux qui lui étaient nécessaires. On sait que les petits épargnistes routiniers et ignorant l'intérêt que pouvaient présenter pour eux les placements aux colonies, préféraient avant la guerre les valeurs plus ou moins sûres des pays étrangers. Les seuls placements en fonds russes ont coûté à notre épargne un nombre respectable de milliards. La leçon servira-t-elle pour l'avenir ? Il est bien évident que pour la mise en valeur de nos colonies, en général, et de l'Indochine, en particulier, nous devons éviter de nous adresser aux capitalistes étrangers. Les inconvénients économiques et politiques qui en résulteraient sont trop manifestes pour que j'y insiste.

Il appartient à l'administration de veiller à la constitution et à la répartition du capital entre les mains de ceux qui doivent l'utiliser. Elle y a veillé en Indochine en développant les institutions de prêt, de mutualité et l'organisation bancaire.

Une *caisse d'épargne* existe à Saïgon dont les opérations poursuivent une marche ascendante. Le nombre des déposants atteint près de trois mille. Les capitaux versés se sont élevés de 400.000 piastres en 1914 à près de 900.000 à la fin de 1916.

Il y a beaucoup à faire pour fournir au travail indigène les capitaux dont il manque. L'Annamite vit au jour le jour, habitué à se servir de sa récolte comme instrument de crédit. Quand il a besoin d'argent pour une des innombrables fêtes du pays, pour une cérémonie de famille ou, pour payer l'impôt, il emprunte sur la moisson à venir et le taux ordinaire est de 3 % par mois. S'il ne peut se libérer, le prêteur, usurier indigène ou chinois, se paie en nature et se procure ainsi à bon compte les denrées qu'il revend au commerce européen. Aussi, une réforme qui s'impose est-elle l'institution du crédit agricole. La Banque de l'Indochine prête bien sur les récoltes : l'emprunt est conclu par la commune au taux de 8 % avec ristourne de 2 % à l'administration chargée de poursuivre les rentrées. C'est une opération excellente pour la Banque, préférable au recours à l'usure pour l'indigène : ce n'est pas le crédit pour les améliorations agricoles. Pour le créer, il faudrait introduire des institutions adaptées des nôtres. À ce propos, des Européens ont fait des tentatives individuelles, souvent très généreuses d'inspiration. Ils se sont heurtés à l'ignorance et à de déplorables habitudes. Imprévoyant pour lui, le paysan annamite témoigne la plus grande insouciance pour les œuvres collectives. Trop souvent partisan des usuriers et désireux de les imiter, l'Annamïte instruit trompe la confiance de ceux qui lui remettent l'administration des sociétés créées. Une société d'assurances contre la mortalité du bétail avait été créée au Tonkin. On n'a pu faire comprendre aux Annamites le mécanisme de l'assurance. Il leur paraissait inique que l'année où l'animal assuré ne mourait pas, on ne leur rendît pas le montant de la prime. Les *dong-loi*, intéressantes coopératives auxquelles M. Yves Chatel a consacré une étude documentée, n'ont pas beaucoup mieux réussi. La société-mère de Kien-an existe toujours, mais ses filles ne représentent que quelques unités et certaines d'entre elles, notamment la dong-loï de Haïphong, ont dû liquider.

L'échec, ici encore, vient des indigènes : nul ne fait, mieux que certains d'entre eux, le jeu des quelques Européens hostiles à l'éducation économique et sociale de l'Annamite. Mais il ne faut point perdre courage. Le temps et des efforts suivis viendront à bout de ces résistances et de ces préjugés.

Notre organisation bancaire en Extrême-Orient a pour principal représentant la Banque de l'Indochine. Cet établissement a été institué en 1875 au capital de 8 millions porté successivement à 48 et à 72 millions. Les affaires se sont rapidement développées, passant de 550 millions en 1900 à 2.100.000 millions en 1913. Ses dividendes sont élevés ; ses réserves dépassent 50 millions. La Banque de l'Indochine ne pratique pas, d'une façon suffisamment large, le prêt sur récolte ; c'est, avant tout, une banque commerciale ; ses bénéfices sont réalisés principalement sur les opérations de change, et, accessoirement, sur les escomptes de commerce.

L'administration indochinoise et les Chambres de commerce de la colonie ont reproché à la Banque privilégiée de ne pas apporter un concours assez large au développement économique du pays et de rapatrier ses énormes bénéfices dans la métropole sans profit pour la colonie. Ces reproches ne sont pas sans fondement ; mais, d'autre part, il est assez difficile d'inscrire dans le statut d'une banque d'émission des obligations qui puissent mettre sa liquidité en danger.

A l'occasion de l'expiration du privilège de la Banque de l'Indochine (21 janvier 1920), privilège prorogé provisoirement pour une faible durée, plusieurs commissions se sont successivement réunies en vue d'étudier les conditions auxquelles serait subordonné le renouvellement du privilège dans les intentions du gouvernement et sans préjudice du vote du Parlement appelé à valider les propositions gouvernementales. Ces conditions peuvent se résumer comme il suit : D'abord, la Banque s'engagerait à verser au Trésor, en espèces, une contribution de 20 millions de francs. En second lieu, la Banque verserait chaque année au trésor, par semestre, une redevance calculée, pour chaque colonie ou chaque groupe de colonies, sur le montant des billets constituant la circulation émise par la succursale, déduction faite de l'encaisse en numéraire et des avances consenties gratuitement ou à des taux réduits à l'État ou à la colonie dans un intérêt public. Cette redevance, pour l'Indochine, ne pourrait être inférieure à 150.000 piastres. En troisième lieu, la

Banque de l'Indochine, dans des conditions à régler par des accords spéciaux, apporterait son concours financier et moral à la création d'une Banque de crédit industriel, commercial, agricole et maritime, ayant ses comptoirs dans les colonies françaises où la Banque de l'Indochine exerce son privilège. La Banque de l'Indochine contribuerait par une somme de cinq millions à la formation du capital nominal de cet établissement, lequel ne pourrait être inférieur à 15 millions de francs. Elle lui remettrait, en outre, pour la durée de son privilège, une avance sans intérêts de 5 millions. En quatrième lieu, le gouvernement se réserverait de prendre à toute époque et sans préavis quelconque, les mesures nécessaires pour assurer la stabilité du change en Indochine sans que la Banque soit fondée à réclamer une garantie ou une compensation. Enfin, aux termes d'autres dispositions, l'intérêt servi par la Banque sur les fonds du trésor déposés en compte courant, ne pourrait être inférieur à 2 1/2 % ; et toute répartition d'un dividende annuel supérieur à 85 francs, net d'impôts, obligerait la Banque à verser à l'État français une somme égale aux deux tiers de l'excédent net réparti.

Quelle que soit la suite que réservera le Parlement à ces propositions et de quelques amendements qu'elles puissent faire l'objet, il est à espérer que le texte finalement voté assurera à l'Indochine l'organisation bancaire dont sa population et ses commerçants et colons ont besoin pour développer leurs affaires. Les magnifiques résultats obtenus, d'ores et déjà, par le solide et prospère établissement financier qu'est la Banque de l'Indochine permettent, à cet égard, tous les espoirs.

Dès le début de notre occupation en Indochine, il a fallu donner à son administration les moyens nécessaires pour se procurer les capitaux indispensables à l'organisation du pays, à son appropriation, moyens de deux sortes, ordinaires, consistant essentiellement dans les ressources budgétaires et extraordinaires, tirés des emprunts.

J'ai indiqué rapidement, au début de cet ouvrage, ce qu'était le régime fiscal de l'Indochine. Il est d'une extrême simplicité. Il y a des impôts indirects qui comprennent les droits de douane à l'importation et à l'exportation, avec les recettes accessoires, les droits de consommation, les droits d'enregistrement et les régies. Le produit de ces recettes alimente le budget général. Il y a les impôts directs qui comprennent essentiellement l'impôt personnel et l'impôt foncier et qui alimentent les budgets locaux. Il ne faut pas hésiter à proclamer que ce système est extrêmement simple et extrêmement souple. Il procure au budget des ressources abondantes et ne constitue qu'une charge relativement légère pour le contribuable.

Les taxes de consommation constituent une ressource dont le principe n'est pas contestable, puisqu'il s'agit d'un impôt sur le revenu dont le rendement est très productif et que le contribuable acquitte sans difficulté et sans gêne. Ces taxes, qui n'ont aucun caractère différentiel, qui frappent les produits importés au même titre que les produits du crû et les produits nationaux au même titre que les produits étrangers, constituent une recette appréciable.

Le fonctionnement des Régies a été amélioré. Leur principe n'est pas davantage discutable. La ferme de l'opium, du sel, de l'alcool est classique en Extrême-Orient et il est hors de doute que la Régie constitue sur la ferme un progrès indiscutable.

Sans entrer dans les détails au sujet du régime de l'alcool dans le Tonkin et le Nord-Annam, il convient de noter ici que de larges réductions de prix ont été consenties au con-

sommateur soit par une réduction du prix payé aux fournis-
seurs-distillateurs, soit par une réduction des remises accordées
aux débitants, soit par une diminution des frais généraux.
Cette œuvre a été complétée en 1914 par un remaniement
du régime des débits qui a commercialisé encore plus le fonctionnement de la Régie. Les résultats ont été frappants.
La Régie a conquis sans vexations et presque sans lutte le
terrain où l'on pensait que le contrebande demeurerait inex-
pugnable. Spontanément, le consommateur a choisi l'alcool
de la régie de meilleure qualité, meilleur marché et mis à sa
disposition dans des conditions qui lui donnaient pleine
satisfaction. En chiffres la réforme s'est traduite par une
plus-value appréciable n'impliquant pas, d'ailleurs, une augmentation de la consommation mais, simplement, une reprise
sur la contrebande.

Quant au sel, les salines de l'Indochine ne produisent pas
tout ce qu'elles pourraient produire. Sur toute une partie
de la côte, les salines ont été abandonnées pour le plus grand
dommage des populations de sauniers parce que les besoins
de la consommation ne justifiaient pas leur maintien. On
imagine combien une pareille mesure a été impopulaire. A
compter du 1er janvier 1914, elle a pris fin. La Régie a passé
un contrat par lequel elle s'est assuré la vente de toutes les
quantités de sel susceptibles d'être récoltées en Indochine
et qui excéderaient les besoins de la consommation locale.

De la ferme de l'opium, je parlerai plus loin et le lecteur
verra pourquoi. En résumé, aucune modification profonde
n'est désirable dans le régime des impôts indirects de l'Indochine. Il faut simplement mieux adapter ces impôts à la
masse imposable. Leur grand avantage est leur souplesse
et la facilité de leur perception.

Il ne peut être question de faire ici une étude complète

des impôts directs de l'Indochine. J'indiquerai simplement les critiques qu'ils ont à plusieurs reprises provoquées. On a fait remarquer tout d'abord l'étrange disproportion existant entre les impôts directs payés par les indigènes et ceux payés par les Européens. Il est de tradition, au moins dans nos nouvelles colonies, que l'Européen ne paie pas les mêmes impôts que l'indigène ; mais un pareil régime d'exception est impossible à justifier. En droit, l'impôt frappe la personne ou la fortune sans distinction de nationalité ou de race. En fait, il est certain que la plupart des Européens vivant dans une colonie sont plus fortunés que la majeure partie des indigènes de cette colonie. L'administration indochinoise a eu le courage d'envisager le problème avec la ferme volonté de le résoudre et depuis deux années déjà, un impôt sur le revenu a été institué en Indochine qui frappe tous les habitants européens ou indigènes sans exception.

On a reproché, d'autre part, aux impôts directs indigènes, leur absence d'assiette sérieuse. L'impôt foncier est une taxe qui, en théorie, au moins, est proportionnelle à la surface de la terre et à son classement. Pour l'impôt personnel, la taxe est basée, au moins dans les pays de protectorat de l'Annam et du Tonkin, sur la distinction entre l'inscrit et le non-inscrit. Mais quel est le régime foncier en Indochine ? Quel moyen sérieux a-t-on d'évaluer la propriété d'un Annamite et d'apprécier le classement de sa terre ? Qu'est-ce qu'un inscrit et qu'est-ce qu'un non-inscrit ? Ce sont là autant de questions auxquelles on fournit un nombre considérable de réponses, mais aucune d'entre elles n'est satisfaisante. La vérité, c'est que l'assiette de l'impôt foncier comme celle de l'impôt personnel sont complètement arbitraires parce qu'il n'y a ni cadastre achevé ni recensement.

Le *cadastre* de la Cochinchine dont l'établissement est

entrepris depuis plus de quarante ans est le plus avancé de la colonie. La presque totalité des terres en culture sont actuellement cadastrées ; ceci représente deux millions d'hectares sur un total d'environ six millions. Le cadastre du Tonkin est moins avancé. Ce n'est qu'au budget de 1913 qu'ont figuré les premiers crédits nécessaires à son entreprise ; ceux de l'Annam et du Laos sont à peu près inexistants ; celui du Cambodge comprend à peine trois cent mille hectares levés sommairement.

L'administration du cadastre est, dans une grande mesure, paralysée par l'absence de personnel. Elle se sert actuellement pour activer son travail de photographies prises en avion par les aviateurs militaires. La colonie n'a, néanmoins, pas encore utilisé, d'une manière complète, les ressources que donnent la photographie aérienne et les procédés récents de report des photographies pour l'établissement des plans cadastraux.

Il serait nécessaire, pour permettre de donner une base précise à l'impôt foncier et pour assurer aux transactions sur les propriétés toute la sécurité désirable, de procéder à un établissement aussi rapide que possible du cadastre de toutes les régions déjà cultivées de l'Indochine ainsi que de celui des régions à ouvrir à la colonisation, que ce soient les terrains encore incultes de la Basse-Cochinchine, les terres rouges de la Cochinchine et du Cambodge ou les plateaux fertiles de l'Annam, du Tonkin et du Laos. Cette question présente une importance vitale dans un pays essentiellement agricole, habité par une population aussi amoureuse de sa terre que notre paysan de France.

Cette tâche ne peut être entreprise que par l'adjonction aux services actuels du cadastre de services ou d'entreprises de photographie aérienne, munis du matériel spécial approprié et du personnel technique entraîné à ce genre de travail. Dans ces conditions, il serait possible d'obtenir en une douzaine d'années environ le plan cadastral au cinq millième de toutes les régions cultivées ou susceptibles de l'être.

L'impôt personnel n'était pas assis sur des bases plus solides pour la raison très simple qu'il n'était point tenu d'état-civil. Dans aucun pays de l'Union, dans aucune région de ces pays, dans aucune province même, il n'y avait quelque constance dans la proportion entre les habitants et les inscrits, d'une part, entre les inscrits et les non-inscrits, d'autre part. Une pareille incertitude ne pouvait se prolonger. Dès 1912, des mesures ont été prises pour organiser *l'état-civil* afin qu'on puisse connaître peu à peu le nombre exact des habitants et identifier les contribuables. De plus, au cours de l'année 1921, il a été procédé à un *recensement général*.

La troisième observation faite sur les impôts directs est relative au manque de contrôle dans la perception de ces impôts et c'est là, a pu établir M. Van Vollenhoven, directeur des finances en 1913, au moins dans les Pays de Protectorat, le reproche le plus grave qu'on puisse leur faire. Le contribuable ne sait pas ce qu'il doit payer et il paie, par suite, ce qu'on lui demande. Il serait trop facile de pousser ici le tableau et il ne faut point se dissimuler que c'est de cet arbitraire fiscal qui règne en matière d'impôts directs que la population souffre le plus. Il n'est point de monopole plus coûteux et plus vexatoire que celui des subordonnés du mandarin ou des autorités communales. M. le gouverneur général Sarraut s'est avisé de deux remèdes à cette situation. Le premier consiste à donner un statut aux chefs indigènes, à assurer ainsi un bon recrutement, un avancement normal et une solde convenable à nos collaborateurs. Le second sera probablement encore plus efficace : il consiste dans l'orga-

nisation de la *représentation des indigènes*. Tous les indigènes
de Cochinchine et du Cambodge, de l'Annam et du Tonkin
élisent des conseillers provinciaux qui peuvent se faire les
interprètes des doléances de la population. De plus, il existe
au Cambodge, au Tonkin et en Annam, ainsi que nous le
verrons plus loin, des assemblées locales dont les manifestations ont encore plus de répercussion. C'est sur cette question des impôts directs que l'attention de ces assemblées
doit être principalement appelée.

Il faut se convaincre, contrairement à ce qu'on pense généralement, que le problème des impôts indirects est en Indochine beaucoup plus facile et beaucoup moins aigu que celui
des impôts directs. C'est dans le fonctionnement de ceux-ci
que réside la grosse difficulté fiscale de l'avenir. Il faut avoir la
franchise de la reconnaitre et le courage de l'aborder. Ce qui fait
cette difficulté c'est le parallélisme existant entre les institutions
politiques et les institutions financières en matière de perception d'impôts directs. Dans les pays civilisés, le contribuable est
toujours individualisé, l'impôt n'est jamais collectif. Il en est
autrement dans les colonies où l'impôt collectif est la règle.
L'Indochine n'échappe point à cette règle. C'est la commune
annamite, cellule politique et sociale du pays, qui est en
même temps l'unité imposable. Comment se fait la répartition
dans l'intérieur de cette cellule, nous l'ignorons, et la crainte
de compromettre le fonctionnement de la commune nous
a empêchés de pousser nos investigations. Le problème est
donc, à la fois, politique et fiscal, plus politique même que
fiscal et ici on est amené insensiblement de la non-intervention à l'intervention, à fléchir en un mot les principes du
protectorat et à incliner vers l'administration directe.

Les budgets, tant le budget général que les budgets locaux
de l'Indochine lui ont fourni toutes les sommes nécessaires

à son administration et aussi une partie de celles indispensables aux travaux ordinaires et à son outillage économique courant. Mais, du jour où un vaste programme de chemins de fer et de travaux publics d'intérêt général fut élaboré, il fallut recourir à l'emprunt, avec ou sans la garantie de la métropole. A l'heure actuelle, depuis 1896, date de l'emprunt de liquidation de 80 millions de l'Annam-Tonkin et sans y comprendre naturellement l'emprunt de 76 millions contracté par la compagnie des chemins de fer de l'Indochine et du Yunnan, à l'heure actuelle, l'Indochine a contracté pour 380.643.798 fr. 50 d'emprunts dont la totalité a été consacrée à la mise en valeur, soit, à l'enrichissement de la colonie. Les sommes ainsi empruntées exigent une annuité totale de 18.558.760 francs. Au taux budgétaire de 3 francs, cette annuité représentait 6.186.253 piastres, ce qui donnait par rapport aux dépenses budgétaires totales (98.830.741 piastres) un pourcentage de 6,26 %. Mais, pendant l'année 1920, le taux moyen de la piastre ayant été supérieur à dix francs, le paiement de l'annuité des emprunts n'a nécessité qu'un décaissement de 2,062.084 piastres, ce qui a abaissé le pourcentage des charges d'emprunt dans les dépenses budgétaires à 2 %.

Grâce aux sommes ainsi empruntées, l'Indochine a pu réaliser la construction de trois groupes de voies ferrées : Dans le groupe Nord, les lignes partent de Hanoï comme centre et affectent une disposition radiée. La ligne de Hanoï à la frontière chinoise (167 kilomètres), d'abord stratégique et à 60 centimètres, de Phu-lang-tuong à Langson, a été reconstruite à 1 mètre. Elle a coûté 41 millions, soit 245.700 francs le kilomètre. La ligne de Hanoï à Vinh-Ben-thuy, premier tronçon du transindochinois, commencée en 1899, ouverte au trafic en 1905, est revenue à 39 millions, soit pour

326 kilomètres à 122.000 francs le kilomètre. La ligne d'Haï-phong-Hanoï-Laokay, construite par la colonie, mais exploitée par la compagnie des chemins de fer de l'Indochine et du Yunnan, est extrêmement prospère. Elle a présenté de graves difficultés d'établissement : dans la section Hanoï-Laokay, on ne compte pas moins de 175 ponts métalliques et de 30 tunnels. Elle revient à 65 millions, soit 168.000 francs le kilomètre. Le chemin de fer de Yunnan (469 kilomètres), qui prolonge le précédent, de Laokay à Yunnanfou, a été construit en territoire chinois par la compagnie du Yunnan, à la suite de la convention franco-chinoise des 9-10 avril 1898. C'est le « musée » des difficultés que peuvent rencontrer les ingénieurs dans la construction de voies ferrées. Il a coûté 165 millions de francs, soit 353.700 francs par kilomètre et donne maintenant les meilleurs résultats financiers et économiques.

Le groupe du centre est constitué par le tronçon intermédiaire du transindochinois Tourane-Hué-Dongha (174 kilomètres), qui n'aura réellement d'utilité que lorsqu'il sera soudé, après achèvement des travaux en cours, au tronçon Hanoï-Vinh. Sa construction a coûté 27 millions (157.000 francs le kilomètre).

Le groupe du sud comprend deux lignes : La ligne de Saïgon à Nhatrang (408 kilomètres), tronçon méridional du transindochinois sur lequel viennent se greffer les embranchements de Phantict (12 kilomètres), de Phanrang (4 kilomètres) et de Xong-gom (39 kilomètres), ce dernier remontant vers le plateau du Lang-bian. Commencée en 1900, terminée en 1913, elle a coûté 66 millions, soit 144.000 francs par kilomètre. La petite ligne de Saïgon-Mytho (71 kilomètres), construite de 1882 à 1885, est revenue à 11 millions (163.000 francs le kilomètre).

Un dernier emprunt de 90 millions consenti par la loi du
26 décembre 1912 avait été contracté pour effectuer la liaison
entre Vinh, terminus du chemin de fer qui part de Hanoï
vers Tourane, et Dongha, terminus du tronçon qui part
de Tourane vers Hanoï. La coupure entre les deux tronçons
est d'environ 300 kilomètres. Sa suppression doit mettre le
Tonkin en communication directe avec Hué, capitale de
l'Annam, et Tourane. L'exécution de la ligne Vinh-Dongha
était commencée sur une longueur de 92 kilomètres. L'insuffisance des ressources financières jusqu'ici réalisées (50 millions seulement sur les 90 millions accordés par la loi de 1912),
empêchait de continuer les travaux entrepris. On aurait
pu y procéder en utilisant les 40 millions restant à émettre.
Mais les conditions du change étaient défavorables et il
paraissait préférable de ne pas surcharger le marché financier
français. Il a alors semblé rationnel et intéressant de chercher
sur place les ressources dont la colonie avait besoin. Un
emprunt émis en Indochine en piastres aurait, d'ailleurs,
l'avantage d'habituer les populations à un mode d'épargne
plus profitable à la collectivité que ne l'est la thésaurisation
actuellement pratiquée ; de plus, le service qu'il nécessiterait
pouvait être exactement apprécié dans ses incidences sur les
budgets de l'Indochine qui sont établis en piastres. Le gouverneur général insista seulement sur la nécessité, pour
assurer le succès de l'emprunt auprès de la population indigène, de lui donner la forme et les modalités d'un emprunt
à lots. C'est dans ces conditions que fut votée la loi du 20 Juin
1921 autorisant le gouvernement général de l'Indochine à
contracter un *emprunt local* de 6 millions de piastres pour
achever la ligne de Vinh à Dongha.

Tous ces travaux effectués et réalisés, il s'en faudra de
beaucoup encore que l'Indochine soit dotée du vaste outillage

économique dont elle a besoin pour atteindre son « plein » de richesse. Sans doute, la voie dans laquelle on vient d'entrer d'un emprunt local pourrait être suivie et, on pourrait envisager notre possession d'Extrême-Orient reconstituant elle-même et par ses propres moyens cet outillage. Semblable conception plairait aux théoriciens coloniaux du *self supporting* auxquels l'expérience n'a rien appris et qui en sont encore à considérer que l'idéal pour une colonie est de ne plus rien coûter à la métropole et, au contraire, de lui verser un tribut. Conception surannée et peu scientifique que démentent toutes les expériences faites aussi bien chez nous qu'à l'étranger. Il faut, au surplus, comme l'a noté M. Sarraut dans l'exposé des motifs du projet de loi qu'il a déposé sur le bureau de la Chambre des députés le 12 avril 1921, il faut voir la situation telle qu'elle est. La guerre a eu de rudes répercussions sur les budgets de nos colonies, même en Indochine obligée par exemple de prendre à sa charge l'abondement des soldes militaires. Puis, par surcroît, voici retomber brusquement sur ces budgets une charge particulièrement pesante et d'ailleurs inévitable parce qu'elle est justifiée : l'augmentation générale de la solde des fonctionnaires. On pourra, sans doute, réduire cette charge en réduisant l'effectif du personnel européen ; mais, ce n'est pas tout de suite que le résultat budgétaire apparaîtra : ce n'est que par extinction qu'on peut diminuer cet effectif. On ne peut pas, on ne doit pas licencier le personnel ; il faut, d'ailleurs, avoir le loisir de former les auxiliaires indigènes ; bref, il faut du temps, et nous sommes dans la période où la charge nouvelle des augmentations va porter à plein. Comment faire coïncider avec cette charge celle de nouveaux emprunts ? Que les colonies, et, en particulier, l'Indochine, puissent faire face aux dépenses normales des travaux ordinaires, oui, sans doute ; mais, à des travaux d'importance exceptionnelle, comme ceux qui restent à accomplir, non. Elles n'auraient point, dans le moment présent, le moyen de garantir les emprunts considérables qu'ils exigent si l'on veut vraiment, renonçant à la procédure néfaste des « petits paquets », agir largement, voir grand et les mettre en mesure de s'enrichir rapidement et avec elles, simultanément et consécutivement, la métropole.

Si l'on contraignait les colonies à se procurer quand même des ressources rapides pour gager de tels emprunts, alors il faudrait prendre garde. Il existe dans toutes les colonies, y compris l'Indochine, des « pressoirs fiscaux » sous lesquels, à coup sûr, on peut toujours faire passer la matière imposable et, spécialement, le contribuable indigène ; il suffit d'un tour de vis pour accroître le rendement du pressurage. Ne donnons point une telle tentation à des administrations locales obligées de trouver des ressources pour pouvoir créer. Ou, alors, prenons garde au mécontentement de l'indigène qui sentira moins l'intérêt futur de cette surimposition qu'il ne ressentira le poids soudain dont on le grève. La sécurité de notre domaine colonial peut en dépendre.

C'est en s'appuyant sur cette considération et aussi sur celle tirée de la nécessité et des avantages d'un programme d'ensemble méthodique que le ministre des colonies a préparé le projet de loi destiné à fixer le cadre de la mise en valeur définitive de nos colonies. Dans ce vaste projet, une place d'honneur devait être réservée à l'Indochine. Celle-ci, en effet, à tous les points de vue, est la plus développée et la plus prospère de nos colonies. Tant par le moyen des emprunts qu'elle a réalisés à l'aide de ses ressources budgétaires que par celui de ceux que la métropole a garantis, elle a poursuivi avec méthode l'exécution d'un important programme de travaux publics. La moyenne générale des crédits inscrits au budget général pour travaux neufs a été, de 1915 à 1920, supérieure à 8.500.000 piastres. Toutefois, pour donner à ce pays où des ressources naturelles immenses sont encore bien loin d'être entièrement exploitées, le moyen de les mettre en œuvre et de fournir à la métropole les produits dont elle a besoin, il est indispensable de compléter, à bref délai, par un ensemble de grands travaux, l'œuvre déjà réalisée.

Le projet du ministre des colonies prévoit :

— Pour les ports maritimes, l'aménagement des ports de Saïgon-Cholon, de Haïphong, de Tourane et de Quang-tchéou-wan.

— Pour l'hydraulique, l'extension et l'amélioration des canaux de la Cochinchine, des travaux d'irrigation, la protection du Tonkin contre les inondations et l'aménagement des chutes d'eau et des forces hydrauliques.

— Pour les voies ferrées, l'achèvement du tronçon Vinh-Dongha (trois cents kilomètres) du Transindochinois, le chemin de fer de la côte d'Annam au Laos (cent quatre-vingt-sept kilomètres), la continuation du Transindochinois de Tourane à Saïgon (cinq cent trente kilomètres), le chemin de fer de Saïgon à Pnom-Penh, Battambang et la frontière siamoise (six cent quarante-cinq kilomètres), l'extension du réseau local de la Cochinchine (trois cent trente-cinq kilomètres), l'extension du réseau local du Tonkin (trois cent vingt-cinqkilo mètres) et la jonction du réseau indochinois avec les lignes de Chine, enfin les lignes minières du Tonkin.

— Pour les routes, l'achèvement du réseau routier de l'Union.

— Pour l'hygiène, l'assainissement de Saïgon, de Cholon et des autres grands centres, l'aménagement du sanatorium de Dalat et de ses accès.

— Pour l'assistance médicale, la construction d'un grand hôpital à Saïgon-Cholon.

— Enfin, pour l'enseignement, le développement des établissements d'enseignement primaire, secondaire et professionnel.

Il est aisé d'imaginer tout ce que l'Indochine serait en droit d'attendre de la réalisation de ce vaste programme au point de vue du développement de sa richesse.

L'extension de la colonisation européenne, d'abord, et de la mise en valeur rationnelle et progressive du sol ne pourrait qu'y gagner. Cette colonisation, conditionnée par le *régime des concessions*, n'a peut-être pas donné jusqu'à ce jour tout ce qu'on était fondé à en espérer. En Cochinchine d'abord, car le régime des terres varie suivant les pays de l'Union, il existe actuellement deux procédés d'aliénation des terres domaniales : 1º la concession à titre gratuit utilisée pour les terres incultes et faite moyennant deux conditions, la mise en valeur du sol concédé et le paiement de l'impôt foncier. Ces concessions sont accordées en principe par le Conseil colonial. Quand elles dépassent 500 hectares, elles ne peuvent être accordées que par le gouverneur général. Le concessionnaire n'est pas assujetti à défricher son lot dans un délai fixe, mais l'impôt foncier auquel il est soumis lui donne un intérêt réel à le mettre en valeur le plus tôt possible ; 2º la vente, employée pour les terres cultivées et couvertes d'arbres. Ces concessions peuvent d'ailleurs être consenties à des indigènes comme à des Européens, à des étrangers comme à des Français, si bien qu'on a dû se préoccuper de les interdire aux Chinois dont l'invasion pacifique pourrait devenir inquiétante pour les habitants.

Au Tonkin où les citoyens et protégés français peuvent acquérir des biens en vertu de l'article 13 du traité de protection du 6 juin 1884, la matière est réglementée par deux arrêtés du 18 décembre 1896, pour l'aliénation des terrains urbains et du 18 août 1896 pour celle des terrains ruraux. Pour les premiers, la règle adoptée est la vente aux enchères publiques ou de gré à gré ; pour les autres, c'est la concession gratuite à condition que le bénéficiaire mette son lot en culture avant cinq années, n'aliène pas son titre et que la concession ne puisse dépasser cent hectares. Toutes ces concessions ne deviennent définitives qu'au fur et à mesure de la mise en exploitation, toutes les terres non cultivées devant au bout de cinq ans faire retour à l'État.

La colonisation européenne au Tonkin, jusqu'à présent, n'a pas très bien réussi. Des concessions ont été données sans qu'on se fût assuré que les terrains ainsi aliénés étaient bien vacants et sans maître et l'administration fut contrainte de racheter certaines de ces concessions pour les remettre aux indigènes. Au surplus, le régime des grandes concessions doit être entouré de toutes sortes de garanties étant donné les goûts agricoles et l'amour de la terre que professe la race annamite.

En Annam, une ordonnance royale du 27 septembre 1897 a autorisé les Français à acquérir des terres et il y a actuellement plus de 60.000 hectares de terres concédées, presque toutes situées aux environs de Touràne.

Au Cambodge, il en est de même depuis l'ordonnance royale du 11 juillet 1897 qui a permis aux Français d'acquérir.

Les résultats d'ensemble de la mise en valeur étaient, d'après M. Brenier, en 1914, les suivants :

En Cochinchine, sur une superficie totale de 5.600.000 hectares, 308.000 hectares étaient concédés, sur lesquels environ 100.000 hectares, soit 33 % ,étaient mis en valeur. La valeur estimative des concessions européennes représentait pour le riz environ 50 millions de francs, pour le caoutchouc 20 millions et pour le poivre 1.500.000 francs.

Au Tonkin, sur une superficie d'environ 10.400.000 hectares, 136.096 étaient concédés à des Européens, et la valeur estimative des cultures de riz représentait environ 10 millions de francs. Ce ne sont là que des approximations très probablement fort au-dessous de la vérité qui ont dû beaucoup progresser depuis 1914 et qui progresseront encore davantage dans l'avenir. Le développement de la richesse en Indochine peut être, en effet, considéré comme pouvant être illimité, et ce qui a été réalisé jusqu'à ce jour est peu de chose auprès de ce qui pourra l'être demain. Ceci apparaît dès qu'on passe en revue ses principales possibilités culturales et autres. Je n'en envisagerai que quelques-unes à titre d'exemple et de preuve.

Pour *le coton*, le Cambodge peut devenir, si les industriels et les capitalistes français savent réaliser l'effort nécessaire, le fournisseur d'une très grande partie du coton nécessaire à la France. Le Cambodge possède : 1º une qualité indigène, le « Cambodgian Cotton », originaire du pays même, donc, parfaitement acclimatée. Ses qualités sont telles que les Anglais sont venus chercher le coton cambodgien pour l'introduire dans leurs plantations ; 2º une superficie de terrain propre à la culture du coton de deux à trois millions d'hectares. Or, il suffirait de mettre en culture huit cent mille à un million d'hectares pour fournir le coton nécessaire à la France. Les essais entrepris et les expertises provoquées par l'administration depuis 1912 ont établi que les cotons provenant des terres rouges du Cambodge sont de qualité au moins égale aux cotons des États-Unis qui sont les plus employés par nos industriels. Un premier effort a été entrepris par un groupement constitué à l'instigation de l'Agence économique de l'Indochine à Paris en vue de la création d'une vaste exploitation sur vingt mille hectares ; une concession de cette étendue a été accordée et qui pourra s'étendre encore. La principale difficulté à résoudre sera celle de la main-d'œuvre, insuffisante. Le Cambodge étant relativement peu peuplé, elle pourra être résolue, en accord avec l'administration, par l'importation de main-d'œuvre étrangère, indienne, malaise ou chinoise.

Pour *la soie*, l'Indochine peut et doit produire une grande partie des soies grèges que nous demandons à Canton et une partie des pongés que nous expédie le Japon. C'est important car, tributaire depuis longtemps de l'étranger, l'industrie française de la soie se voit menacée d'être privée des produits chinois que les Japonais et les Américains s'attachent à monopoliser. La soierie lyonnaise, une des grandes richesses de notre exportation, vit, peut-on dire, au jour le jour, au hasard d'arrivages d'Extrême-Orient déjà trop ralentis. En 1920, sur l'initiative de l'Agence économique de l'Indochine, un groupement d'industriels s'est constitué à Lyon en vue d'étudier les possibilités d'utilisation des produits soyeux de notre grande colonie d'Asie pour la création d'une vaste industrie pouvant alimenter notre marché national d'une partie des soies grèges qu'on est actuellement obligé d'acheter au Japon ou en Chine pour une somme qui a représenté en 1920 un décaissement pour la France d'un milliard et demi de francs. Or, l'Indochine se trouve dans des conditions exceptionnellement favorables pour la production de la soie : cette industrie y est pratiquée depuis un temps immémorial et il ne manque à ce pays qu'une organisations scientifique et industrielle de la production pour devenir un grand producteur pouvant rivaliser avec la Chine et le Japon. L'industrie séricole en Cochinchine et au Cambodge représente actuellement une surface de 8.000 hectares cultivée en mûriers, une production de près de 4 millions de kilogs de cocons frais et de 150.000 kilogrammes de soie grège.

La société qui vient de se constituer s'organise pour élever en dix années cette production à 900.000 kilogs de soie, nécessitant une surface en culture en mûriers de 36.000 hectares et une distribution aux indigènes en graines de vers à soie de 72 millions de pontes. Cette production représentera, pour la Cochinchine et le Cambodge seulement, au cours de 150 francs le kilog de soie, une valeur totale de 135 millions de francs.

Pour *le riz*, en 1920, ses colonies n'ont même pas fourni à la France la moitié de sa consommation. Or, notre merveilleuse Cochinchine, le second pays exportateur de paddy du monde après la Birmanie, est en mesure de satisfaire intégralement et sans effort à tous nos besoins : n'a-t-elle pas exporté, en 1918, 16.197.150 quintaux métriques de cette céréale ? La hausse du change de la piastre a été la cause du ralentissement des importations du riz indochinois en France. Avec la baisse de la piastre cette situation doit s'améliorer. On préfère, en général, à nos riz indochinois, ceux plus homogènes de Java, d'Espagne, d'Italie ou de Caroline. La faute en est à la décortication imparfaite des rizeries chinoises de Cholon. C'est regrettable car nos paddys d'Indochine, préalablement triés et convenablement usinés, donnent des sortes commerciales rivalisant avec les plus belles de Java et de Birmanie. Il faut donc, pour faire accepter désormais sur le marché français nos riz au même titre que les sortes étrangères actuellement préférées : 1º améliorer le grain dans la rizière, de façon à obtenir des variétés constantes et à grand rendement ; 2° perfectionner l'usinage en opérant avant le décorticage les triages nécessaires et en employant un outillage moderne en rapport avec les exigences commerciales. L'amélioration des espèces est une question que la colonie a mise sérieusement à l'étude. Une station de sélection des riz a été créée en Cochinchine. Quant au perfectionnement industriel, il ne peut être envisagé que par la création de rizeries européennes et de rizeries régionales. Depuis quatre ans, une grande maison indochinoise s'est engagée dans cette voie et a créé deux grandes sociétés : l'une, la société des Rizeries d'Extrême-Orient au capital de vingt-cinq millions de francs et, l'autre, la société des Rizeries de l'Indochine, au capital de deux millions de francs, la première en Cochinchine, la seconde au Tonkin. De plus, une usine, à Baclieu, produit des riz sélectionnés. Cet effort devra être poursuivi, mais il ne relève pas que de l'Indochine : il dépend aussi des capitaux français.

Pour *la pâte à papier*, en ce qui concerne le ravitaillement de la métropole, l'Indochine doit être considérée au premier rang. C'est que là, en effet, il existe quelque chose qui est créé, qui fonctionne, qui donne des résultats. C'est l'utilisation du bambou pour la fabrication de la pâte chimique et, même, du papier. Les journaux du Tonkin, le *Journal officiel* de l'Indochine, s'impriment sur du papier fabriqué au Tonkin. Il existe dans diverses régions de notre colonie d'Asie de très vastes peuplements susceptibles d'alimenter largement l'industrie du papier, surtout si l'on a soin de les soumettre à un système de coupes rationnelles, de telle sorte que chaque fabrique puisse compter sur une production indéfiniment renouvelable. Grâce aux efforts de la société des Papeteries de l'Indochine, l'utilisation du bambou est entrée dans la voie des réalisations pratiques et l'Indochine

est actuellement la seule colonie française où l'on fabrique
de la pâte et du papier ; c'est aussi le seul pays au monde où
l'on utilise avec succès le bambou dans ce but. Les Japonais
qui ont fait des essais dans le même sens n'ont pas obtenu
jusqu'ici des résultats satisfaisants. L'usine de la société des
Papeteries d'Indochine est située à Viétry et sa création remonte à 1912. Elle fabrique actuellement trois mille tonnes
par an d'une excellente pâte de bambou et sa production
annuelle pourrait être facilement augmentée. La même
société possède à Dap-Cau une papeterie qui utilise le tiers
de la production de l'usine de Viétry pour fabriquer le papier
nécessaire aux besoins locaux. Jusqu'ici la société des Papeteries de l'Indochine était tributaire du Japon pour les produits chimiques nécessaires à sa fabrication : la soude et le
chlorure de chaux. Mais elle vient de se lier avec la Société
industrielle de chimie d'Extrême-Orient qui a construit à
Haïphong une usine pour traiter le sel marin par électrolyse
et obtenir dans la même opération la soude et le chlorure de
chaux.

Après le bambou, il faut noter encore, parmi les autres
matières végétales propres à la fabrication de la pâte à
papier et qui existent en Indochine en très grandes quantités,
la paille de riz, et le *tranh* ou herbe à paillottes qui couvre
de vastes espaces de brousse. La société des Papeteries d'Indochine a essayé d'utiliser ces deux plantes et des essais
ont été également effectués à l'École de papeterie de Gre-
noble sur l'initiative de l'agence économique de l'Indochine.
Le tranh, spécialement, pourra constituer un jour une source
importante de matière première et, en raison de sa rusticité
et de la facilité avec laquelle il se propage, ses peuplements
pourront, moyennant quelques précautions, supporter une
exploitation régulière et prolongée. En Indochine encore,

on poursuit activement des études pour l'utilisation des
vastes peuplements de conifères qui couvrent dans la colonie
des milliers de kilomètres carrés, au Lang-bian, au Tranninh
et au Cammon. Si le résultat en est favorable, l'Indochine
aura une importante réserve de matière première pour pâte
de cellulose mécanique, réserve d'autant plus précieuse que
les nombreux cours d'eau de la région, au Langbian, notamment, coupés de rapides et de chutes en permettraient l'exploitation dans les meilleures conditions.

Pour *le caoutchouc*, l'Indochine qui, il y a une vingtaine
d'années, n'exportait qu'une très faible quantité de caoutchouc sylvestre et aucune sorte de caoutchouc cultivé, commence à fournir des quantités très appréciables de caoutchouc
d'hévéa de plantation, c'est-à-dire d'une matière possédant
toutes les préférences des industriels. Si on examine les
exportations de l'Indochine depuis 1910, c'est-à-dire depuis
l'époque encore toute récente du début des plantations et
si l'on tient compte d'autre part des évaluations données,
pour la période de 1918 à 1922, par l'administration locale et
par le syndicat des Planteurs de caoutchouc, on arrive à la
progression suivante :

```
1910 Exportation de     175 tonnes (caoutchouc sauvage et hévéa cultivé)
1911         —          245   —                        —
1912         —          231   —                        —
1913         —          214   —                        —
1914         —          195   —    Hévéa cultivé
1915         —          376   —                 —
1916         —          548   —                 —
1917         —          931   —                 —
1918         —          531   —                 —
1919 Production de    3.170   —
1920         —        4.300   —
1921         —        5.635   —
```

Ces chiffres montrent combien on se tromperait à considérer notre production indochinoise comme quantité négligeable. L'erreur n'est pas moins grande sous le rapport de la qualité. On a pu naguère reprocher aux planteurs d'Indochine de ne pas toujours se conformer aux habitudes commerciales du marché du caoutchouc, d'expédier des lots de qualité variable et de présenter leurs envois sous des formes trop nombreuses et trop différentes les unes des autres, éveillant ainsi les méfiances des industriels. Ces faits n'ont rien de surprenant pour une industrie qui, en définitive, commençait à peine à donner des résultats sérieux, au moment où la guerre a été déclarée. En réalité, les très nombreuses analyses exécutées dans les laboratoires du Jardin colonial ont montré que le caoutchouc des plantations indochinoises est absolument comparable à celui des autres plantations asiatiques. Par ailleurs, un effort méthodique est fait par les planteurs pour que les erreurs de préparation ou de présentation du début soient corrigées. L'Indochine, très prochainement, va donc pouvoir se placer, sous le rapport de la quantité et de la qualité, en tête de toutes nos colonies productrices de caoutchouc. Si, aux sept ou huit mille tonnes qu'elle pourra nous fournir dans quelques années, on ajoute les quelques milliers de tonnes de caoutchouc de cueillette, qu'il est encore possible de tirer de nos autres colonies, on arrive à un total de 12.000 tonnes, chiffre bien supérieur à celui de notre consommation industrielle d'avant-guerre (environ 6.000 tonnes en 1913), mais inférieur à ce que réclament nos usines depuis la guerre puisque notre consommation industrielle s'est élevée, pour 1919, à plus de 30.000 tonnes. On peut donc dire que l'Indochine paraît en mesure de fournir, dans un avenir assez proche, du quart au tiers de la quantité de caoutchouc de plantation actuellement nécessaire à notre industrie nationale. Le caoutchouc est une des rares matières premières, la seule, peut-être, dont le prix a baissé par suite de la surproduction et de la fermeture simultanée des marchés de l'Europe centrale et orientale. L'effondrement des prix à Londres de la « plantation crepe » aussi bien que du « hard Para » est venu imposer un arrêt momentané au développement de la production. Le contre-coup provenant de la baisse des prix a été d'autant plus sérieux pour l'Indochine qu'il a coïncidé avec la hausse de la piastre. Ce sont là des circonstances passagères dont l'atté-nuation progressive permettra de reprendre à bref délai le développement d'une culture qui, en Extrême-Asie, est l'un des plus remarquables modèles de colonisation fran-çaise.

J'ai emprunté presque textuellement tous les renseigne-ments qui précèdent sur le coton, la soie, le riz, la paille à papier et le caoutchouc de l'Indochine, au remarquable exposé des motifs qui précède le projet de loi de M. Albert Sarraut. J'ai trouvé là, en effet, des exemples typiques des innombrables ressources dont l'utilisation méthodique et intensive pourra, dans l'avenir, concourir à l'enrichissement de l'Indochine française. Ces exemples, j'aurais pu les mul-tiplier à l'infini. J'aurais pu parler encore des animaux vivants dont 20 à 25.000 têtes sont envoyées chaque année de Pnom-Penh aux Philippines, du maïs dont l'exportation de 440 tonnes en 1902 passa à 99.000 tonnes en 1914 ; du sucre, du café, du poivre, de la cannelle, des tabacs... puis, comme matières destinées à l'industrie, des peaux brutes, des bois communs et d'ébénisterie, des produits oléagineux, etc... Je pourrais m'étendre encore sur les diverses autres industries indochinoises et, notamment, sur l'exploitation des produits miniers, mines de charbon de Hongay, mines de fer de Thaï-nguyen, etc. Mais, je dois me borner. Aussi

bien, ne puis-je avoir la prétention, dans le cadre restreint
de cet ouvrage, d'épuiser la liste des possibilités économiques
de notre Indochine, vaste monde dont l'exploitation commence à peine, formidable trésor dont on vient seulement de
découvrir les précieuses réserves.

J'ai montré le prodigieux effort de mise en œuvre économique laborieusement entamé dans notre possession d'Extrême-Orient. Il serait injuste de passer sous silence le rôle
intéressant joué à Paris par l'*Agence économique* créée en
1919 et qui y fonctionne, depuis cette date, sous l'active et
intelligente direction de M. le résident supérieur Garnier.

Lorsqu'en 1917, de Fort-Bayard, où il administrait le
territoire de Quang-tchéou-wan, M. Garnier présenta au
gouverneur général de l'Indochine un rapport sur ce que
devrait être une agence économique de l'Indochine en France,
il rappela que « parmi les critiques élevées dans la presse,
dans les milieux coloniaux et au Parlement à l'encontre de
notre organisation coloniale, les plus constantes et les plus
justifiées visaient les tendances centralisatrices du Ministère
des colonies, sa persistance à considérer les gouvernements
locaux comme les prolongements de ses bureaux, à s'immiscer
dans l'administration, dans la gestion des intérêts particuliers
des colonies au lieu de s'en tenir à son rôle normal de direction
générale et de contrôle, sa résistance têtue à l'évolution
inéluctable qui pousse les colonies au fur et à mesure de leur
développement vers les étapes successives de la décentralisation, de l'indépendance administrative, financière, économique, puis de l'autonomie pleine et entière... » Il ajoutait,
prenant texte de la situation nouvelle créée par la guerre

mondiale de 1914, que si la métropole avait besoin de l'aide
de l'Indochine comme de ses autres colonies, celle-ci l'aiderait
d'autant plus efficacement qu'elle aurait « la pleine liberté
d'assurer elle-même la gestion de ses affaires en France...
En même temps, qu'elle trouverait pour elle-même dans
ce secours accordé à la mère-patrie un accroissement de
richesses par l'ouverture à ses produits de nouveaux marchés,
l'Indochine pourrait lui demander en retour les capitaux et
les initiatives qui assureraient la mise en œuvre de tant de
merveilleuses ressources encore inexploitées parce qu'elles
sont restées inconnues, non seulement de la masse du public
français dont l'ignorance des choses coloniales est vraiment
navrante ou de nos capitalistes qui, mal renseignés sur les
possibilités françaises aux colonies, nous ont jusqu'ici frus-
trés de l'apport de leurs capitaux pour les porter à des entreprises étrangères parfois concurrentes ou hostiles, — mais
encore du monde industriel et commercial et du Parlement
lui-même, égaré par des rapports tendancieux ou des légendes
ridicules. Ces capitaux, l'Indochine devait les attendre
surtout de l'initiative privée, des commerçants, des industriels,
des banques de la métropole à qui elle devrait les demander
et qu'elle n'obtiendrait qu'en convainquant leurs détenteurs
que son domaine est assez riche pour assurer les plus larges
rémunérations, et ses produits assez variés et assez abondants
pour fournir à l'industrie et au commerce métropolitains
une grande part des matières premières qui leur sont nécessaires. L'œuvre à réaliser était donc, avant tout, une œuvre
de vulgarisation, de publicité, de propagande, qui ferait
connaître à tous ceux qui sont susceptibles en France d'apporter en Indochine la moindre part de leurs capitaux, de
leur intelligence, de leur initiative, ou simplement même de
leur curiosité, toutes les ressources et les beautés de cet

admirable pays. Cette œuvre ne pouvait être confiée à l'un des organes administratifs du ministère des colonies : le lamentable échec de l'Office colonial constituait, à cet égard, un enseignement. L'organe nécessaire pour réaliser tout ce programme devait donc être cette agence autonome et indépendante dont M. Messimy avait tracé l'esquisse dans son ouvrage intitulé « Notre œuvre coloniale ».

« L'agent spécial serait dans la métropole, avait écrit M. Messimy, le mandataire, le commissionnaire, le plénipotentiaire du gouverneur ; il le représenterait administrativement, judiciairement, protocolairement, recevrait les ordres concernant le personnel au service de la colonie et suivrait, soit à Paris, soit auprès des ports de commerce, l'embarquement, le débarquement et l'entretien des fonctionnaires le paiement des soldes et indemnités, la tutelle des boursiers, le rapatriement des indigents et des morts. Il veillerait également aux importantes opérations de commande, de fabrication et d'embarquement du matériel destiné à la colonie, opérations qui, grâce à la nouvelle méthode de travail, seraient singulièrement accélérées et simplifiées. Enfin, il procéderait à toutes études et enquêtes, ferait toutes démarches officielles ou officieuses que l'administration locale lui prescrirait de faire tant auprès des administrations publiques que des établissements privés de la métropole et, d'autre part, il serait pour le public métropolitain un agent permanent de renseignements sur toute question intéressant la colonie... »

Le poids des traditions qui chargent l'administration centrale des colonies ou simplement la routine, et aussi, disons-le, la crainte personnelle des ministres de voir leur responsabilité engagée indirectement par les faits et gestes d'un représentant à Paris de l'Indochine trop indépendant, n'ont pas permis jusqu'à présent à l'Agence économique de l'Indochine de représenter intégralement l'organisme rêvé par M. Messimy. Le ministère des colonies et les ports de commerce continuent d'assurer l'embarquement et le débarquement du personnel, d'une part, et, d'autre part, un organisme hybride, l'agence générale des colonies, enfanté avec la collaboration du Conseil d'État fatalement porté à ne voir que la rigueur des textes là où la vie et l'activité sont seules à considérer, a conservé la plupart des opérations de commande, de fabrication ou d'embarquement de matériel destiné à l'Indochine. Mais, pour tout le reste, l'Agence économique de l'Indochine constitue bien, dès maintenant, l'organe autonome et libéré dont la création était souhaitable. Sagement et en s'abstenant de toute ingérence inopportune dans les affaires administratives retenues par le ministère des colonies, elle s'est consacrée surtout, sous l'impulsion énergique de son directeur, aux nécessités immédiates, savoir, les nécessités commerciales et industrielles et elle joue là un rôle de premier plan et des plus utiles. En vue d'assurer ce rôle assurément capital, une documentation complète et pratique a été créée sur toutes les ressources de l'Indochine et sur les ressources commerciales et industrielles qu'elle peut offrir, documentation résultant, tant de la concentration de tous les documents statistiques, économiques, fiscaux et douaniers concernant la colonie que des enquêtes particulières ouvertes sur des organisations, des exploitations, des industries plus particulièrement importantes ou de l'établissement méthodique de vues photographiques ou cinématographiques constituant comme la synthèse de toute la vie économique de l'Indochine. Elle se préoccupe également, grâce à cette documentation, non pas seulement d'avoir dans la métropole des débouchés à la production indochinoise, mais encore de créer en sens inverse, c'est-à-dire vers l'Indochine, un courant de curiosité, d'intérêt, de capitaux et d'initiatives tendant à sa mise en valeur plus complète, et finalement à son enrichissement. Elle complète cette action par la publication de tracts, de brochures, de rapports et, notamment, de résumés périodiques de la presse indochinoise, résumés ayant un caractère purement objectif, mais infiniment utiles puisqu'ils portent à la connaissance des milieux coloniaux métropolitains l'*opinion* indochinoise tant européenne qu'indigène. Le directeur de l'Agence économique est, en outre, le représentant permanent et l'organisateur de la participation de l'Indochine à toutes les expositions coloniales métropolitaines ou étrangères, aux foires commerciales de Lyon, Bordeaux, Roubaix, etc. Cette participation est facilitée par la création à l'agence même installée luxueusement à Paris, près de l'Opéra, d'une exposition permanente d'échantillons qui va sans cesse se renouvelant et s'augmentant.

Ainsi a été réalisée une œuvre du plus haut intérêt pratique qui a déjà rendu de grands services, qui en rendra plus encore à l'avenir et qui contribuera très activement au développement de la richesse indochinoise. Aussi bien, je le répète, et on ne saurait trop le répéter, le champ des ressources offertes par notre possession d'Extrême-Asie est illimité. Plus se creusera le sillon commencé et plus la moisson sera abondante. Ainsi que le constatait M. Brenier dans la conclusion de son bel *Atlas statistique*, la France achète tous les ans aux pays qui entourent l'Indochine des centaines de millions de produits qui existent dans cette dernière et dont l'Indochine pourrait lui fournir une part grandissante. Que faut-il pour cela ? Des hommes ? nous les avons, intelligents, courageux et hardis. Des capitaux ? Nous les aurons également le jour où les Français enfin instruits sur la réalité coloniale consentiront à y intéresser non plus seulement leur esprit et leur curiosité, mais aussi leur portefeuille. De la main-d'œuvre ? Elle ne manque pas, quoiqu'encore insuffisante. Elle est adroite, intelligente, maniable. De plus, le grand réservoir de la Chine est là, voisin, et même de la Chine la plus proche comme cette île d'Haï-nan, d'où émigrent tous les ans 30.000 hommes dont 10.000 vont chez les Siamois. Ce réservoir on peut y puiser en attendant l'accroissement naturel de la population indochinoise qui se développera certainement grâce à la multiplication des œuvres d'hygiène et d'assistance médicale et sociale.

M. Brenier ajoutait : « Nous avons rappelé aussi l'admirable situation de la colonie au centre de près de la moitié de l'humanité et d'une moitié qui n'est qu'à l'aurore de son développement économique, et, — tout en montrant comment la différence même de son climat en faisait un fournisseur naturel de la France, de même que l'intérêt réciproque des Annamites est d'avoir pour débouché un marché tout à fait différencié des autres marchés qui les entourent, — nous avons eu soin de ne pas perdre de vue que l'Indochine est naturellement tournée vers l'Extrême-Orient et que le Tonkin industriel, notamment, viendrait fortement en aide comme *complément* à l'industrie métropolitaine. Les statistiques prouvent, en effet, que cette dernière est absolument incapable de jouer un rôle important sur les marchés voisins représentant plus de 800 millions de consommateurs à qui nous ne vendons pas pour plus de 64 millions de francs de marchandises en moyenne par an.

« Tous ces faits, toutes ces réalités incitent à la confiance en même temps qu'ils permettent de concevoir une fierté légitime de l'effort accompli, qu'il s'agisse de l'administration ou de l'initiative privée. Cet effort se continuera avec d'autant plus de succès qu'on le distribuera et qu'on l'échelonnera suivant un plan d'ensemble... »

Ce plan d'ensemble existe, il a été soumis à l'examen du jugement de l'opinion française. Qu'on le réalise à bref délai et l'Indochine sera rapidement assurée d'acquérir, dans un proche avenir, de plus en plus de richesses !

LES NUAGES
L'ACHÈVEMENT DU MIRACLE

Il n'est paysage, si pur et serein qu'il soit, qu'une ombre parfois ne vienne attrister. Sur le magnifique tableau de l'effort français en Indochine, quelques nuages, par endroit, viennent jeter une tache et obscurcir légèrement sa clarté. Ce ne sont point, d'ailleurs, des nuages tels qu'ils soient de nature à amener l'orage qui anéantirait notre œuvre. Ce sont simplement de fugitives menaces. Certains, de tempérament optimiste, penseront peut-être que le mieux serait de les négliger et de n'en point faire état. Les chacals aboient et la caravane passe ! Ce n'est point mon avis. Plus on attache de prix à une chose, plus elle nous est chère au sens intégral de l'épithète, et plus nous devons nous efforcer de la garder à l'abri des moindres dangers, plus nous devons veiller jalousement sur elle. L'Indochine, le plus admirable fleuron de notre couronne coloniale, représente pour la France moderne une valeur telle que nous avons le devoir de ne demeurer indifférents à aucune des atteintes, pour faibles qu'elles soient, qui pourraient être portées à sa prospérité. Au reste, la complexité des phénomènes sociaux et politiques est si grande aujourd'hui qu'on n'a jamais le droit — sans parler des « impondérables » qui, eux aussi, jouent leur rôle, et quel rôle ! — de dénier toute importance à un quelconque phénomène. Ceci est d'autant plus vrai que les menaces auxquelles je fais allusion et qui consistent essentiellement, dans l'éventualité où se trouve l'Indochine de voir se tarir un jour les recettes qu'elle tire de l'opium, d'abord, dans les difficultés résultant de son régime monétaire spécial, ensuite, et enfin dans les velléités prématurées d'indépendance de certains Annamites, que ces menaces affectent autant l'ordre matériel que l'ordre spirituel et moral, qu'elles s'entourent de circonstances infiniment compliquées et qu'en un mot, ce serait folie véritable que d'en nier le danger sinon actuel, du moins futur et impardonnable imprudence de proclamer : « La question ne sera pas posée ! »

En ce qui concerne, d'abord, le régime monétaire de l'Indochine, l'importance de cette question ne saurait échapper à personne. Le régime monétaire d'une colonie, c'est l'assise fondamentale, c'est la base même de la fortune de ses habitants, de leur travail et de leur production. Il conditionne le sort du salarié et le coût de la vie. Les solutions que l'on peut adopter en cette matière n'ont pas seulement leur répercussion sur la situation économique ; elles relèvent également et peut-être surtout de la politique indigène.

La monnaie principale de l'Indochine est la *piastre* ; c'est une monnaie dont l'usage a été introduit en Extrême-Orient par les Européens. Elle apparut en Annam vers le milieu du XVIIIᵉ siècle. Pierre Poivre nous a laissé, dans la relation de son voyage en Annam en 1749 le récit de la première tentative qui ait été vraisemblablement faite pour donner droit de cité à Hué à cette monnaie européenne. Antérieurement, les Annamites ne se servaient guère que de sapèques à leur chiffre fabriquées dans des ateliers édifiés sur le territoire de l'Empire. De zinc ou de cuivre, la sapèque, coulée dans des moules en sable, était de fabrication grossière. Par un lien de jonc passé dans le trou du milieu, les Annamites réunissaient 600 sapèques de zinc ou 100 sapèques de cuivre pour former un *quan* ou ligature, dont le poids atteignait un kilogramme 500 et dont la valeur, vers 1885, ne dépassait pas un franc. Cette monnaie lourde et encombrante suffisait pour les échanges courants. Pour les transactions importantes ou pour la thésaurisation, les Annamites se servaient de pains d'argent ou d'or de tous titres, marchandise précieuse plutôt que monnaie. Ce fut au début du XIXᵉ siècle, sous Gialong, que la piastre commença à se répandre en Annam. Les Chinois qui avaient essaimé dans tous les ports d'Extrême-Orient se servaient de l'antique piastre à colonnes des Espagnols que la piastre mexicaine vint remplacer après la sécession des colonies espagnoles. Le corps expéditionnaire français fut le principal propagateur de la piastre, toutes les traites sur Paris liquidées par l'amiral commandant en chef ayant été vendues contre des piastres. Dès l'origine, donc, la piastre tendit à devenir la monnaie de notre possession. Tandis que les indigènes continuaient à compter par ligatures et à se servir de sapèques, les Européens et les Chinois, au contraire, comptaient par piastres. Vainement, l'administration française chercha-t-elle à introduire l'usage de notre monnaie nationale.

La piastre, monnaie en usage sur les places commerciales voisines, demeura toujours la monnaie préférée parce qu'elle remplissait une des principales qualités que doit posséder une monnaie, celle d'être exportable dans les pays voisins, la Chine, Hongkong, Singapore. Tant que les cours du métal argent se maintinrent autour du prix que lui assignait le pair du 15 1/2 français, c'est-à-dire de 220 francs le kilogramme, la situation présenta peu d'inconvénients, car les relations avec la métropole étaient rares et la valeur de la piastre se mesurait par sa puissance acquisitive bien plus que par le nombre de francs que les opérations de change en France pouvaient lui attribuer. Mais, à partir de 1873, lorsque l'Allemagne adopta l'étalon unique d'or et démonétisa ses thalers, commença de se manifester le phénomène connu sous le nom de dépréciation de l'argent. La piastre frappée librement à Mexico suivit la valeur du métal dont elle était formée. Son change en francs, c'est-à-dire en or, était solidaire des cours du métal blanc, puisque ces cours étaient exprimés en monnaie d'or, *pence, cents* ou *francs*. Alors que la piastre avait vu son change s'élever jusqu'à 6 fr. 25 en 1864, et que sa valeur intrinsèque, au rapport du 15 1/2, était de 5 fr. 43, on vit le cours tomber progressivement à 3 francs et, même, atteindre, en novembre 1902, 1 fr. 925. Cette dépréciation de l'instrument monétaire entraîna les conséquences d'usage : chaque baisse du change aboutissait, jusqu'à ce que la puissance acquisitive de la piastre se fût modelée sur son nouveau cours, à un renchérissement réel des marchandises en provenance des pays à monnaie droite, puisqu'il fallait un nombre croissant de piastres pour s'en rendre acquéreur. La vente des produits français en Indochine était donc entravée par chaque baisse de change. A l'inverse, le commerce d'exportation vers les pays à étalon d'or était favorisé. Le résultat final fut une augmentation générale des prix correspondant plus ou moins exactement aux reculs divers du change.

Au début, l'administration ne se préoccupa nullement de donner une monnaie saine à la colonie. Elle se soucia seulement de garantir le budget de la Cochinchine contre les pertes qu'occasionnait le paiement de dépenses en francs alors que les recettes étaient perçues en piastres. Puis, elle sauvegarda les intérêts des fonctionnaires payés en piastres en augmentant leur solde.

Mais, jusqu'à 1897, l'administration ne chercha pas à apporter un remède général à l'instabilité du change. Vers cette époque, M. Doumer, pour préserver le budget contre toutes pertes au change autrement que par des expédients, voulut donner à l'Indochine la monnaie d'or française. La piastre aurait conservé sa valeur libératoire sans limitation, mais, seule, la piastre d'origine française eût conservé cours légal et la frappe en eût été interdite à la requête des particuliers. Ce projet n'aboutit pas. Il fut repris en 1902, lors de la crise du métal-argent. Le kilogramme d'argent était tombé à 85 francs et la piastre à 2 francs. Le commerce d'importation en Indochine était complètement arrêté. Les chambres de commerce françaises réclamèrent alors la stabilisation du change de la piastre par des moyens appropriés.

Une commission interministérielle réunie conclut qu'il ne pouvait être question de stabilisation tant que la piastre mexicaine aurait cours légal en Indochine, c'est-à-dire tant que ne serait pas coupé le lien qui unissait la valeur du métal à la valeur de la piastre. Il fallait donc démonétiser la piastre mexicaine en lui retirant le cours légal qui serait attribué à la seule piastre française. Des délais devaient toutefois être ménagés pour permettre de donner à la colonie une circulation suffisante de piastres françaises. Depuis le 1er janvier 1906, cette démonétisation de la piastre mexicaine est faite ; la piastre française a seule cours légal en Indochine. Par quels procédés, dès lors, assurer la stabilisation du change indochinois ? C'est la question que se posa en 1907 M. Marcel Détieux, aujourd'hui directeur des Finances de l'Indochine. Pour cette stabilisation, établit-il, dans une thèse remarquable, il faut que deux conditions se trouvent réalisées.

Dans ses rapports avec l'étranger, l'Indochine est tantôt créditrice, tantôt débitrice. Quand elle est créditrice, ses débiteurs peuvent se libérer en remettant des piastres qu'ils se procurent à des cours correspondant à la valeur intrinsèque de la piastre et variables, par conséquent. Quand elle est débitrice, elle ne peut s'acquitter envers ses créanciers qu'en leur offrant des piastres comptées par leur valeur lingot. La stabilisation du change ne pourra donc être assurée que si, d'une part, les débiteurs de l'Indochine ne peuvent se procurer la monnaie libératoire, la piastre, que moyennant versement d'or à raison de tant de grammes par piastres, et, d'autre part, si l'Indochine, pour régler ses créanciers, aux époques où la balance de ses comptes sera débitrice, disposera de monnaie d'or pour se libérer. La première condition sera réalisée si la frappe des piastres réservée au gouvernement n'est entreprise que contre remise de la quantité d'or convenue, la seconde peut l'être de la façon qu'eût recommandée M. de la Palisse, en étant toujours créancier. C'est le cas de l'Inde anglaise. Mais cette situation enviable n'est pas celle de l'Indochine qui, dans les années de mauvaise récolte, est fortement endettée vis-à-vis de l'étranger. L'or qu'elle devra alors remettre à ses créanciers, elle le trouvera dans une réserve constituée soit à l'aide de versements faits les bonnes années par les débiteurs de la colonie pour se procurer des piastres, soit à l'aide de l'emprunt.

Mais, du jour où cette réserve serait épuisée, le change de la piastre retomberait à la parité de l'argent et deviendrait, à nouveau, instable. La question se ramène donc à savoir si l'Indochine est vis-à-vis de l'étranger plus souvent créditrice que débitrice. Le bon sens indique qu'elle ne peut être constamment débitrice. Non seulement ses comptes doivent s'équilibrer, mais il doit même rester en sa faveur un solde créditeur. Cependant, à consulter les statistiques commerciales, on voit que les importations, depuis 1900, l'emportèrent de beaucoup sur les exportations : mais ce résultat n'est qu'apparent. En effet, les importations n'ont augmenté depuis 1900 qu'en raison des travaux exécutés sur fonds d'emprunt, et, en réalité, la balance des capitaux est favorable à l'Indochine.

M. Détieux concluait donc, en 1907 : la stabilisation est possible. Pour la réaliser, il proposait, à l'exemple des Américains aux Philippines, de créer une caisse indochinoise contenant à la fois piastres et or. Suivant que la balance des comptes de l'Indochine serait favorable ou défavorable, les créanciers de la colonie puiseraient dans cette caisse des piastres contre versement d'or, ou les banquiers indochinois y puiseraient l'or nécessaire pour amortir leurs tirages contre versement de piastres. Quand les piastres contenues dans la caisse menaceraient épuisement, de nouvelles seraient frappées. Ainsi, en principe, la frappe serait interdite aux particuliers et au gouvernement lui-même, sauf, pour ce dernier, le cas d'épuisement de la caisse. Cette limitation de la piastre aurait pour corollaire qu'aucune piastre ne sortirait de la caisse autrement que contre versement d'or. Quant au taux de stabilisation, il faudrait le fixer le plus haut possible sans cependant dépasser de plus de quelques centimes les cours pratiqués au moment de la stabilisation. Le moment le plus propice pour stabiliser serait donc *à la veille d'une baisse suivant un mouvement ascensionnel du métal argent*. On consoliderait ainsi la hausse antérieure.

Une commission interministérielle examina la question. Aucune décision ne fut prise. Les années passèrent. Survint la guerre de 1914 et, bientôt, suivant la hausse mondiale du métal argent on voyait en 1919-1920 la piastre monter et atteindre les cours de 16 et 17 francs. Conséquence inverse de celle qui avait suivi sa dépréciation en 1902, les exportations de l'Indochine sur la métropole devenaient quasi impraticables. A la hausse générale de l'argent s'ajoutaient comme complications la dépréciation du franc et l'augmentation énorme du prix du riz sur le marché mondial.

Une commission locale de la réforme monétaire, sous la présidence de l'inspecteur général des colonies Berrué, se réunit sur l'initiative de M. le gouverneur général Maurice Long à Saïgon au début de juillet 1920. Cette commission, qui comprenait des fonctionnaires, des représentants du monde des affaires et des indigènes, élabora un rapport qui constitue un véritable monument sur la question monétaire indochinoise. En premier lieu, la commission a proclamé, à l'unanimité, que la réforme monétaire devait s'opérer dans des conditions telles que la nouvelle unité monétaire eût une valeur sensiblement égale à la piastre actuelle au moment même de l'exécution de la réforme, de telle sorte que celle-ci ne pût se traduire pour personne par un enrichissement ou un appauvrissement immédiat. Dans aucun pays du monde, on ne s'est encore écarté d'un tel principe qui repose sur la morale publique.

L'avis unanime a été aussi que l'Indochine ne pouvait plus rester liée au vieux système de l'argent qui n'a pas été mauvais et dont elle a reconnu les qualités, mais qui a été abandonné peu à peu dans tous les pays qui entourent l'Indochine, les Indes néerlandaises, les Établissements des Détroits, et enfin l'Inde et qui laisserait notre possession isolée alors que nous avons besoin d'être reliés à l'ensemble des pays vivant sous le régime de l'étalon d'or. La commission a été guidée surtout par cette considération que l'étalon d'or, — c'est un fait indiscutable dominant les théories, — est devenu l'étalon mondial, celui du commerce international.

M. Maurice Long fit justement remarquer dans son discours au Conseil de gouvernement de l'Indochine en octobre 1920 qu'une solution en ce qui concernait le régime monétaire était *urgente*. En effet, l'exécution d'une réforme éventuelle présupposait le maintien du cours forcé établi au début de 1920 en pleine crise. Or, on ne pouvait prolonger indéfiniment le cours forcé. Il fallait donc prendre un parti immédiat pour ou contre la réforme. La commission disait dans son rapport : « Le retour à un régime sain caractérisé par l'usage de la monnaie métallique, c'est-à-dire par le rétablissement de l'obligation du remboursement des billets, est la mesure la plus nécessaire et la plus urgente. Toute question de réforme monétaire, de choix d'étalon et d'unité devient secondaire en présence de celle-là. S'il maintenait en Indochine cette monnaie de papier inconvertible, le gouvernement français risquerait à bref délai de provoquer un mécontentement profond de la population et l'éclosion, dans l'organisme tout entier, de troubles graves, dont il est impossible de prévoir les répercussions plus ou moins lointaines. »

La commission ajoutait dans ses conclusions « qu'elle était formellement opposée à tout ajournement de la réforme monétaire »... et elle émettait le vœu « que le délai d'exécution de celle-ci fût réduit au minimum indispensable pour la préparation de la décision du gouvernement ». Elle s'appuyait, pour formuler ce vœu, sur le fait que la colonie possédait déjà les ressources en or et en devises or nécessaires à la mise en train de la réforme et, notamment, à la constitution d'un fonds de garantie au moins égal à 20 millions de francs or.

« En résumé, put déclarer M. Maurice Long en octobre 1920 au Conseil de gouvernement, et c'était le point capital, les travaux de la commission avaient déblayé le terrain en écartant nettement toute solution qui ne permettrait pas de revenir immédiatement à une circulation métallique réelle soit d'or, soit d'argent. C'était l'alternative entre l'adoption de l'étalon d'or et le maintien du régime ancien, ou plutôt le retour à ce régime par la suppression du cours forcé ; » et le gouverneur général concluait : « En somme, si l'on additionne les réserves métalliques or et argent et les devises or équivalentes à de l'or qui sont à la disposition de la colonie, on arrive à un chiffre qui atteint environ le tiers de la circulation fiduciaire en billets de banque. Le maintien du cours forcé ne se justifie donc que si on le considère comme une étape, comme le moyen de transition pour réaliser la réforme monétaire... »

A l'heure où j'écris ces lignes, la situation est en l'état. Le gouvernement n'a pas encore pris de décision définitive. Au reste, la descente du cours de la piastre, le relèvement du cours du franc ont enlevé à cette situation son caractère aigu. Une décision cependant serait nécessaire. Il serait souhaitable évidemment que l'Indochine fût pourvue du régime monétaire national ce qui faciliterait incontestablement ses échanges avec la métropole. Est-ce impossible ? La question a-t-elle été suffisamment étudiée ? Ne l'a-t-on pas toujours réglée *à priori* par un *non possumus* tiré du fait de son milieu asiatique ? Ce serait à voir. En tout cas, l'indécision actuelle ne saurait se prolonger indéfiniment. Il y a là un nuage que la richesse de l'Indochine ne rend point particulièrement inquiétant, mais qu'il conviendrait cependant de dissiper.

*
* *

Autre nuage, à mon sens, plus grave, c'est celui qui menace notre possession du fait du mouvement d'opinion international contre la consommation de l'opium.

L'opium fait l'objet en Indochine d'un monopole d'État, tant au point de vue de l'achat et de l'importation de l'*opium brut* qu'au point de vue de la fabrication et de la vente de l'opium à fumer ou *chandoo*. D'après les renseignements que j'emprunte à l'Atlas Brenier, la culture ne peut avoir lieu, en principe, qu'avec l'autorisation de l'administration des Douanes et Régies. L'excentricité des deux seules régions où elle se pratique (plateau du Tra-ninh, quelques autres points du Haut-Laos et plateau de Dong-van dans le nord du Tonkin), l'indépendance des populations Man, Meo ou Lolo qui s'y livrent en rendent la surveillance difficile. Elle n'intéresse, d'ailleurs, que de très faibles surfaces. Au Tra-ninh, les familles qui cultivent l'opium doivent en faire la déclaration au commissaire du territoire et porter le surplus de leur consommation au bureau de la Régie de Luang-Prabang. Tout colportage autre est considéré comme contrebande. Celle-ci est très difficile à réprimer étant donné notre immense frontière commune avec le Yun-nan qui est resté jusqu'à ces dernières années la plus vaste province productrice d'opium de Chine après le Sze-tchouen et où la culture reprit au moment de la Révolution chinoise.

Des mesures spéciales sont prises pour assurer le contrôle des navires apportant de l'opium, même quand ils ne font que toucher dans un port indochinois ou quand le navire est naufragé ou en avarie. La vente de l'opium brut ou en extrait et des préparations pharmaceutiques à base d'opium est réglementée. Les pharmaciens au titre européen sont seuls autorisés à en recevoir et à en vendre en se conformant à toute une série de prescriptions et en se soumettant à la surveillance et à des vérifications du service des Douanes et Régies. Un décret du 20 juin 1915 a réglementé, par ailleurs, la vente de la morphine, de la cocaïne et des autres stupéfiants analogues.

L'administration prépare l'opium à fumer ou chandoo dans une bouillerie unique à Saïgon. Les prix de vente de l'opium préparé sont fixés par arrêté du gouverneur général. Ils varient suivant les zônes en tenant compte des difficultés d'approvisionnement et des facilités plus ou moins grandes de contrebande et suivant qu'il s'agit d'opium dit de luxe, d'opium indien de Bénarès ou d'opium du Yun-nan ; suivant aussi les récipients qui consistent en boîtes de 1 kilog à 5 grammes. Tout débitant doit être muni d'une licence. Un arrêté du 19 juin 1907 a interdit l'ouverture de fumeries sur toute l'étendue du territoire de l'Annam et du Tonkin et l'installation d'aucune nouvelle fumerie en Cochinchine et au Cambodge. L'exportation de l'opium préparé de Hong-Kong est interdite. Une circulaire du 5 octobre 1907 a formellement interdit l'usage de l'opium à tous les fonctionnaires, employés et agents européens de tous rangs et de tous services et prévu des sanctions allant de la privation de tout avancement à la mise à la retraite d'office. Des mesures analogues ont été prises en ce qui concerne le personnel indigène.

A la suite des travaux d'une première commission internationale réunie à Shanghaï sur l'initiative du gouvernement des États-Unis en février 1909, une conférence internationale sur la question de l'opium s'est tenue à La Haye du 1er décembre 1911 au 22 janvier 1912 à laquelle douze puissances (Allemagne, États-Unis d'Amérique, Chine, France, Grande-Bretagne, Italie, Japon, Pays-Bas, Perse, Portugal, Russie et Siam) étaient représentées par des plénipotentiaires. Cette conférence a abouti à une Convention internationale signée le 23 janvier 1912 par les puissances présentes, mais qui devait recevoir la « signature supplémentaire », soit l'adhésion des 34 États non représentés, avant d'être ratifiée. Une deuxième conférence internationale réunie à La Haye en juillet 1913 et à laquelle 24 États étaient représentés, a constaté que la ratification n'était pas possible en présence du refus de certaines puissances, la Turquie et la Grèce, notamment, productrices d'opium, de signer, ou de l'absence de réponse du Pérou pour la coca, ou des réponses dilatoires d'autres puissances comme l'Autriche-Hongrie et la Suisse pour la réglementation des fabriques de morphine.

Une commission locale fut nommée par arrêté du 28 septembre 1913 de M. le gouverneur général Sarraut en vue d'étudier à nouveau le régime de l'opium en Indochine. Le *Bulletin économique de l'Indochine* a publié dans son numéro de janvier-février 1914 l'exposé qui a été fait, à la séance d'ouverture, de l'état du problème, au point de vue des

faits, dans l'ordre international. Il y était rappelé que, si
la Chine a fait quelques efforts, couronnés de succès, jusqu'à
la Révolution, pour la suppression de la culture chez elle
(elle produisait d'après les statistiques présentées à Shanghaï
35.000 tonnes d'opium par an contre 4 à 5.000 dans l'Inde
anglaise), le problème restait avant tout un problème chinois.
Les ventes officielles d'opium brut à Calcutta avaient passé
de 60.000 caisses avant 1908 à 12.000 caisses en 1913. La
Perse avait refusé de s'interdire l'exportation de l'opium de
chez elle ; la Turquie, qui n'avait pris part ni aux conférences
de Shanghaï ni à celles de La Haye, refusait de prendre des
engagements. Quant à l'Indochine française, sa consommation avait sensiblement baissé.

La question en était là lorsque, le 26 janvier 1916, le Sénat
adopta la proposition de loi de M. Catalogne réglementant
l'importation, le commerce, la détention et l'usage de l'opium
et de ses dérivés. Aux termes de l'article 7 de cette proposition
de loi, des décrets devaient déterminer son application à
l'Algérie, aux colonies et aux pays de protectorat. C'était,
en principe, dans l'intention du législateur, la suppression
de l'opium en Indochine !

Lorsque cette proposition fut discutée à la Chambre des
députés, le 7 juillet 1916, M. Marius Moutet déclara :

— « M. le Ministre des colonies a imposé à son
administration la réforme que désirait la commission des
affaires extérieures : mais, en prenant vis-à-vis de vous
l'engagement de la réaliser par décret, il nous a indiqué que
le délai de six années ne lui paraissait pas suffisant, qu'il
fallait lui accorder un délai de dix années. La commission
veut simplement prendre date, savoir à quel moment l'opium
sera supprimé dans nos colonies et elle ne veut pas apporter
de perturbation par une politique de réforme brutale en ce

qui concerne la suppression de produits budgétaires importants. Nous rentrons d'autant plus volontiers dans les vues de M. le Ministre des colonies qu'il nous a apporté un concours dont nous le remercions. Mais, en prenant acte à cette tribune des engagements particuliers qu'il a pris devant la commission des affaires extérieures, il est, bien entendu que, dans le décret qu'en vertu de l'article 7 de la loi, M. le Ministre des colonies doit prendre dans le délai de six mois, pour envisager les conditions dans lesquelles la loi sera promulguée dans les colonies, il n'attendra pas ce délai de dix ans pour appliquer la réforme. Dix ans, *c'est la date à laquelle on ne doit plus vendre une boule d'opium en Indochine.* Mais, nous poursuivrons une réforme progressive et, chaque année, on devra supprimer un dixième des ventes de la région de l'opium et prévoir de taxes de remplacement correspondant au dixième des revenus que perdra le budget général de l'Indochine. Il faut donc que, chaque année, on trouve au budget général l'exécution de la loi que nous votons et qu'on ne perde pas de vue nos préoccupations. C'est un effort permanent, continu, soutenu que nous demandons. M. le Ministre des colonies actuel nous garantit sa bonne volonté ; son engagement vaut pour ses successeurs éventuels et c'est pour eux que nous prenons acte des promesses qu'il a bien voulu faire... »

En exécution de la volonté nettement indiquée du législateur, un décret du 27 décembre 1916 rendit applicable la loi du 12 juillet précédent à l'Indochine. L'article 1er du décret consacrait cette application en ce qui concernait le commerce, la détention et l'usage des substances vénéneuses en général, notamment de la morphine et de la cocaïne, ainsi que de l'opium officinal. Pour l'opium non officinal les articles suivants prévoyaient diverses dispositions destinées à permettre de supprimer graduellement sa consommation en Indochine y compris le territoire de Quang-tchéou-wan : les prix de vente de l'opium devaient faire l'objet de relèvements progressifs (article 3). Le nombre des débits ainsi que des fumeries d'opium actuellement ouverts ne pourrait être augmenté et la réduction de leur nombre serait successivement poursuivie, jusqu'à complète suppression, à la diligence de l'administration locale. Nulle fumerie nouvelle ne pourrait être ouverte. Enfin, le nombre de caisses d'opium brut que la Régie met en vente mensuellement sur le territoire de Quang-tcéou-wan serait progressivement réduit jusqu'à suppression complète.

En droit et en fait, le rapprochement des dispositions de la loi du 12 juillet 1912 éclairées par les travaux préparatoires et de celles du décret du 27 décembre 1916 ont donc virtuellement condamné l'opium en Indochine. Il faut ajouter qu'aux termes de l'article 295 du traité de Versailles la France a adhéré aux protocoles de La Haye.

Il apparaîtra peut-être oiseux de reprendre une discussion dont l'intérêt semble épuisé. Cependant, à consulter le budget général de l'Indochine pour l'exercice 1921, on peut constater que dans le chiffre global du budget général qui atteint 54 millions de piastres, les prévisions budgétaires sont encore de 14 millions de piastres accusant par rapport à 1920 une diminution de 2.500.000 piastres. On peut constater encore que les trois exercices 1917, 1918 et 1919 ont produit ensemble une recette totale de 58 millions de piastres. Ainsi, 14 millions de piastres à 8 francs, soit 112 millions de francs, voilà la rentrée budgétaire dont l'Indochine est menacée d'être privée dans un avenir plus ou moins proche. Son budget général est menacé d'être privé de près du tiers de ses ressources.

Avec cet état d'esprit volontairement simpliste qui caractérise parfois les décisions du Parlement lorsqu'il prononce une mesure de principe radicale en laissant à l'administration le soin d'en assurer l'exécution, le législateur a déclaré : l'administration cherchera des taxes de remplacement. Mais quelles ? Il ne les a pas indiquées. Voit-on, dans l'état actuel des finances de la métropole, le Parlement décidant du jour au lendemain la suppression des recettes à provenir du monopole du tabac, du tabac produit au moins aussi nocif que l'opium ?

L'Indochine a besoin de toutes ses ressources pour améliorer son administration, payer ses fonctionnaires, et entretenir sur ses ressources ordinaires ses travaux publics. La métropole, chaque jour, lui réclame de nouveaux sacrifices, de nouvelles contributions. Où trouvera-t-elle les ressources nécessaires le jour où les 100 et quelques millions de francs tirés de l'opium auront disparu ? *L'opium est fumé surtout par les Chinois* qui paient ainsi la plus forte partie de l'impôt prélevé par l'administration du fait de la Régie. Une taxe de remplacement dont la nature reste à trouver pèsera lourdement sur la population annamite. Ainsi la préoccupation humanitaire des adversaires de l'opium aura pour effet d'aggraver lourdement et injustement les charges de nos sujets. Est-ce juste ?

Certes, si la consommation de l'opium était inconnue en Indochine ou si, elle n'y était, comme en France, que de pratique récente et encore exceptionnelle, si, en outre, elle n'avait aucun lien avec l'état financier et politique du pays, certes, l'Indochine devrait faire et, même, brusquer l'effort nécessaire pour mettre fin immédiatement à cette consommation ; c'est ainsi que la question se pose dans les pays d'Europe, ou, mieux, de race blanche, appelant des mesures radicales et sans ménagements.

Mais, sans qu'il soit besoin ici de développer cette assertion, la situation dans notre possession de race jaune est totalement différente, à tel point que traiter la question de la même manière dans l'un et l'autre milieux, comme l'a fait le Parlement, n'a été, je le répète, qu'une mesure simpliste et susceptible d'entraîner de fâcheuses conséquences. L'Indochine, une fois que, dans ses relations avec l'extérieur, elle s'est mise en harmonie avec l'état d'esprit mondial hostile à l'opium, — ce courant anti-opium et son importance ne sont pas niables ! — devrait conserver le droit de régler son régime intérieur d'après les conditions qui lui sont spéciales. Quelles sont ces conditions ? L'opium se fume en Indochine de temps immémorial, mais il n'apparaît aucunement que sa consommation ait suivi une marche ascendante comme dans beaucoup d'autres pays d'Extrême-Orient. Par rapport à sa population la consommation annuelle s'élève seulement à 3 gr. 5 ou 4 grammes au maximum par tête d'habitant. Déduction faite des femmes et des enfants qui forment approximativement les deux tiers de la population, le nombre des habitants de la colonie à même de fumer l'opium se réduit à 6 millions et la consommation moyenne monte à 11 grammes par tête et par an. Mais cette dose de narcotique représente à peine l'approvisionnement de quatre ou cinq jours d'un fumeur ordinaire. On est en droit d'en conclure que l'Indochine consomme relativement peu d'opium et que la proportion des intoxiqués doit y être extrêmement faible. En se basant sur les chiffres qui précèdent, on peut admettre qu'il y a dans la colonie environ 58.000 fumeurs habituels absorbant 58.000 kilogrammes d'opium ; le surplus est consommé par des fumeurs accidentels, Européens en mal de snobisme et coolies consacrant leurs maigres ressources à l'achat d'une ou deux pipes. Le pourcentage des véritables fumeurs peut être ainsi évalué à 3 pour mille de la population totale, 9 pour mille de la population mâle adulte. Si néfaste que puisse être l'usage de la drogue, on ne saurait prétendre sans exagération, après examen de ces chiffres, que l'opium soit un véritable danger. De plus, cette proportion infime de fumeurs invétérés n'affecte pas de façon égale les divers éléments de la société indochinoise. C'est un préjugé très enraciné et très injuste de dire que nos compatriotes s'adonnent avec ferveur à la drogue. S'il en a pu être ainsi au début de notre occupation, alors que la vie de famille n'existait pas ; si, aujourd'hui encore, dans quelques régions déshéritées où il se trouve isolé, l'Européen, fonctionnaire ou colon, continue à endormir sa nostalgie dans la fumée de l'opium, on peut affirmer qu'à l'heure actuelle, le nombre des Français d'Orient qui ont cette passion est absolument négligeable. D'ailleurs, la société française de pathologie exotique, dans sa séance du 11 juin 1913, n'a pas hésité à adopter l'opinion émise par le Dr Gaide, membre de la commission de la première conférence de La Haye, aux termes de laquelle les Français grands fumeurs sont en Indochine, aussi bien dans la population civile que dans la population militaire, une exception. Si la population européenne n'est qu'effleurée par l'opiomanie, nos protégés ne sont pas atteints, eux non plus, dans une très forte proportion. Ils ne fournissent guère, en effet, que le tiers à peine des habitués de la drogue, les deux autres tiers étant de race chinoise. Dans certaines provinces de l'Union, l'élément chinois représente même 70 à 80 % des fumeurs d'opium. C'est ainsi que les ventes effectuées par la régie de l'opium dans la grosse agglomération chinoise qu'est la ville de Cholon constituent le quart des ventes de la Cochinchine toute entière. Le Chinois qu'une longue hérédité a asservi à l'opium, fume la drogue à quelque classe sociale qu'il appartienne. Cette habitude n'a jamais, au contraire, pénétré les masses profondes de la population annamite. Elle n'est point pour nos protégés ce qu'elle est en Chine, un vice national. Seuls, les Annamites fortunés, c'est-à-dire l'exception, ont copié, sur ce point comme sur tant d'autres, leurs anciens oppresseurs. Le « nhaqué » des campagnes est resté à peu près indemne.

Cette faible proportion de fumeurs, ces chiffres relativement minimes d'opium consommé expliquent qu'aucun document médical objectif ne vienne militer pour la suppression absolue de l'opium, lequel s'attaque à l'individu physiologique comme l'alcool, mais, à la différence de ce dernier, ne lui inflige pas des tares transmissibles héréditairement. Il faut ajouter que, pratiquement, la suppression de l'opium en Indochine sera impossible à réaliser tant que la Chine n'aura pas réussi à proscrire radicalement la culture du pavot, car la contrebande apporterait ce que la Régie ne fournirait plus.

C'est forte de ces considérations que l'Indochine n'avait pas adhéré à la conférence de 1912, à la Convention de La Haye, et la déclaration fort explicite qui en avait été faite en séance de la conférence par le représentant de la France, n'avait provoqué aucune discussion.

Mais, en dehors de la loi du 12 juillet 1916 et du décret du 27 décembre de la même année analysé plus haut, un grave fait nouveau s'est produit du fait de l'insertion dans le traité de Versailles d'un article 295 ainsi libellé :

« Celles des Hautes Parties contractantes qui n'auraient pas encore signé, ou qui, après avoir signé, n'auraient pas encore ratifié la convention sur l'opium, signée à La Haye le 23 janvier 1912, sont d'accord pour mettre cette convention en vigueur, et, à cette fin, pour édicter la législation nécessaire

aussitôt qu'il sera possible et, au plus tard, dans les douze
mois qui suivront la mise en vigueur du présent traité.

Les Hautes Parties contractantes conviennent, en outre,
pour celles d'entre elles qui n'ont pas encore ratifié la présente
convention, que la ratification du présent traité équivaudra,
à tous égards, à cette ratification et à la signature du proto-
cole spécial ouvert à La Haye conformément aux résolutions
de la troisième conférence sur l'opium, tenue en 1914, pour
la mise en vigueur de la dite convention... »

On pourrait peut-être soutenir que la ratification ainsi
prononcée est valable pour la France, en ce qui touche son
territoire métropolitain et celles de ses possessions pour lesquelles une déclaration d'adhésion a été faite par son représentant le 16 juin 1914, l'Indochine, l'Inde française et nos
Établissements de l'Océanie restant en dehors du champ
d'application de la convention. Mais les termes de l'article 295
sont bien généraux. Au reste, il semble bien que rien ne soit
encore définitivement compromis, — c'est là le seul avantage
des discussions diplomatiques qui arrivent difficilement à
des solutions décisives, — et le problème international de
l'opium va être remis entièrement en discussion. S'il en est
ainsi, il serait hautement souhaitable que le *statu quo* fût
maintenu en ce qui concerne la régie indochinoise de l'opium,
sinon avec une arrière-pensée de perpétuité qui heurterait
trop fortement le courant humanitaire de l'heure, du moins,
jusqu'à ce que la Chine ait pris elle-même les mesures de
suppression radicales auxquelles elle s'est engagée. D'ailleurs,
que ces mesures soient adoptées *pari passu*, n'est-ce point
conforme à l'esprit des articles 17 et 18 de la Convention
internationale de La Haye du 23 janvier 1912? Ce serait,
il faut bien l'avouer, jouer le rôle de dupes que d'agir autrement alors que la République chinoise, en proie à une anarchie

qui n'est pas proche de cesser, est incapable d'ordonner une mesure dont sont peut-être partisans certains Jeunes-Chinois, mais qui va à l'encontre des sentiments intimes et des vœux secrets ou avoués de la majorité de la population, alors surtout, qu'on peut lire, chaque jour, dans la presse d'Extrême-Asie, des informations du genre de celle-ci extraite de l'*Echo de Chine* et que je cueille entre mille autres semblables :

« Malgré les ordres sévères du gouvernement, le commerce de l'opium continue paisiblement en Chine et, notamment, au Chen-si. Dans cette province, les militaires fument tranquillement cette drogue et permettent à ceux qui leur donnent des cadeaux de la fumer. Le tsian-kiong du Chen-si, Lou-kien-tsang, qui est lui-même un fumeur et qui protège le commerce de l'opium, est surnommé *grand protecteur des fumeurs.* Nous ignorons si le gouvernement qui consacre tout son temps à préparer la restauration de la monarchie veut se donner la peine de prendre des mesures énergiques pour débarrasser cette province de ce poison... »

Conclusion : le simple bon sens montre que la prohibition pure et simple de l'opium en Indochine voulue par le législateur de 1916 n'empêcherait pas la drogue d'entrer en Indochine par la frontière sino-tonkinoise. Comme, du jour au lendemain, malgré le vote du Parlement et étant donné, suivant l'Allemand Savigny, « que ce n'est pas la loi qui fait les mœurs, mais les mœurs qui font la loi », il n'est pas possible de faire disparaître une passion aussi invétérée que celle de l'opium, on ne voit pas comment nous pourrions juguler chez nous la très profitable et formidable contrebande qui s'exercerait entre trois empires mitoyens dont les frontières terrestres se développent, loin de tout centre, sur des milliers de kilomètres et dans des pays montagneux. La création de postes douaniers et de brigades volantes exigerait une augmentation de personnel et un effort financier hors de proportion avec le résultat qui serait effectivement atteint.

Ainsi, la prohibition radicale n'aurait d'autres effets chez nous que de priver bénévolement le budget général de ressources considérables, — je les ai chiffrées, — dont il faudrait demander l'équivalent aux impôts déjà existants ou à des impôts nouveaux à créer, équivalent qui, à coup sûr, ne serait pas aussi allègrement supporté que la taxe sur l'opium, laquelle offre l'inappréciable avantage d'être facultative et, par là même, volontaire.

Je ne m'attarderai pas davantage à plaider ce procès qui, à la simple lumière du bon sens et à la considération objective des faits, ne demanderait même pas d'être plaidé. Il faut compter cependant avec la force des idées sentimentales et voir là un danger réel pour l'équilibre des finances indochinoises, équilibre sans lequel, ne l'oublions pas, tous les éléments de prospérité matérielles et morale de l'Indochine seraient vite compromis !

Reste un dernier nuage à dissiper, nuage d'ordre moral et beaucoup moins inquiétant à mon sens, quoiqu'en puissent prétendre certains pessimistes systématiques : il est constitué par les velléités mauvaises de certains esprits annamites chez lesquels, — ce qui arrive assez souvent, — le bon sens n'a pas crû proportionnellement à l'instruction reçue et aux connaissances acquises. J'ai dit : « moins inquiétant. » N'est-ce point Voltaire qui déclarait ou à peu près : « Que Dieu m'épargne les misères physiques ! Les misères morales, je m'en charge ! » Si, en effet, la réforme du régime monétaire de l'Indochine constitue un problème infiniment délicat à résoudre, si la recherche des taxes de remplacement destinées à se substituer aux ressources tirées des monopoles de l'opium, de l'alcool ou du sel, constitue un autre problème également ardu, il n'en va point de même pour le bon établissement de nos rapports avec les indigènes. Là, notre tradition humaine et bienveillante est assez forte, les gages que nous avons donnés de notre bonne volonté sont assez patents pour que nous n'ayons point à redouter un divorce irrémissible entre l'âme annamite et l'âme française.

Un haut fonctionnaire indochinois de valeur s'attaquant, il n'y a pas longtemps, à ce problème, et étudiant l'état d'esprit des populations annamites de Cochinchine, affirmait, qu'il y avait, d'un côté, la masse, le nombre resté profondément étranger à notre civilisation et indifférent à notre égard ; de l'autre, une très petite élite composée d'une majorité de gens pondérés et loyalistes dont il convient de satisfaire les légitimes aspirations ; enfin, une minorité bruyante, assoiffée d'argent et d'honneurs, ayant une presse violente, de tendances révolutionnaires, et soucieuse de se créer une situation personnelle, sous couleur de défendre les revendications de ses compatriotes.

J'ai lu attentivement et dépouillé nombre d'articles de cette presse « jeune-Annam » ou « jeune-Cochinchine » qui, en effet, est parfois assez virulente et ne craint même pas de souhaiter l'avènement du bolchévisme intégral dans notre possession. Mais, ce sont là manifestations isolées, dont l'excès même trahit la faiblesse et qui n'expriment pas le sentiment général. Ainsi qu'a pu le noter judicieusement M. Maurice Long, que pèsent au vrai ces manifestations quand on les oppose à des faits aussi incontestables et caractéristiques que ceux-ci, par exemple : l'admirable tenue des populations pendant

la guerre, la popularité indéniable du gouvernement de
M. Albert Sarraut, l'unanimité des natifs de toutes classes à
réclamer instamment une instruction française intégrale à
l'École primaire, l'effort persévérant des classes moyennes
à se rapprocher de nos compatriotes pour le commerce ou
l'industrie, la tendance très marquée des indigènes du Tonkin
à préférer la justice française à la justice mandarinale, l'en-
gouement croissant pour les produits français dont l'importation n'est limitée que par l'insuffisance des transports
maritimes, etc.

« Ces faits, concluait M. Maurice Long, accusent la valeur
de notre action et l'étendue de notre influence. Les conditions
nouvelles de la vie imposent aussi, de plus en plus, aux natifs,
le sentiment intime que leurs intérêts sont étroitement soli-
daires des nôtres. Il se peut que, dans la majorité des cas,
ils n'osent avouer ou analyser un pareil sentiment, mais il
est assez fort pour résister à l'emprise des déclamations de
jeunes politiciens prompts aux égarements. Nous gouvernons
déjà et nous gouvernerons, de plus en plus, l'Indochine, avec
l'adhésion du *sentiment populaire*. C'est là le point capital
de notre politique indigène, qu'il faut s'attacher résolument
à poursuivre et à développer... »

Débarrassées de leurs excès déclamatoires et même déma-
gogiques accidentels, quelles sont à l'heure actuelle les aspirations essentielles des Indigènes ? Ils désirent prendre dans
la vie économique de leur pays la place qui leur revient.
C'est là un sentiment que l'administration ne peut qu'encou-
rager, en en aidant et en en guidant la réalisation. Ils demandent encore une diffusion plus grande de l'enseignement
primaire. Ils voudraient que l'instruction fût plus répandue,
plus à leur portée, qu'elle fût imposée même ; mais ils tiennent
à ce qu'elle soit, dès le début, donnée *en français*. Rien de

mieux ! C'est là un vœu que nous devons nous féliciter de voir formuler spontanément par les indigènes eux-mêmes : et cette circonstance nous fait un devoir de le réaliser sans délai.

Ils voudraient encore participer plus étroitement à l'administration du pays par l'attribution d'emplois qui sont tenus aujourd'hui par des fonctionnaires français d'ordre inférieur. L'avantage d'une mesure de cette nature dont l'adoption a déjà été sérieusement envisagée aurait le double avantage de faire disparaitre de la colonie un prolétariat français dont l'existence est fâcheuse à tous égards et de fournir des places pour tous les jeunes Annamites qui, revenant de France ou sortant des grandes écoles de la colonie, ont, parce que désœuvrés, tendance à faire des mécontents.

Enfin, les indigènes désirent être représentés d'une façon plus large aux différentes assemblées de la colonie. Ce désir est non moins légitime que les précédents et il faut bien reconnaître que, jusqu'à ce jour, l'administration française a fait tout le possible pour leur donner satisfaction à cet égard.

Au Tonkin, la représentation indigène avait été constituée par Paul Bert qui, dès 1886, avait créé une Commission consultative des notables indigènes. Ressuscitée par M. Beau sous le nom de Chambre consultative indigène, modifiée par M. Klobukowski, elle a été réorganisée le 19 mars 1913 par M. le gouverneur général Albert Sarraut qui précisa ses attributions et élargit le corps électoral.

Ce corps électoral se compose : 1º de représentants de la population élus à raison de un représentant pour 20.000 contribuables ; 2º de patentés annamites élus par les commerçants patentés ; 3º de fonctionnaires et notables de la haute et moyenne région nommés par le résident supérieur au Tonkin sur la proposition des chefs des provinces intéressées.

Nul n'est électeur, s'il n'est âgé de 21 ans révolus. La durée du mandat des élus est de : années et ce mandat est indéfiniment renouvelable. Sont inéligibles : les indigènes âgés de moins de trente ans, les militaires et gardes indigènes ainsi que les fonctionnaires indigènes. Ne sont ni électeurs ni éligibles, les fonctionnaires et agents révoqués de leurs fonctions et les individus condamnés par les tribunaux français ou indigènes.

La Chambre consultative est obligatoirement consultée sur le budget des recettes et sur les prévisions de dépenses d'intérêt économique et d'intérêt social. Elle est appelée également à donner son avis sur toutes les questions qui lui sont soumises par l'administration. Ces questions sont posées par écrit, dans des notes rédigées en français, en quoc-ngû et en caractères chinois. Tous vœux politiques sont interdits. La Chambre consultative indigène peut être dissoute par le gouverneur général sur la proposition motivée du résident supérieur.

Existent également au Tonkin des *conseils provinciaux* ayant des attributions analogues à celles des conseils de province de Cochinchine dont je parlerai plus loin.

Au Cambodge, des *conseils de résidence* ont été créés en 1903, et un arrêté du 1er avril 1913 rendant exécutoire une ordonnance royale du 18 mars précédent a institué une *assemblée consultative indigène* appelée à donner son avis sur les questions d'ordre fiscal, administratif ou économique intéressant la population indigène du royaume. Son recrutement, ses attributions s'inspirent des directives suivies pour la Chambre consultative indigène du Tonkin.

En Cochinchine, les 6 membres asiatiques, sujets français du Conseil colonial, sont élus par un collège composé d'un délégué de chacune des municipalités. désigné par le suffrage

22

des notables. Des *Conseils de province* existent depuis 1889. Ils ont voix délibérative. Toutes leurs délibérations sont soumises à l'approbation du gouverneur en Conseil privé. Ils donnent leur avis sur le classement des voies coloniales, sur les changements des circonscriptions territoriales, sur le classement, par catégories, des villages pour la taxe des rizières, sur toutes les questions relatives à l'assiette de l'impôt.

Les indigènes désireraient un élargissement de cette représentation. Une réforme des Conseils de province et la création d'une Chambre consultative inspirées de ce qu'a fait pour le Tonkin l'arrêté de 1913 donneraient satisfaction à ce légitime désir tout en facilitant une réorganisation financière locale qui s'impose et qui consisterait dans la suppression des budgets provinciaux.

Pour l'Annam, une Chambre consultative a été créée par M. Maurice Long le 12 mai 1920. Un autre arrêté du 13 octobre 1920 a institué au Laos des Conseils consultatifs provinciaux organisés très simplement et destinés à doter ce pays d'un premier rouage consultatif indigène en attendant la possibilité de lui appliquer les institutions plus perfectionnées fonctionnant déjà dans les autres pays de l'Indochine.

Dans son discours au Conseil du gouvernement de l'Indochine du 18 octobre 1920, M. Maurice Long put déclarer :

« Par la création de la Chambre consultative en Annam et des Conseils provinciaux au Laos, je n'ai fait que marquer mon goût des réalisations immédiates dans le sens des conceptions que je crois être celles de l'avenir.

« En somme, tous les problèmes politiques indochinois, à cette heure, qu'il s'agisse de législation, d'administration ou du contrôle de l'emploi des ressources publiques et des actes importants du gouvernement, se subordonnent à un problème général de constitution. *Le législateur est trop loin*. Le gouverneur général n'a pas et ne peut pas avoir la réalité du pouvoir.

« La nécessité de tenir compte des contingences locales et de l'état du milieu social justifie nos pratiques présentes d'organisation progressive. Nous en sommes aujourd'hui, dans les divers pays, au stade de l'institution des Chambres consultatives indigènes. Il importe non moins d'organiser une véritable représentation des intérêts français. Nous ignorons quelle sera la longueur de la route ; mais elle est d'ores et déjà tracée. Le peuple annamite, doux et patient, imprégné d'une vieille philosophie évolutive, fait confiance à la France généreuse. Que les Français d'Indochine ne soient pas trop impatients ! Au-dessus des Conseils locaux, il faudra bientôt envisager une assemblée plus haute ayant compétence sur toutes les questions intéressant la vie générale de l'Union indochinoise.

« Un fait est certain, c'est que le régime actuel n'est qu'un régime transitoire, ne répondant plus aux besoins des grandes collectivités et des grands groupements d'intérêts français et indigènes et encore moins au rôle que l'Union indochinoise doit être capable de jouer parmi les États de l'Extrême-Asie.

« J'avais l'occasion de déclarer dernièrement à la Chambre de Commerce de Saïgon, ce qui n'était en somme qu'une vérité d'avenir, « l'Indochine n'est plus une colonie, c'est un État ». — « En voie de devenir » aurais-je pu ajouter. On prétend que les définitions sont périlleuses. Dans tous les cas, celle-ci a l'avantage de fournir une formule que j'estime heureuse de politique générale et que j'adopterai pour ma part bien volontiers.

« Elle indique très clairement un but et une fin à notre effort de domination dans tous les domaines de notre activité :

la réalité étatique. Notre souci présent doit être de nous préparer, de parfaire notre organisation en vue du rôle grandiose qui, par un geste largement confiant de la métropole et sous son haut contrôle, devra un jour être dévolu à ce pays indissolublement lié à la France. »

Nous sommes en 1922 et les paroles officielles qui précèdent, paroles qui comportent un grave engagement et qui ne sont pas un vain discours, me rappellent celles que prononçait le 11 décembre 1909 M. Robert de Caix : « L'éducation des indigènes ne se conçoit pas sans la volonté de leur donner, graduellement sans doute et par étapes, mais sans rechigner et au fur et à mesure de ce que leurs capacités s'affirmeraient, la part qu'ils se montreraient capables de prendre à la direction de leur pays. Cette politique comporte donc un effacement graduel du conquérant éducateur devant son élève. Je sais que cette perspective paraît très désobligeante pour quelques-uns. Devant ceux-là, je n'invoquerai pas l'intérêt séduisant d'une pareille œuvre, je leur demanderai simplement ce qu'ils voient d'engageant pour notre pays dans les perspectives contraires. L'Extrême-Orient qui s'élabore est-il un milieu dans lequel nous pouvons espérer nous maintenir indéfiniment en présence des nations qui s'organisent ou finiront par s'organiser suffisamment, si nous ne trouvons pas chez nos protégés autre chose que la malveillance ou même que l'indifférence ? Notre œuvre pourra-t-elle vivre et se développer dans ce milieu qui devient plus exigeant, et, pour ainsi dire, plus dense, sans y être servie par tout un ensemble de forces nationales que nous ne pouvons, sans hypothéquer gravement notre situation en Europe, nous exposer à devoir employer en Extrême-Orient, et que nous devons donc demander au peuple protégé, organisé et éduqué par nos soins de manière à être mis à même de maintenir ses positions en présence des forces grandissantes qui doivent le maintenir et le presser ? Croit-on que cette politique de formation économique et d'éducation générale, amenant les protecteurs à réduire peu à peu leur part dans l'administration du pays, en commençant par le détail, mais en créant entre eux et leurs protégés des liens de plus en plus nombreux de culture et d'affaires, n'assurerait pas à notre œuvre en Indochine un plus long avenir qu'une domination sans programme large et sans partisans sérieux dans le pays et, par conséquent, exposée à tous les accidents ?... »

Telle était en 1909 la question posée par le distingué publiciste qu'est M. de Caix. En dix ans, MM. Albert Sarraut et Maurice Long se sont chargés d'y répondre et en 1922, l'Indochine paraît bien engagée dans la voie que lui souhaitait treize années auparavant un des hommes les plus avertis des questions coloniales. Dans cette voie, si elle est suivie sans à-coups ni défaillances, notre magnifique possession d'Extrême-Orient a toutes les chances de vivre et de prospérer, en demeurant, comme l'indiquait M. Long, indissolublement liée à la mère-patrie.

L'achèvement du miracle français en Asie est donc certainement assuré et il consistera essentiellement dans la réalisation intégrale de la conquête des esprits et des cœurs, poursuivie parallèlement avec l'enrichissement du pays par l'association fraternelle des deux races. La culture française n'aura pas pour but de détruire la personnalité de la race annamite, mais de la rattacher à la métropole par des liens moraux et intellectuels ainsi que par des intérêts matériels puissants qui triompheront de toutes les velléités séparatistes. Ainsi, pour employer une expression jadis employée en 1903 par M. Chamberlain dans son célèbre discours de Birmingham, s'affirmera la force du « lien quasi-féodal, lien ténu mais puissant de fidélité et de *loyauté* » qui unit colonie et métropole. Ainsi, encore, comme l'a noté si excellemment M. Brenier, « pourront se développer dans une richesse matérielle dont l'accroissement est assuré les œuvres les plus hautes du génie français dans le problème si difficile du contact à résoudre en harmonies de l'individualisme européen avec l'instinct et la tradition communautaires extrême-orientaux ; du régime démocratique avec l'oligarchie de lettrés et de riches paysans de l'ancien Annam ; de l'énergie française avec le détachement du bouddhisme cambodgien et laotien, de la science moderne qui vit de l'esprit d'observation, avec l'esprit purement livresque d'un confucianisme millénaire ! »

Que faut-il encore pour que tout cela, projets, espoirs et ébauches entamées, devienne réalité certaine et solide ? Nous possédons des programmes de politique indigène et de politique économique. La machine est lancée : il convient de veiller, de toute notre âme, à ce qu'elle ne soit plus arrêtée, comme elle le fut trop souvent dans le passé, par l'absence d'une solide doctrine coloniale métropolitaine, par une consommation excessive des hommes capables de mener à bien les entreprises commencées. La fixité des programmes est bonne. La fixité des hommes et des caractères vaut mieux encore. Il convient encore de renoncer à certaines théories, à certaines vues *à priori* paralysantes et qui, sous couleur de philosophie, ne visent qu'à retarder l'effort des hommes d'action. Qu'on renonce à se demander si vraiment « l'âme annamite est insondable », ou à placer au-dessus de notre entendement occidental la mentalité secrète des races d'Extrême-Orient. Mystérieuses ! Difficiles à pénétrer ? Certes, elles le sont. Mais, selon l'admirable précepte de Newton, comportons-nous *comme si* nous devions vaincre finalement ce mystère. Rappelons-nous plus souvent que notre effort est d'hier, qu'il commence, que l'humanité, elle-même, ne fait que commencer et que même la vieille Chine, la « Chine éternelle » est un enfant au berceau si l'on songe à la durée des temps. Toutes les possibilités donc sont ouvertes et tous les espoirs permis. Oui, jusqu'à ce jour, l' « immobilité asiatique » a été une réalité mais cette réalité ne saurait résister au vaste mouvement qui met les mondes en branle, à la cinématique irrésistible des besoins économiques, au perfectionnement des moyens scientifiques qui, demain, feront l'Univers petit et feront éclater les dernières cloisons étanches et lèveront les derniers voiles. Isis se dénudant sera toujours le plus parfait symbole de notre humanité sinon en perpétuel progrès, du moins en perpétuel devenir !

. Notre œuvre, encore, ne pourra se développer que si, vainquant de vieux et enracinés préjugés, nous savons donner à l'Indochine l'autonomie administrative, financière et économique à laquelle elle a tous les droits de prétendre.

L'autonomie administrative et financière, elle s'impose : il est inadmissible que les solutions à adopter dépendent toujours d'un pouvoir central *placé trop loin* pour connaître et décider utilement.

L'autonomie économique s'impose également. Comme le notait M. Artaud, le distingué président de la Chambre de commerce de Marseille, en 1906, « l'unification et la centralisation deviennent impossibles en matière coloniale... Le principe supérieur à substituer à l'ancien est : l'intérêt général des colonies remplaçant l'intérêt étroit de la métropole à se constituer des débouchés coloniaux. L'intérêt des colonies, dans chaque colonie, n'est-il pas le véritable intérêt de la métropole ? A quoi lui servira sa famille coloniale si elle est composée d'êtres malingres, chétifs et souffreteux ? Il ne s'agit donc pas d'un changement mais d'un progrès. Les colonies continuent à être faites pour la métropole, mais la métropole place son intérêt dans la prospérité de ses colonies qu'elle veut, dans ce but, vivantes et agissantes. »

Quant à l'autonomie politique, elle n'est pas moins souhaitable. Cette conception, comme le remarquait M. de Caix en 1909, peut effrayer certains qui y verront le prélude des révoltes futures, des revendications tendant à la séparation de la mère-patrie. Ces craintes sont vaines. M. Albert Sarraut, dans l'exposé des motifs du projet de loi qu'il a déposé sur le bureau de la Chambre des députés le 12 avril 1921, en a établi avec un sens politique profond, l'absolue inanité. Qu'on lise, pour s'en convaincre, ces très belles pages :

« Combien d'années s'écouleront donc avant que les races plus ou moins attardées dont nous avons assumé la tutelle soient capables de dégager de leur masse amorphe « un sens de nation », avec la volonté et la capacité de se diriger elles-mêmes, sans aide ni guide, à travers les écueils de plus en plus nombreux de la vie internationale et de la concurrence des peuples modernes ? Nous avons tout de même sur elles, il ne faut pas l'oublier, des siècles d'avance, de longs siècles au cours desquels, lentement et douloureusement, par l'effort prolongé de la recherche, de l'invention, de la méditation, d'un progrès intellectuel avantagé par l'influence même de notre climat tempéré, s'est constitué le patrimoine magnifique de science, d'expérience, de supériorité morale qui nous confère le titre éminent à la protection et à la direction des races en retard sur nous. Cette avance séculaire, pense-t-on sérieusement qu'il suffise d'un bond, si haut soit-il, pour la regagner ? Les utopistes seuls ou les théoriciens de l'abstrait peuvent le prétendre. Plus réaliste et plus positif, l'esprit de nos protégés eux-mêmes ne se leurre pas d'une telle illusion. Loin de désirer l'indépendance, les plus intelligents d'entre

eux discernent clairement et appréhendent les effets d'une
« sécession » qui, enlevant à leur pays l'armature de force,
de défense, de progrès créé par la souveraineté de la Nation
protectrice, l'exposerait aux désagrégations du désordre et
de la régression. Ils savent, au point de vue extérieur d'abord,
que dans un univers où la paix pourra faire moins cruel,
mais ne supprimera jamais le grand conflit des nations dans
la lutte pour la vie, la sécurité de leur pays réclame l'aide
et le soutien d'un grand peuple, armé de prestige et de puissance mondiale, et capable de défendre leur avenir contre
les convoitises ou les ambitions, économiques d'abord, politiques ensuite, d'autres grands peuples dont ils ne sauraient
attendre, sans doute, un protectorat plus paternel que celui
d'une France idéaliste, imprégnant de fraternité et de justice
tous ses gestes et toutes ses institutions.

« Ils savent aussi, au point de vue de l'organisation et de
la vie intérieure de leur pays, l'impuissance où ce dernier
se trouverait de régir et d'administrer, par les seules facultés
de sa race, des territoires et des collectivités où les transfor-
mations et les nécessités de la vie moderne ont fait surgir
une extraordinaire diversité de problèmes qu'on ne peut
affronter et résoudre qu'avec l'aide d'une haute expérience
et d'une science longuement mûrie. L'aptitude à gouverner,
la capacité d'administrer les vastes et multiples intérêts des
groupements coloniaux, la faculté de savoir tout ce qu'il
faut savoir pour conduire au progrès des millions d'êtres
humains et assurer le fonctionnement régulier des organes
essentiels et compliqués des grands services publics, tout cela
ne s'improvise pas d'un coup et par la vertu magique du mot
« indépendance ». Et si d'aventure, par une fatalité impré-
visible du destin, tels pays coloniaux, soudainement échappés
à la tutelle française, se confiaient aux mains de gouverne-

ments indigènes improvisés, ce serait bientôt le désordre, l'incohérence et peu après l'anarchie, la révolte, le déchirement de tout le pays, — jusqu'au jour où, comme par hasard, telle grande puissance extérieure plus ou moins voisine débarquerait des troupes sous prétexte de préserver les intérêts de ses nationaux. Mais une fois installée, elle découvrirait toutes les raisons nécessaires pour rester, et consolider rudement une domination à laquelle le pays indigène ne pourrait échapper. En sorte que par le chemin de l'indépendance, il serait retourné à une servitude autrement rigoureuse que la tutelle familiale dont il aurait prétendu se libérer.

« C'est bien là ce que sentent d'instinct, ou ce que comprennent clairement, tous ceux de nos protégés dont la sagesse est faite de l'expérience du passé et de l'observation attentive du présent. L'idée de l'indépendance loin de les séduire, les effraie. Et c'est même dans le pays où la race est le plus évoluée, le plus compréhensive, le plus ductile, que la mentalité indigène répugne davantage au danger d'un tel sophisme. L'Indochine, par exemple, où l'éducation d'une très ancienne culture, l'existence séculaire de cadres sociaux et administratifs indigènes, la survivance d'une civilisation morale qui eut ses heures de grande noblesse et d'éclat, sembleraient en apparence favoriser mieux qu'ailleurs l'hypothèse d'une éviction de la tutelle européenne, est peut-être le pays où l'énoncé de « l'indépendance » apparaît à l'élite indigène, comme une pure absurdité, ou mieux encore, un non-sens.

« C'est qu'elle sait, en effet, et qu'elle voit que c'est la souveraineté française, basée sur le droit du bienfait et du progrès, qui a vraiment fait l'Indochine, fondé la France d'Asie, créé cette union puissante de pays hétérogènes et de peuples divers — annamites, cambodgiens, laotiens — dans laquelle, comme dans une mutualité fraternelle, l'effort de chacun profite à tous et l'effort de tous à chacun. De ces pays différents, séparés, sans lien, trop faibles chacun avec leurs seuls moyens, plus vulnérables dans leur isolement, condamnés chacun par leur solitude à ne devenir, dans le grand tourbillon de la vie moderne, que les satellites obscurs et serviles d'autres États, la France a fait un bloc, un faisceau robuste, une association où les facultés et les forces de chacun s'épanouissent mieux, se multiplient en s'additionnant, où les ressources des pays plus fortunés aident aux besoins des plus pauvres, où la cohésion solide de l'ensemble, en protégeant chacune des parties, assure la résistance et la durée du tout.

« Cochinchine, Cambodge, Annam, Tonkin, Laos, cinq grands pays joignent leurs forces, accordent leurs énergies, assemblent leurs vigueurs sous la haute discipline de la souveraineté française, qui règle harmonieusement le rythme de leurs gestes et de leur développement. La souveraineté française est ici comme l'armature puissante qui encercle et soutient les pièces d'un échafaudage. Qu'on l'enlève, et tout s'effondre ; il n'y a plus, jonchant le sol, qu'un amas de fragments dispersés. Sans la souveraineté française, il n'est plus d'Indochine. Il y a dans cet « assemblage » indochinois trois royaumes protégés, l'Annam-Tonkin, le Cambodge, le royaume de Luang-Prabang, et deux colonies proprement dites, la Cochinchine et le Laos. Quel serait donc et dans quel pays de l'Union actuelle, l'homme ou le monarque, ou le pouvoir capable de subordonner à son autorité toutes les parties d'une Indochine devenue indépendante de la France ? Quel est le royaume qui pourrait se flatter — avec quels moyens ? — d'imposer sa loi aux deux autres et de s'annexer du même coup les deux colonies sans trône ? Il suffit d'énoncer la question pour montrer l'inanité de l'hypothèse. Que si, au contraire, on suppose ces pays reprenant respectivement leur liberté d'action, alors, pour chacun d'eux, c'est la régression mortelle vers le passé, vers l'isolement funeste, vers ce péril d'insécurité et de vulnérabilité dont, précisément, tous ont voulu se garder en se plaçant sous la forte protection de la souveraineté française. De toutes façons, et nos protégés le comprennent, la disparition de notre souveraineté serait la déchéance de l'Indochine, la décadence de chaque État, l'anarchie, jusqu'au jour, nous le répétons, où telle convoitise extérieure viendrait régler le compte de tous en imposant à la faiblesse de chacun le joug d'une domination nouvelle. »

Ces vues de M. Sarraut sont confirmées par ce qui se passe aux portes mêmes de l'Indochine, aux Philippines et en Birmanie. J'en emprunte, pour les Philippines, le témoignage à M. Albert de Pouvourville :

« Lâchés sans expérience, sans chefs et sans contrôle, dans la vie économique et politique, comme de jeunes poulains dans la prairie, les Philippins n'ont fait que des bêtises. En politique, ils se sont dits et crus les maîtres : en sciences industrielles appliquées, ils ont agi tout de travers ou n'ont rien fait. En finances, ils ont tout dépensé et n'ont point fait de recettes. Ils ont obéi à ce double principe extrême-oriental, qu'il faut travailler le moins possible et que, lorsqu'on fait une affaire, il faut d'abord *vivre dessus*, même si elle ne peut supporter les frais généraux que comporte cette habitude.

« Aujourd'hui, la politique suivie par le gouverneur Harrison a conduit les Philippines au bord du goufre : tous les fonctionnaires sont Philippins, et on peut presque dire que tous les Philippins sont fonctionnaires ; il n'y a ni discipline, ni méthode, ni contrôle : chacun fait ce qu'il veut. Il n'y a plus de routes (et le réseau philippin était célèbre), il n'y a plus de politique continue ; il n'y a plus de tradition ; on ne peut plus faire de commerce ; il n'y a plus d'argent. La faillite est là.

« Qui donc brosse avec la plus vive âpreté ce tableau désolant ? Les Philippins eux-mêmes. Ils voient la culbute imminente au bout de ce règne d'incohérence, et le vertige les prend. Et ils demandent que l'Amérique reprenne l'autorité, fût-elle despotique, en même temps que la responsabilité des affaires de l'archipel, et ils demandent au président Harding de réparer les erreurs du président Wilson. »

M. Sarraut était donc bien fondé à conclure :

« Associons franchement dans la mesure de ses capacités l'indigène à notre œuvre et à nos progrès. Esclave, peu lui importerait, sans doute, de changer de maître. Associé, il cherchera sa sécurité dans le dévouement à notre force tutélaire, elle-même accrue par son loyalisme fidèle. »

D'ailleurs, ici, pourrait surgir un autre nuage, celui qui naîtrait immanquablement d'une mauvaise interprétation qui consisterait, sous couleur de politique indigène, à vouer les indigènes à *la politique.* Sur ce point encore, M. Sarraut a su dégager la bonne doctrine lorsqu'il déclara au Sénat, le 28 février 1920 :

« Pour ma part, quelque démocrate que je croie être, quelque civilisateur que j'aie pu être, quelque indigènophile même que l'on prétende que je suis, je ne pense pas que l'idéal de la politique indigène peut consister à adapter à des possessions lointaines je ne sais quel décalque de nos formes de démocratie qui, là-bas, prendrait figure de caricatures beaucoup plus que d'images fidèles et heureuses du modèle.

« Là-dessus, j'ai pris très nettement position comme gouverneur général, en me prononçant devant les indigènes d'Indochine eux-mêmes, qui, d'ailleurs, m'ont nettement approuvé,

contre les systèmes ou contre les idées de naturalisation col·
lective, de naturalisation en masse, qui seraient capables,
à mon sens, de favoriser de mauvaises contrefaçons de démocratie.

« Si ma politique indigène admet parfaitement la nécessité
de certaines assemblées consultatives locales, composées
d'indigènes élus par un suffrage indigène, dans la cité indigène, je dis très haut qu'elle n'entend pas favoriser une abdication plus ou moins dissimulée de notre souveraineté.

« Je reste en cela rigoureusement logique avec moi-même,
avec le principe même sur lequel, à mon sens, repose cette
souveraineté, c'est-à-dire la supériorité morale du souverain,
la force de bien, de progrès, d'ordre, de civilisation, que représente le souverain, puisqu'il l'apporte aux autres. Abdiquer
cette force entre des mains ignorantes, débiles ou inexpéri-
mentées, ce serait décréter l'arrêt de la civilisation, la fin
des bienfaits qu'elle garantit, l'anarchie et le retour des masses
en tutelle vers les servitudes anciennes.

« Ce n'est là, en aucune façon, notre politique indigène.
Celle-ci est généreuse, mais elle est aussi et avant tout réaliste. Bien mieux : elle associe inséparablement l'idéalisme
et l'intérêt pratique. »

Telle est bien la meilleure et plus décisive formule pour
l'avenir. Et, cette formule, je voudrais la donner moi-même
comme conclusion au présent ouvrage. Mais, au moment
de mettre fin à ces pages, j'éprouve le regret de ne pas être
le poète lyrique de grande envolée que je souhaitais à
l'Indochine, en commençant ce livre pour bien dire et pour
bien exprimer la *miraculeuse* grandeur de l'œuvre que la
France y a entreprise.

Ce poème, à la louange de notre Indochine, qu'il serait
beau à écrire et quelle merveilleuse matière pourrait en

animer les strophes ! Je laisse aux inspirés de l'avenir cette tâche. Aussi bien, ce livre poursuit un destin plus simple et plus modeste. Il a pour objet, uniquement, de faire connaître l'Indochine à ceux de nos compatriotes trop nombreux qui ignorent encore quel admirable trésor elle constitue. Si j'y ai réussi, ces lignes n'auront pas été inutiles et je placerai le point final après ce conseil que formule le poète de la *Baghavad-Gita* :

« Hommes, accomplissez votre œuvre. C'est en la faisant avec abnégation que vous atteindrez le but suprême ! »

TABLE DES MATIÈRES

L'heure n'est plus des grands poèmes didactiques. L'œuvre française en Indochine eût été digne d'inspirer un des ce poèmes. — L'indifférence française en matière coloniale. Les obstacles que rencontra l'idée coloniale dans le passé. Preuves puisées dans l'exposé historique de notre colonisation. Cependant, il y a une prédestination coloniale de la France. Caractère individuel de notre colonisation. Réfutation du préjugé de la France anticoloniale. Sur quoi s'appuyait ce préjugé. L'opposition socialiste. L'indifférence parlementaire. Caractère *miraculeux* de l'œuvre accomplie en Indochine. Exposé historique de notre installation en Extrême-Orient. L'époque héroïque : de Pigneau de Béhaine à Jean Dupuis et à Francis Garnier. La volonté de Jules Ferry. Le traité de Tien-tsin. La pacification. L'accord franco-siamois du 23 mars 1907. L'organisation actuelle de l'Indochine. Les pouvoirs du gouvernement général. (Décrets du 20 octobre 1911.) Organisation administrative. Les ressources économiques. —

verneur général. Le conseil de défense. L'armée coloniale. Son recrutement. Appel aux contingents natifs. Leur recrutement. L'intensification de ce recrutement avec la guerre. L'effort militaire fourni par l'Indochine. Les résultats du retour des mobilisés dans leurs foyers. Les forces de police. La garde indigène. La défense des frontières terrestres. La convention du 20 juin 1895 et la police sino-annamite. Défense maritime. Division navale. Arsenal de Saïgon. La paix française. Supériosité sur la paix romaine. Son caractère idéal.

Le conseil cynique de Guizot : « Enrichissez-vous ! » La richesse matérielle substratum du mieux-être moral. Les conditions de la mise en valeur. La main-d'œuvre. La corvée. Sa suppression. Réglementation de la main-d'œuvre. Plaintes des colons. La formation en France, du fait de la guerre, d'ouvriers spécialistes. Les capitaux : Caisse d'Épargne. Coopératives indigènes. Inexistence du crédit agricole. La Banque de l'Indochine. Conditions du renouvellement de son privilège. Création d'une banque d'affaires. Comment l'Indochine se procure des capitaux. Les impôts. Impôts indirects et impôts directs. Critique. Le cadastre indochinois. Organisation de l'état-civil. Recensement de la population. Les emprunts contractés. Les voies ferrées construites. Nécessité de les compléter. Un emprunt local en piastres (loi du 20 juin 1921).

Achèvement de la ligne Vinh Dongha. Intervention indispensable de la métropole. Le programme d'outillage économique du Ministre des Colonies. Part faite à l'Indochine.

Extension de la colonisation européenne. Régime des concessions. Résultats de la mise en valeur. Quelques exemples caractéristiques : coton du Cambodge, soie, riz, pâte à papier, caoutchouc, etc. Le rôle joué par l'Agence économique de l'Indochine. Son autonomie. Sa commercialisation.

La richesse indochinoise. Considérations d'ensemble.

Au tableau tracé de la situation prospère de l'Indochine, il y a quelques ombres. Nécessité de les signaler pour y remédier. Le régime monétaire et la question de la stabilisation de la piastre. Travaux de la commission locale et conclusions. État de la question. La suppression éventuelle de la consommation de l'opium. L'organisation de la Régie. La loi du 12 juillet 1916 et le décret du 27 décembre 1916. En marche vers la suppression. Une aggravation : l'article 295 du traité de Versailles Défense de la Régie de l'opium. La situation doit être envisagée en fonction de la Chine. Un nuage d'ordre moral : les velléités révolutionnaires. Moyen de les combattre. Développement de la représentation indigène. Les Chambres consultatives. Résultats atteints. Pour parfaire l'œuvre entreprise, nécessité de travailler à l'établissement de l'autonomie administrative, économique et politique de l'Indochine. Les objections contre l'autonomie politique. Les craintes formulées. Réponse de MM. Maurice Long et Albert Sarraut. L'exemple des Philippines. — CONCLUSION.

CET OUVRAGE TIRÉ A 1.000 EXEM-
PLAIRES SUR VÉLIN DE RIVES,
NUMÉROTÉS DE 1 A 1.000, ET
2.000 EXEMPLAIRES SUR PAPIER
D'ALFA, A ÉTÉ ACHEVÉ D'IMPRIMER
SUR LES PRESSES DE MM. PAILLART,
A ABBEVILLE, POUR LES ÉDITIONS
G. CRÈS & Cⁱᵉ, LE 17 DÉCEMBRE 1921.

LES ÉDITIONS G. CRÈS & CIE

21, rue Hautefeuille — PARIS, VIe

EXTRAIT DU CATALOGUE GÉNÉRAL

François de Curel (de l'Académie Française). —
 Théâtre complet (6 vol.).

Parus : I. *La Danse devant le miroir.* — *La
     Figurante* . . . . 6 »
   II. *L'Envers d'une Sainte.* — *Les Fos-
     siles* . . . . . . , . . . 6 »
   III. *L'Invité.* — *La Nouvelle Idole* . . 6 »
   IV. *Le Repas du Lion.* — *La Fille sauvage* 6 »
 V et VI sous presse.

Édouard Drumont — **Sur le chemin de la vie** . . 3 »

R.-W. Emerson. — **Hommes représentatifs.** (Les
     Surhumains) . . . . 6 »

Élie Faure. — **La Roue,** roman. . . . . 6 »
 —   **La Sainte Face** . . . . 6 »
 —   **La Conquête.** . . . . 6 »
 —   **La Danse sur le feu et sur l'eau.** 6 »
 —   **Histoire de l'Art :**
 Tome I. *L'Art Antique* . . . . 30 »
   II. *L'Art médiéval* (en réimpression).
   III. *L'Art renaissant* (en réimpression).
   IV. *L'Art moderne* . . . . 30 »

Daniel de Foé. — **Moll Flanders,** traduit par Marcel
     Schwob. . . . . 6 »
 —   **Lady Roxana ou l'heureuse maî-
     tresse,** traduit par Georges Gar-
     nier . . . . 6 »

Paul Gauguin. — **Lettres de Paul Gauguin à Daniel
     de Montfreid** 7 50

Gustave Geffroy. — **Nouveaux contes du pays de
     l'Ouest.** . . . . 6 »
 —   **Notre Temps,** Scènes d'histoire. . 6 »
 —   **Notre Temps.** Années de la guerre. 7 »
 —   **Clemenceau.** (Huit illust. par Rodin,
     Manet, etc.) . . . . 6 »
 —   **Constantin Guys. l'Historien du
     second Empire.** Avec 34 re-
     productions . . . . 66 »

Paul Géraldy. — **La Guerre, Madame** . . . . . 2 »

VILLIERS DE L'ISLE-ADAM. — **Nouveaux contes cruels.**   6 »
          —   **Chez les Passants** . . .   6 »
GILBERT DE VOISINS. — **L'Esprit impur** . . . . .   6 »
AMBROISE VOLLARD. — **Paul Cézanne.** Avec 8 photo-
                    typies 7 50
LÉON WERTH. — **Voyages avec ma pipe.** . . . .   7 »
ISRAEL ZANGWILL. — **Les Enfants du Ghetto** . . .   6 »
          —   **Ce n'est que Mary-Ann.** . .   6 »
          —   **Les Rêveurs du Ghetto. T. I.**   6 »
          —   **Les Rêveurs du Ghetto. T. II.**   7 »
          —   **'Had Gadya** . . . .   2 »

ANTHOLOGIES

Anthologie des Ecrivains belges, par L. DUMONT-
  WILDER. 2 vol. . . . .   12 »

**Anthologie des écrivains catholiques. Prosateurs
  français du XVII**^e **siècle** par HENRI BRÉMOND
  et CHARLES GROLLEAU . . . .   6 »

Anthologie Franciscaine du Moyen-Age, translatée
  et annotée par MAURICE BEAUFRETON 8 50

Anthologie de la Poésie catholique, de Villon
  jusqu'à nos jours, par ROBERT VALLERY-RADOT . .   6 »

Anthologie des Poètes russes contemporains,
  par Jean CHUZEVILLE. . . . .   6 »

Anthologie protestante française (XVIe et XVIIe s.)
  recueillie et publiée sous la direction de RAOUL
  ALLIER . . . .   6 »

  — Id. — (XVIIIe et XIXe s.) . . . .   7 »

De qui est-ce ? *Recueil de morceaux choisis d'écrivains
  célèbres* à lire tout haut pour en faire deviner les
  auteurs. Préface de PAUL REBOUX. **Véritable jeu
  de société.** 1 vol. avec la clef . . . . . .   6 »